Heinz Dieterich (Hg.)
Die Neuentdeckung Amerikas

Heinz Dieterich (Hg.)

Die Neuentdeckung Amerikas

Essays, Interviews, Gedichte

Mit einem Vorwort von
Amaiurko Quetzal Agiria

Mit Beiträgen von Mario Benedetti,
Miguel Bonasso, Luis Cardoza y Aragón,
Alejo Carpentier, Heinz Dieterich,
Enrique Dussel, Roberto Fernández Retamar,
Pablo Guadarrama, Gustavo Gutiérrez,
James Petras, Elena Poniatowska,
Augusto Roa Bastos und Gregorio Selser.
Gespräche mit Fidel Castro,
Domitila Chungara
und Oswaldo Guayasamin.
Gedichte von
Pedro Casaldáliga

Aus dem Spanischen von
Willi Zurbrüggen
und
aus dem Englischen (James Petras)
von Edgar Peinelt

Lamuv

CIP-Titelaufnahme der Deutschen Bibliothek

Die Neuentdeckung Amerikas : Essays, Interviews, Gedichte / Heinz Dieterich (Hg.): Mit Beiträgen von Mario Benedetti ... u. Interviews mit Fidel Castro ... Aus d. Span. von Willi Zurbrüggen. – Göttingen : Lamuv, 1990
Einheitssacht.: Emancipación e identidad de América Latina <dt.>
ISBN 3-88977-218-8
NE: Dieterich, Heinz [Hrsg.]; Benedetti, Mario [Mitverf.]; EST

1. Auflage, Oktober 1990

Lektorat: Ingeborg Pujiula de Brönneke
Umschlaggestaltung: Gerhard Steidl
Gesamtherstellung: Steidl, Göttingen
ISBN 3-88977-218-8

Inhalt

Vorwort

»Emanzipation und Identität Lateinamerikas« ist ein von engagierten Intellektuellen aus Amerika und Europa gegründetes Kollektiv, das zu dem hochtrabenden und beschämenden Vorhaben, den 500. Jahrestag des Beginns der Eroberung Amerikas zu feiern, nach Möglichkeit ein Gegengewicht bilden soll. Die mit ähnlichen Zielen in Euskadi geschaffene Organisation »Amaiurko Quetzal Agiria« (Manifest Quetzal von Amaiur) hat die Aufgabe übernommen, dies von »Emanzipation und Identität Lateinamerikas« vorbereitete Buch zu gestalten. Eine Herausforderung, der wir uns mit Freude stellen.

Uns wie ihnen liegt daran, daß die Geschichte jener Ereignisse neu gelesen wird, und das ganz besonders und dringend in den sogenannten westlichen Gesellschaften. Wie üblich wurde die Geschichte von der Ankunft der Europäer in Amerika von den damaligen Siegern geschrieben, dann von den späteren Herren über das Los der Menschen nachgebessert und in jeder folgenden Epoche den Bedürfnissen der jeweils Herrschenden angepaßt. Die Stimmen der Getöteten jedoch, der späteren Opfer der Kolonisation und all der anderen, die von der Unabhängigkeit bis heute unter der Herrschaft des modernen Imperialismus gelitten haben, sind bisher kaum gehört worden.

Der westlichen Lebensart käme eine neue Auslegung des Gerechtigkeitsbegriffs nur zugute. Wir haben gelernt, die Evolution der Ersten Welt der Menschheitsgeschichte – die bis in die kapitalistische Gesellschaft der Gegenwart führt – für die einzig bedeutende und achtenswerte zu halten. Eigenständige Emanzipationsbestrebungen im Westen und kulturelle Entwicklungen, die sich von denen der Herrschenden unterscheiden, mißachtend, wurde die Gesellschaft der europäischen Herren zur Zerstörerin fremder Kulturen auf dem gesamten Erdball. Die Menschen, Träger dieser Kulturen, waren für sie stets nur Ausbeutungsobjekte. Diese egozentrische Haltung zeigt jedoch immer mehr ihre ganze Erbärmlichkeit. All das Unheil, das gerade Europa in diesem Jahrhundert erlebt hat, die durch die Herrschaft Europas in der ganzen Welt hervorgerufenen Hungersnöte, Kriege und Ausrottung ... schreien nach einer Haltung, die sich grundsätzlich von der regierungsoffiziellen unterscheidet.

In diesem Wandlungsprozeß ist es ganz zweifellos sehr heilsam, dies wichtige Kapitel der Menschheitsgeschichte mit neuen Augen zu lesen. Auch wir, und alle, die sich in den verschiedenen westlichen Emanzipationsbestrebungen engagieren, müssen unsere Haltung immer wieder selbstkritisch überprüfen. Wir selbst sind von der herrschenden Ideologie nicht unbelastet. Die in den Ländern der sogenannten Dritten Welt ausgetragenen Befreiungskämpfe haben viele herkömmliche Meinungen und Verhaltensweisen in Frage gestellt und sich für die Herausbildung einer neuen Generation von Menschen als notwendig und bereichernd erwiesen, die sich gegen Ungerechtigkeit engagiert, einer neuen Art revolutionärer Persönlichkeit, die sowohl tiefer im eigenen Volk verwurzelt als auch stärker universal orientiert ist.

Wir sehen jedoch nicht, wie sich die von der spanischen und anderen Regierungen geplanten Feiern zum 500. Jahrestag mit den von uns formulierten Zielen vereinbaren lassen. Im Gegenteil, in diesen Tagen, da die Völker Amerikas ihre Stimme gegen jede Art von Idealisierung erheben, hält die spanische Regierung im wesentlichen an dem Plan einer pharaonischen und beleidigenden Gedenkfeier fest, einer Feier, die nichts anderes ist als die Zelebrierung einer radikalen Intoleranz, wie man sie im Laufe der Geschichte nur selten findet. In der Philosophie der offiziellen Feiern zum 500. Jahrestag offenbaren sich die Bedürfnisse der spanischen Regierung und des spanischen Staates: Auf der einen Seite beschönigen und fördern sie die ausbeuterischen Aktivitäten des europäischen Imperialismus - in der Hoffnung auf eine Verbesserung der eigenen Position -, und auf der anderen Seite wird der spanische Nationalismus belebt, indem die sakrosankte Einmütigkeit in bezug auf seine »Bestimmung im Weltgeschehen« beschworen wird. Mit anderen Worten, es sollen nur die den heutigen Gegebenheiten angepaßten ideologischen Grundlagen der vor 500 Jahren begonnenen Eroberung und Kolonisierung bestätigt werden.

Eine weitergehende Darstellung des vorliegenden Buches ist nicht erforderlich. Die hierin versammelten Autoren und Gesprächspartner sind seine beste Garantie. Ihre Beiträge sind mehr als ein Blick zurück in die Vergangenheit: Sie beschäftigen sich direkt mit der notwendigen Erneuerung von Geisteshaltungen und Verhaltensweisen, die dieser bedeutende Augenblick der Menschheitsgeschichte erfordert. Sie laden ein zu einer wahrhaftigen Begegnung in Gleichheit und Freiheit zwischen den Emanzipationsbewegungen, zwischen denen, die im Herzen der Gesellschaften, die die westlichen genannt werden, entstanden sind, und denjenigen, die auf der anderen Seite des Atlantiks seit fünfhundert Jahren für ihre Befreiung kämpfen.

An dieses unermüdliche Branden, diese jahrhundertealte Sehnsucht nach Freiheit und Brüderlichkeit unter den Völkern möchten wir erinnern.

On egin dizuela. Wohlan denn.

Amaiurko Quetzal Agiria

Auh ixquichi in topa michiuh
in tiquitaque in ticmahuizoque
in techocti in tetlaocolti
inic titlaihyohuique

All das ist uns widerfahren
wir haben es gesehen und bewundert
mit diesem kläglichen und traurigen Geschick
bangten wir um uns

Tasba pli upli kanani

Armes Amerika in Blut getaucht
halb versunken in so vielen Sümpfen
ans Kreuz geschlagen und mit Dornen
gebunden und gerissen von Hunden
von den Eindringlingen zerfleischt
von Folter und Gewalttat verwundet
von beispiellosen Winden verweht
schändlichen Geschäften, unermeßlichem Raub.
O zartgliedrige Kette von Schmerzen
O Zusammenfluß der Tränen zweier Meere.

Pablo Neruda

Heinz Dieterich

Einleitung

Die hier vorgestellten Arbeiten umfassen – ohne deswegen jedoch disparat zu sein – ein weites Spektrum künstlerischer, wissenschaftlicher und politischer Reflexion zum Problem des 500. Jahrestages der Ankunft der Europäer in der westlichen Hemisphäre.

Gemeinsames Element dieser Vielfalt an Positionen ist das humanistische und emanzipatorische Engagement ihrer Autoren für die Interessen der lateinamerikanischen Völker, das dieses Buch zu einem Spiegel der Gefühle werden läßt, welche die kritischen Sektoren der lateinamerikanischen Intelligenz gegenüber einem halben Jahrtausend europäisch-US-amerikanisch dominierter Geschichte empfinden.

Die Besorgnis dieser Persönlichkeiten gegenüber dem Schicksal dessen, was José Marti in Abgrenzung zum angelsächsischen Amerika als »Nuestra América« (»Unser Amerika«) bezeichnete, ist nicht abstrakt, nicht folgenlos. Sie versuchen nicht, die historische Wahrheit mittels gedanklicher Spekulation zu ergründen, sondern suchen sie in der Welt zeitgenössischer und vergangener Fakten.

Darin besteht ihr reales Engagement für die lateinamerikanische Wirklichkeit, welches aus dem Bewußtsein erwächst, daß die Emanzipation der lateinamerikanischen Massen von den Zwängen neokolonialistischer Beziehungen nicht gelungen ist. Was in fünfhundert Jahren schwieriger und opferreicher Bemühungen von Persönlichkeiten und Nationen konstruiert werden sollte, die neue Gesellschaft humaner Sozialbeziehungen, ist unvollendet.

Viele der großen Hindernisse, die sich der Verwirklichung dieser prometheischen Aufgaben entgegenstellen, sind Erbe »des Jahres 1492«. Die Aufspaltung der werdenden iberoamerikanischen Kolonialgesellschaften des Subkontinentes in kleine privilegierte Machteliten einerseits und große marginalisierte Massen von unmittelbaren Produzenten, auf deren Schultern das Joch der materiellen Reproduktion ruht, andererseits, ist ein bedeutendes Charakteristikum der lateinamerikanischen Welt, welches von den Ursprüngen der Eroberung bis zur Gegenwart ungebrochen erhalten blieb. Die »Republik der Spanier« und die »Republik der Indios«, wie diese Dichotomie in der Kolonialsprache bezeichnet wurde, ist intakt, wenngleich ihre Grenzlinien heute nur noch sekundär durch ethnische Kriterien bestimmt werden.

Der internen Spaltung der amerikanischen Gesellschaften entsprach auf dem Niveau der Weltgesellschaft die Trennung in jene Einheiten, welche heute als Erste und Dritte Welt bezeichnet werden. Es ist unbezweifelbar, daß diese Weltgesellschaft Ende des 20. Jahrhunderts zunehmend Merkmale des von den Kommunikationswissenschaftlern diagnostizierten »global village« aufweisen. Doch handelt es sich um ein »global village«, in dem »Wall Street« und »Main Street« durch Welten getrennt sind und 85 Prozent der Menschheit in verarmten, miserablen und destruktiven *Ghettos* hausen, während die restlichen 15 Prozent komfortable Chateaus genießen.

Käme ein Besucher aus dem galaktischen Raum auf diesen Planeten, so präsentierte sich ihm das Antlitz der menschlichen Spezie doppelgesichtig wie dem antiken Reisenden das des Tor-Gottes Janus oder dem Besucher des klassischen Films das des »Dr. Jekyll«.

Mit dem Verlust der politischen Autonomie und ökonomischen Souveränität der autochthonen Völker nach 1492 ging der Verlust ihrer kulturellen Selbstbestimmung und menschlichen Würde unter dem Joch des Kolonialismus einher. Wie in Kafkas genialem Essay, »Die Metamorphose«, verwandelte sich am 12. Oktober 1492 ein Teil der Menschheit in »Indios« – Schicksal, welches gleichermaßen die Menschen Afrikas traf, welche durch die Berührung mit den Europäern in »Neger« metamorphosierten oder »Indianer«, die, gemäß der treffenden Reflexion Jean Paul Sartres, weder Mensch noch Tier darstellen, sondern ein Mittelding zwischen beiden, »Aborte der menschlichen Spezies«, wie Abt Luigi Brenna Ende des 18. Jahrhunderts in einem Brief an den Conde Orlando del Benino schrieb. In der brutalenthüllenden Sprache des westlichen Rassismus fallen »Indios« und »Negros« in die Kategorie des Untermenschen, »the man who measures *under* the standards of capacity and adaptability imposed by the social order in which he lives« (Lothrop Stoddard).

Keine der hier benannten Konsequenzen der Invasion von 1492 ist in den fünfhundert Jahren Hegemonie und Domination des atlantischen Welt-Herrschaftssystems rückgängig gemacht worden. Die US-Invasion in Panama wie die zehnjährige völkerrechtswidrige Aggression der Vereinigten Staaten gegen Nicaragua, durchgeführt in intensiver Kollaboration mit den europäischen Großmächten, machen die andauernde zynische Mißachtung der politischen Souveränität der lateinamerikanischen Staaten und des internationalen Völkerrechts deutlich.

Die Behandlung der Außenverschuldung der Dritten Welt durch die ökonomische Herrschaftselite dieses Planeten, die »Gruppe der Sieben« (G-7), und ihrer Exekutivorgane - Weltbank, Internationaler Währungsfonds etc. - dokumentieren das gleiche Phänomen für die Sphäre ökonomischer Souveränität.

Und im Bereich des öffentlichen Diskurses findet sich eine permanente Manifestation rassistischer und chauvinistischer Diskriminierung der »Randvölker«. Im bundesdeutschen *dtv Geschichtsatlas* (Bd. 2) beispielsweise findet sich ein Kapitel der Innenpolitik Präsident Johnsons überschrieben mit dem Titel: *Negerfrage.* Anläßlich einer geplanten Publikation in einem Goethe-Institut Lateinamerikas fand kürzlich eine Diskussion zwischen dem Personal statt über die Frage, ob man eher von »Negern« oder »Schwarzen« sprechen sollte. Die Mehrheit der Diskussionsteilnehmer entschied sich für »Schwarze«, weil dieser Begriff »objektiver« sei als der des »Negers«. (Der Direktor des Instituts vertrat die gegenteilige Meinung.)

Im *Diccionario de la Lengua Española* (19. Ausg.), herausgegeben von der Königlich Spanischen Akademie (Real Academia Española) liest man unter dem Stichwort »Apache«, daß es sich dabei um »wilde und blutrünstige Indios« handelt (»indios salvajes y sanguinarios«). Die spanischsprachige Ausgabe des *Petit Larousse Illustre* vermerkt unter dem gleichen Stichwort, daß als »Apache« zu verstehen ist »ein Individuum eines Stammes von Rothäuten, die bekannt sind für ihre Gerissenheit/Verschlagenheit« (Mexico 1978). Ähnliche Diskurse sind Standard auf weltweiter Ebene, ebenso wie ihre cinematographischen Äquivalente, die sogenannten »Cowboy-Filme«.

Die Einschätzung dieser historisch-kontemporären Fakten und ihrer emanzipatorischen Implikationen durch die Autoren dieses Buches ist unterschiedlich. Mario Benedetti reflektiert über das »Amerika, das erst noch zu entdecken ist«. Miguel Bonasso faßt die Thematik unter der Perspektive der »neuen Emanzipation«, und Augusto Roa Bastos diskutiert die »konkrete Utopie der iberoamerikanischen Einheit«, um nur einige der Positionen zu benennen, die den enormen Reichtum kreativen Denkens der lateinamerikanischen Gesellschaft reflektieren.

Für den Leser gereicht die Pluralität dieser Positionen zum Vorteil. Sie erlauben ihm, unterschiedliche Weltanschauungen zum Problem der fünfhundert Jahre zu reflektieren und denjenigen den Vorrang zu geben, welche ihm, im Vergleich, am fundiertesten und tiefgehendsten erscheinen.

Wir leben gegenwärtig in einer Zeit, die durch ein großes ideologisches Wirrwarr geprägt ist, in der die traditionellen Paradigmen scheinbar keine konsistenten Antworten mehr auf grundsätzliche Fragen geben, andererseits aber auch die neuen weltweit herrschenden Gedanken (neo-liberaler und konservativer Provenienz) in keiner Weise den Interessen der lateinamerikanischen Völker - und denen der Dritten Welt allgemein - entsprechen.

Aus diesem Dilemma erwächst die unbedingte Notwendigkeit, den 500. Jahrestag der europäischen Invasion in der westlichen Hemisphäre mittels einer konstruktiven, nichtsektiererischen und fundamental emanzipatorischen Politik in ein Vehikel der Interessen der »Randvölker« zu verwandeln. Wir hoffen, daß die Kampagne *Emanzipation und lateinamerikanische Identität: 1492–1992* dazu beitragen kann.

Mario Benedetti
Unentdecktes Amerika

Nur wenige Jahre vor dem so groß angekündigten 1992 sind die Feiern zu diesem 500. Jahrestag noch immer von Verwicklungen, Zwängen und unterschiedlichsten Interpretationen gekennzeichnet, und obgleich glücklicherweise nicht mehr vom Tag der Rasse die Rede ist, sondern von dem der Hispanität, und er auch nicht mehr mit dem anachronistischen Begriff Mutterland in Verbindung gebracht wird, ruft er doch immer noch Erinnerungen an alte Schreckgespenster und Paternalismen wach.

Der 12. Oktober ist zweifellos ein bedeutendes geschichtliches Datum, da an diesem Tag zwei Welten miteinander in Verbindung traten, die bis dahin nichts voneinander wußten. Wir dürfen jedoch nicht vergessen, daß diese Verbindung für die Urbevölkerung des Kontinents, der Amerika genannt werden sollte, tragische Folgen hatte.

Daß die Entdeckung von Spanien oder zumindest von den konservativen Kreisen des Landes gefeiert wird, kann man in gewisser Weise verstehen, da mit 1492 die Zeit seines Imperiums begann; wieso wir Hispanoamerikaner es den Spaniern im Feiern allerdings gleichtun sollten (wie besagte Kreise wohl irgendwie erwarten), ist nicht ganz einsehbar.

Vergessen wir nicht, was mit jener ersten langen Phase der Kolonisation an Zerstörung präkolumbischer Kulturen einhergegangen ist, was Pater Bartolomé de las Casas und andere spanische Reisende mit beispielhafter Aufrichtigkeit bezeugt haben, wofür sie später beschuldigt worden sind, eine schwarze Legende gewoben zu haben.

Den Spaniern, die sich heute auf keinen Fall davon abhalten lassen wollen, den Beginn ihres Imperiums mit großem

Pomp zu feiern, müßte man die Frage stellen, wie sie es wohl fänden, wenn wir Hispanoamerikaner sie 1998 einladen würden, in solidarischer Gemeinschaft mit uns das Ende eben jenes Imperiums zu feiern.

Darüber hinaus bin ich mit dem Wort *Entdeckung* nicht einverstanden, denn in Wirklichkeit wurde Amerika (lange bevor es diesen Namen erhielt) von seiner Urbevölkerung entdeckt, und auf jeden Fall haben die Ureinwohner die Eroberer entdeckt, und das dürfte keine besonders angenehme Entdeckung gewesen sein. Der jetzige König von Spanien spricht vernünftigerweise von einer *Begegnung zweier Kulturen,* wobei man hinzufügen muß, daß es sich, wie der guatemaltekische Schriftsteller Luis Cardoza y Aragón gesagt hat, dabei weniger um eine Begegnung als um einen Zusammenstoß handelte.

Nach der sogenannten Entdeckung mußten erst 45 Jahre vergehen, bis man sich in der Kultur der Invasoren zu der Erkenntnis durchgerungen hatte, daß die Indios *Menschen* waren, die einen Geist und eine Seele besaßen. Bis dahin war aber schon alles Mögliche und Unmögliche getan worden, um die großartige prä-kolumbische Kultur zu zerstören, die in einigen Bereichen sehr viel fortschrittlicher und menschlicher war als die der Plünderer.

Das letzten Endes wirklich außergewöhnliche Erbe, das uns das Abenteuer des Kolumbus hinterlassen hat, ist diese wundervolle, überreiche Sprache, die heute, auch dank des Beitrags des Hispanischen Amerika, von mehr als dreihundert Millionen Erdenbewohnern gesprochen wird.

Ich habe jedoch den Eindruck, daß diejenigen, die das große Brimborium von 1992 organisieren und dirigieren, sich zwar sehr um das Amerika bemühen, das entdeckt zu haben sie beanspruchen, aber wenig nur um das Amerika, das es noch zu entdecken gilt. Wenn die Gedenkfeiern zum Jahr 1992 einen Nutzen haben sollten, dann den, eine wahrhafte und wohltuende Beziehung zwischen den Völkern Spaniens und seiner ehemaligen Kolonien herzustellen.

Kolumbus tat eine wahre Prophezeiung, als er bei seiner ersten Begegnung mit den Arruacos (den Eingeborenen der

Insel Guanahani, die er am 12. Oktober 1492 entdeckte) in sein Tagebuch schrieb: »Ich hatte aber den Eindruck, daß diese Leute in allem sehr arm waren.« Fast fünfhundert Jahre später lebt der größte Teil der Bevölkerung des damals entdeckten Kontinents immer noch in dieser Armut. Und dabei holten die Kolonisatoren Gold im Überfluß aus unserem Amerika, entdeckten den Kautschuk, den Tabak, den Kakao und brachten von hier die Kartoffeln mit nach Hause. Von diesen Umschichtungen haben einige Länder des alten Kontinents gut gelebt.

Bleibt anzumerken, daß zwar das nördliche Amerika von den Europäern, einschließlich der Spanier, ausgiebigst entdeckt worden ist, das untere Amerika jedoch, das, welches der arrogante Nomenklator des Nordens als Subkontinent bezeichnet, zum großen Teil erst noch entdeckt werden muß.

Wie sehr käme es einer korrekten Interpretation unserer sozialen Wirklichkeit, die vielen Europäern so fern und so rätselhaft ist, zugute, wenn einige jener Kommentatoren, die vom Olymp ihres respektablen Komforts herab in der Beurteilung fremder Revolutionen und Verelendungen die größte Intoleranz an den Tag legen, einmal die hermetische Sperre der internationalen Nachrichtenagenturen überwänden und sich in die ungeheuerliche Wirklichkeit des mestizischen Kontinents begäben, sich durchdringen ließen von seinen Nöten, seinen Bedürfnissen, seinen tatsächlichen Möglichkeiten, seiner uralten Verbitterung, seinem steten Scheitern, seinen nicht vernarbten Wunden, seinem Unglauben, seiner Hoffnungslosigkeit und seiner Fähigkeit letzthin, sich zu erheben. Vielleicht würden sie dann (zu ihrer Beruhigung) feststellen, daß diese ausgebeuteten, betrogenen und hungerleidenden Massen noch nie von Marx oder Lenin gehört haben, aber bestens über die United Fruit Company Bescheid wissen (die *Mama Yunái,* wie der costaricanische Romancier Carlos Luis Falla sie 1941 betitelt hat).

Das Amerika der Unterentwicklung wird meistens nach seinen Militärdiktaturen, seiner allgegenwärtigen Unterdrückung, seinen brutalen Foltermethoden, seinen Verschwundenen und seinen in Völkermord ausartenden inneren Kriegen beurteilt. Aber unser Amerika hat auch ein Potential an Intelligenz, Beharrlichkeit, Arbeit, Solidarität und Vorstellungskraft, das, zumindest von Europa, erst noch entdeckt werden muß.

Die Vereinigten Staaten kennen es bereits, das Problem ist bei ihnen nur, daß es ihnen nicht behagt. Es handelt sich dabei sozusagen um eine Unliebe auf Gegenseitigkeit. Darüber hinaus hat man den Eindruck, daß Europa (einschließlich Spanien) sich mit der nordamerikanischen Version ohne weiteres zufrieden gibt. Wenn wir daher hören oder lesen, was man gutes, aber meistens schlechtes über unser Verhalten, unsere Traditionen, unsere Kämpfe sagt, haben wir stets den Eindruck, daß von einem anderen Kontinent, von einer anderen Wirklichkeit die Rede ist. Wir haben unsere Tugenden, aber im allgemeinen sind das andere; wir haben unsere Fehler, aber auch das sind andere. Wir sind *Drittweltler,* aber das betrachten wir nicht als Geburtsfehler und schon gar nicht als Schande, sondern vielmehr als Folge davon, wie uns die Erste Welt behandelt hat.

Will man heutzutage jemanden abqualifizieren, so ist es in der spanischen Presse Mode geworden, ihn als *tercermundista* zu bezeichnen. Nennt man einen Intellektuellen, eine Partei, einen gesellschaftlichen Bereich oder ein öffentliches Organ *tercermundista,* so hat man in einem einzigen Wort einen ganzen Schimpfwortkatalog untergebracht: Es ist gleichbedeutend mit uneffektiv, liederlich, chaotisch, faul und so weiter. Auf die Politik oder eine Regierung bezogen, heißt es, sie ist despotisch, willkürlich, repressiv, gewalttätig und schreckt vor Folter nicht zurück.

Mit diesem eingängigen, allumfassenden Adjektiv ist so oft und so sehr auf uns Lateinamerikaner eingedroschen worden, daß wir uns zu einer Überprüfung unserer Identität genötigt sahen. Und das erste, was wir zugeben müssen, ist, daß viele der Etiketten, die diesem riesigen Kontinent anhängen, tatsächlich der Wirklichkeit entsprechen, und es wäre angebracht, daß wir für unsere Irrtümer und Verfehlungen anteilmäßig bezahlten. Ich glaube aber nicht, daß die Dritte Welt diese Auswüchse unbedingt erfunden hat. Im Gegenteil, vieles unserer *Drittweltlichkeit* ist ausgesprochen *erstweltlicher* Prägung.

Wir sind zwar mit den verschiedensten Ausdrucksformen und Aufgüssen von Faschismus geschlagen, doch kommt uns nicht das Verdienst zu, diese autoritäre Doktrin erfunden zu haben; dafür stehen Mussolini, Hitler und andere Gründernamen. Die Folter ist ohne Zweifel eine entehrende Erscheinung in vielen Ländern, aber um sie als eigenes Patent anzumelden, kommt Lateinamerika viel zu spät; da gibt es eine ganze Reihe älterer Anspruchsberechtigter, von der aus der kirchengeschichtlichen Erinnerung kurzerhand getilgten Inquisition bis hin zu den Vernichtungslagern von Auschwitz und Buchenwald, die nur noch von dem großen Verbrennungsofen Hiroshima übertroffen wurden, den Harry S. Truman aufs demokratischste entzündet hat, und der war kein bißchen drittweltlerisch. Lateinamerika ist auch eine Brutstätte von Diktatoren, aber keiner von ihnen (nicht einmal der letztlich doch noch gestürzte Stroessner) hat sich so lange an der Macht halten können wie General Franco.

So wie ein Gutteil unserer *Drittweltlichkeit erstweltlicher* Herkunft ist, ist ein wesentlicher Teil unserer Unterentwicklung eine direkte Folge fremder Entwicklung. Den beneidenswerten Lebensstandard, den die Vereinigten Staaten und die hochentwickelten Länder Europas in jüngerer Vergangenheit erreicht haben, verdanken sie vermutlich der planmäßigen Ausbeutung anderer Länder, die heute zur sogenannten Dritten Welt gehören. In den Ländern nördlich von uns entspricht das Maß der inneren Entwicklung gewöhnlich ihrer unterentwickelnden Wirkung nach außen. Und obwohl die Arbeiterklassen der entwickelten Länder weder an der Schuld beteiligt noch für die Ausbeutung verantwortlich sind, kommt ihnen die Ausplünderung der armen Länder indirekt zugute. Jeder, der sich die wirtschaftliche Realität der Dritten Welt aufrichtig vor Augen führt, wird zugeben müssen, daß beispielsweise die hohen Löhne in den Vereinigten Staaten in direkter Abhängigkeit von den niedrigen Löhnen in Lateinamerika zu sehen sind. Mit anderen Worten, das berühmte Modell des *welfare state,* das heißt die Wohlstandsgesellschaft, verdankt ihre Existenz dem Elend der lateinamerikanischen Massen.

Noch im Jahre 1962 beklagte sich der unbezahlbare Portugiese Arnaldo Cortesão bei den Beratungen der Vereinten Nationen über das Gewicht, das den 29 afrikanischen Stimmen beigemessen werde, »die 245 Millionen Einwohner, *zum größten Teil Barbaren,* vertreten«. Folglich sollte sich ein Spanier, der mit dem Schimpfwort *tercermundista* belegt wird, darüber im klaren sein, daß man ihn einen Barbaren nennt; aber auch ein Barbar zu sein ist letztlich nicht gar so schlimm, wenn man bedenkt, daß die Elektroschockfolter, der elektrische Stuhl, das Napalm und die Neutronenbombe angesehene Errungenschaften der Zivilisation sind. Gerade über den schlimmen Gebrauch (speziell in der spanischen Presse) des Adjektivs *tercermundista = drittweltlerisch* habe ich vor kurzem dieses kleine Gedicht geschrieben:

Spanien, wenn ein Chronist dich
als simpel bezeichnet und häßlich
als dumm, arm und malade
und am Schluß dieser Kanonade
dich noch drittweltlerisch schimpft
dann fühle dich nur nicht verunglimpft
was immer man von dir hält
du bist in guter Gesellschaft
und stets willkommen, Spanien
in der glühenden Dritten Welt.

Die Welt hat nicht 1492 begonnen und wird 1992 nicht enden. Hoffentlich wird 1993, ein Jahr, das offenbar niemanden interessiert, zum Beginn einer brüderlichen Beziehung, das heißt ohne Paternalismus; mit wirklichen Taten und nicht nur mit Reden; mit gegenseitiger Solidarität, für die wir hier wie dort gute Gründe haben, und nicht mit verächtlichen Bezeichnungen wie *Drittweltler* oder *Südling.*

Zum Glück gibt es in Spanien viele, die dieses Problem in großzügigerer und realistischerer Weise überschauen, und bei ihnen kann das Hispanische Amerika (oder Ibero-, oder Lateinamerika, wie ihr wollt) auf besseres Verständnis hoffen. Ich bezweifle jedoch, daß Spanien imstande sein wird, das Leben, den Geist und die Umstände seiner ehemaligen Kolonien zu würdigen und wertzuschätzen, solange seine pro-nordamerikanischen Interessen (wirtschaftlicher Art, militärischer Art und so weiter) größeres Gewicht haben als seine tatsächliche Solidarität mit Hispanoamerika. In dieser Hinsicht besteht eine grundlegende Unvereinbarkeit: Es ist sehr schwierig, wenn nicht unmöglich, eine ehrliche Zusammenarbeit mit den Heringen zu vereinbaren und durchzuführen, wenn man ein Busenfreund des Haifischs ist. Solange diese Situation besteht (und nichts deutet darauf hin, daß sie sich auf kurze oder mittlere Sicht ändert), wird die in allen feierlichen Reden beschworene Brüderlichkeit nur eine rethorische Floskel bleiben.

Von den anderen Ländern Europas haben wir nicht viel erwartet; von Spanien etwas zu erwarten, war nur folgerichtig. Ich hoffe, daß eines Tages eine Pinta II in See stechen und der Matrose (oder Pilot oder Astronaut, das bleibt sich gleich), der dann endlich ein noch unentdecktes, aber reales Amerika am Horizont erblickt, es mit Salutschüssen verkünden wird.

Miguel Bonasso

Lateinamerika zwischen »Modernisierung« und neuer Emanzipation

500 Jahre nach der Eroberung und Kolonisation steht Lateinamerika vor einer einzigartigen und unwiederholbaren Situation, vor einer Weggabelung, die zu zwei gegensätzlichen Optionen führt: zur Konsolidierung der Abhängigkeit auf unabsehbare Zeit oder zum Beginn einer neuen Emanzipation.

Das Wirtschafts- und Gesellschaftssystem, das seinen Anfang nahm, als Christoph Kolumbus unseren Erdteil betrat, befindet sich in Schwierigkeiten bisher unbekannter Art und Größe und sucht sich nun im Rahmen der wissenschaftlich-technologischen Revolution zu fangen und neu zu orientieren, um sich für weitere hundert und mehr Jahre die Herrschaft zu sichern.

Absolut neuartige technisch-wirtschaftliche Phänomene wie Automatisierung, Computerisierung, Entmaterialisierung der Produktion und die Ersetzung der alten organischen Rohstoffe durch künstlich erzeugte Basisprodukte werden die Produktionsverhältnisse und folglich den gesamten politischen, ideologischen und kulturellen Überbau grundlegend verändern.

Wie die Industrielle Revolution zu weltweiten politischen Veränderungen geführt hat, zur Entstehung der Nationalstaaten beispielsweise, wird die nachindustrielle Revolution höchstwahrscheinlich eine gegenteilige Entwicklung fördern: die Integration großflächiger supranationaler Blöcke. (Die Europäische Wirtschaftsgemeinschaft

---

Vortrag auf dem 1. Bundeskongreß von »Emanzipation und lateinamerikanische Identität: 1492–1992« in Hamburg (Oktober 1989)

auf dem Weg zu den Vereinigten Staaten von Europa ist ein erstes Indiz für diese neue Art von Zusammenschlüssen.)

Das wird, aus unterschiedlichen ideologischen Blickwinkeln, auch von den führenden Politikern der Welt so gesehen, und diese Wahrnehmung erklärt zum Beispiel die neue Politik der Entspannung, Umgestaltung, Transparenz und Demokratisierung, die Michail Gorbatschow in der Sowjetunion zu festigen und vertiefen sucht.

Die neue sowjetische Führung hat erkannt, daß ihr Land in der neuen Dynamik der Weltwirtschaft zurückbleibt, und ermuntert daher zu politischen und wirtschaftlichen Reformen, um die Trägheit und Verschlossenheit eines völlig überholten Bürokratismus aufzubrechen.

Die Erneuerer wissen offensichtlich, daß Erfolg oder Untergang der UdSSR nicht in nationalen Begriffen gemessen werden, sondern das eine wie das andere auf Weltebene von paradigmatischer Bedeutung für den Wettstreit zweier gegensätzlicher Systeme ist.

Ebensowenig dürfte ihnen entgehen, daß solche entscheidenden Entwicklungen, solche Grenzsituationen des Geschichtsverlaufs, die von Krisen und Neuordnungen des Hegemonialsystems gekennzeichnet sind, unterdrückten Gesellschaften auf dialektische Weise die Möglichkeit bieten, die Vergangenheit zu begraben, uralte Barrieren niederzureißen und den Weg der Selbstbestimmung einzuschlagen. Das Gegenteil ist jedoch ebenso möglich: Läßt man diese großen historischen Gelegenheiten ungenutzt verstreichen (mangels Führungskraft und politischen Willens), duldet und gewährleistet man einen neuen Zyklus von Unterwerfung und Fremdherrschaft.

Die herrschenden Klassen in den Ländern Lateinamerikas scheinen jedoch wieder einmal nichts dagegen zu haben, daß unsere Völker die neue historische Gelegenheit verpassen. Ihre Analysen zur Hegemoniekrise der Vereinigten Staaten, zur nordamerikanischen Konkurrenz mit Japan und daraus sich ableitenden Erscheinungen, wie die Entwicklung des Pazifikraums, zur Multipolarität, die die in Jalta geschaffene bipolare Welt ablösen wird, sowie zu den gesellschaftlichen Mutationen, die die technichronische Ära bereits hervorbringt, sind äußerst oberflächlich und zielen nur darauf ab, ihre Rolle als Minoritätspartner der großen Machtblöcke neu zu verhandeln.

Lateinamerika nähert sich dieser entscheidenden Entwicklungsphase unter deutlich ungünstigen Vorzeichen.

An der Schwelle zum neuen Jahrtausend bleibt Bolívar weiterhin ein unverstandener Pionier, und das »divide et impera«, das das Große Vaterland in kleine Nationen, in kleine Vorhaben und kleinliche Nachbarschaftsgeplänkel zerbrach, verhindert immer noch die Entwicklung einer einheitlichen Strategie auf kontinentaler Ebene.

Das schon immer von den Großmächten geförderte Grenzgezänk ist beständige Größe eines balkanisierten Amerika. Grenzstreitigkeiten haben zum Beispiel Ecuador und Peru, Chile und Argentinien, Kolumbien und Venezuela einige Male an den Rand absurder Kriege gebracht. Unterdessen hat Bolivien immer noch keinen Zugang zum Meer und unterhält Großbritannien eine Einschüchterungspräsenz in Gewässern und Territorien, die nicht nur Argentinien gehören, sondern Bestandteil des kontinentalen Erbvermögens sind.

Dies sind scheinbar verschiedene, miteinander nicht vergleichbare Phänomene, und als solche werden sie auch in den Medien dargestellt, die unsere Völker desinformieren, die aber einer geschichtlichen Logik gehorchen: Sie sind Erscheinungen einer Kultur der Trennung und Kleinstaaterei, die in unseren Ländern zu Beginn des 19. Jahrhunderts von den Funktionären der neuen Metropolen geschickt gefördert wurde.

Es wäre jedoch ungerecht, Ausnahmen und fortschrittliche Entwicklungen zu leugnen. Der alte *Panamerikanismus* unter der Vormundschaft der Vereinigten Staaten, dessen Hauptorgan die Organisation Amerikanischer Staaten (OAS) ist, hat nach dem Falklandkrieg einen harten Schlag erlitten, als sich herausstellte, daß der Interamerikanische Verteidigungspakt (TIAR) nicht dazu diente, die Staaten des lateinamerikanischen Kontinents vor eventuellen Übergriffen ausländischer Mächte zu schützen, sondern sich einzig und allein der Strategie einer Ost-West-Konfrontation unter den völlig paranoiden Vorstellungen aus den Tagen des »Kalten Krieges« verschrieben hatte.

Diese Vorstellungen sind heutzutage aus dem Diskurs der lateinamerikanischen Politiker weitgehend verschwunden und halten sich nur noch in den geheimen Zirkeln unseres Militärs, wie den alle zwei Jahre stattfindenden Konferenzen der Amerikanischen Streitkräfte.

Ein Organismus wie die Contadora-Gruppe und ihre Erweiterung zur Gruppe der Acht sind erste Anzeichen einer neuen *lateinamerikanistischen* Diplomatie, die noch in ihren Anfängen steht und daher vielen Widrigkeiten, Stockungen und Rückschlägen unterworfen ist.

Sogar die alte OAS, die Anfang der sechziger Jahre Kuba aus der lateinamerikanischen Gemeinschaft ausschloß und kurz darauf ihren Segen zur US-Intervention in der Dominikanischen Republik gab, läßt in ihren Debatten und Abstimmungen ein neues, deutlich gegen interventionistische Projekte gerichtetes Kräfteverhältnis erkennen.

Zwar konnte US-Präsident Reagan seine Truppen noch in Grenada einmarschieren lassen, aber an das Ende seiner Amtszeit gelangte er, ohne sich getraut zu haben, seinen Traum von einer offenen Invasion in Nicaragua zu verwirklichen.

Dies sind zweifellos Fortschritte, die jedoch nicht zu übereiltem Triumphalismus führen dürfen: Es gibt immer noch eine starke nordamerikanische Militärpräsenz im mittelamerikanischen »Hinterhof«, die unter dem legitimatorischen Deckmantel der Drogenbekämpfung bis in die Länder Südamerikas (Bolivien zum Beispiel) vorgedrungen ist. Die Streitkräfte der lateinamerikanischen Staaten unterliegen in ihrer großen Mehrheit der ideologischen, strategischen und logistischen Bevormundung des Pentagon, ebenso wie die große Mehrheit der Regierungen (zivile wie militärische) den Wirtschafts- und Finanzdiktaten des Internationalen Währungsfonds und der Weltbank unterliegen.

Die wirtschaftliche und soziale Entwicklung der Region ist seit zehn Jahren offenkundig rückläufig, und Rückschritte sind auch in der Entwicklung einer selbständigen Diplomatie lateinamerikanistischer Ausprägung festzustellen, wie an der Gruppe der Acht sichtbar wurde, als sie Panamá nach der Ablösung von Präsident Eric Delvalle durch Manuel Solís Palma aus ihren Reihen ausschloß.

Aus den acht wurden sieben, weil sie der Form den Vorzug vor dem Inhalt gaben. Der Form nach war Delvalle durch einen unblutigen Putsch der von General Manuel Antonio Noriega befehligten Streitkräfte seiner Ämter enthoben worden. Inhaltlich handelte es sich um eine unverschämte Intervention der Vereinigten Staaten, die den Machtfaktor Noriega ausschalten und das rechtsstaatliche System ändern wollten, das Panamá sich in seiner Eigenschaft als souveräner Staat gegeben hat.

Die Kräfte in Panamá, die das Land angesichts einer nie zuvor erlebten Aggression seitens der USA – deren letztendliches Ziel nur darin besteht, einen Grund für die Nichtrückgabe der Kanalrechte im Jahre 2000 zu finden – hätten verteidigen sollen, haben in Wirklichkeit Washington das Recht zuerkannt, den lateinamerikanischen Nationen nach Belieben demokratische Zuverlässigkeit zu bescheinigen oder abzusprechen.

Diese beunruhigende politische Richtung setzt sich natürlich auf wirtschaftlicher Ebene fort. Eine unerträgliche und unbezahlbare Verschuldung, die von den Bourgeoisien unserer Länder hinter und auf dem Rücken der Völker mit Gläubigern eingegangen wurde, die darauf angewiesen waren, ihre Kapitalien an der Peripherie unterzubringen, wird Jahr für Jahr auf Kosten der eigenen Entwicklung und notwendigen Erweiterung der Binnenmärkte abbezahlt.

Die Devisenschrumpfung geht mit Kapitalflucht einher, mit der Zahlung von *royalties* und den Ungleichheiten eines Wirtschaftsaustauschs, der die Negativsalden der lateinamerikanischen Länder Jahr um Jahr in die Höhe treibt.

Das in der Region akkumulierte Kapital wird, inmitten immer bedrohlicherer rezessiver Korrekturen, vom industrialisierten Norden wie von einem Magneten angezogen. In nur fünf Jahren hat Lateinamerika 150 Milliarden US-Dollar exportiert; eine Kapitalanhäufung, die exakt dem der Masse der arbeitenden Bevölkerung unseres Kontinents entzogenen Wertzuwachs entspricht und die, mit einer einheitlichen Strategie, es gestattet hätte, aus einer Position der Stärke heraus mit dem internationalen Finanzsystem zu verhandeln.

Weitere ebenso schwerwiegende Daten werfen ein bezeichnendes Licht auf die Szene: Der Handel der lateinamerikanischen Länder untereinander macht gerade zehn Prozent ihres gesamten Außenhandels aus. Das heißt, unser Handel wird zu 90 Prozent mit Ländern anderer Kontinente abgewickelt.

Dies ist die rauhe Wirklichkeit, die den rhetorischen Beteuerungen der herrschenden Klassen Lateinamerikas bezüglich Einheit und Integration in krassester Weise widerspricht.

Die rohen Prozentzahlen messen besser als tausend Worte das Scheitern von SELA, ALADI, Andenpakt und verschiedenen anderen multilateralen Instanzen, die in den letzten zwanzig Jahren entstanden sind.

Die acht, wenn sie gemeinsam überleben und nicht durch erneute Militärputsche und äußere Pressionen getrennt werden, fänden eine historische Aufgabe in der Gestaltung der Keimzelle einer Gemeinschaft Lateinamerikanischer Staaten, die die von Brasilien, Argentinien und Uruguay begonnenen Integrationsbemühungen wiederbelebte und weiterführte. Das erfordert aber politischen Willen, Pragmatismus und eine unbedingte Spezialisierung der nationalen Produktionen, um die derzeitige deprimierende Situation zu beenden, die gekennzeichnet ist von Konkurrenz und Überlappungen zwischen den Lieferanten gleicher Rohstoffe, die sich seit Jahren um die Brotkrumen balgen, die der Weltmarkt ihnen übrigläßt.

Das wäre wahrer »Realismus«, und nicht der, der der entmutigten Jugend Lateinamerikas von den Theoretikern der Unterwürfigkeit gepredigt wird.

Denn diese Aussagen zur wirtschaftlichen Lage entsprechen genau dem, was sich vorrangig auf dem Gebiet der Kultur, der Information und der sozialen Kommunikation abspielt.

Das Schema der bilateralen Verhandlung der Auslandsschulden wiederholt sich auf dem Gebiet der kulturellen und kommunikativen Aktivitäten.

Jedes lateinamerikanische Land ist enger mit den USA verbunden als mit seinen eigenen Nachbarn. Und auf diesem Gebiet wirkt sich das noch fataler aus als im Handel, weil unsere Gesellschaften die passive Rolle von Konsumenten einnehmen. In bezug auf Kultur und Kommunikation importieren die Länder Lateinamerikas nur. Und sie importieren nicht einmal Kultur, um sich an den positiven Ausdrucksformen anderer Gesellschaften zu bereichern, sondern stopfen sich mit faschistoiden Botschaften, mit den Bastardausdrücken einer gewalttätigen Lumpenkultur, mit Rassismus, Sexismus und einer kriminellen Weltsicht voll.

Faulkner, Dos Passos, Thomas Wolfe sind Raritäten für bibliophile Geister, während die Buchhandlungen mit Harold Robbins und anderen Bestseller-Fabrikanten überschwemmt werden.

Für einen kritischen Film des unabhängigen nordamerikanischen Kinos, der bis zu uns vordringt, müssen wir Hunderte von »Rambos« und »Kommandos« verdauen.

Die programmierte Verblödung, die feine und banale Lebensart, die schalen Abenteuer des *American way of life,* der langgesichtige, blonde Geschlechtsstereotyp, planmäßiger moralischer Verfall und Überfluß allenthalben sind die archetypischen Konstanten, die uns das Fernsehen per Satellit beschert; auch das Satellitenfernsehen, das in unseren eigenen Ländern für die Ober- und Mittelschichten gemacht wird, die das Diktat der Metropolen millimetergenau befolgen, trägt zur Beschämung und Verwirrung all jener bei, die zwar fernsehen, denen die Befriedigung ihrer Grundbedürfnisse jedoch verwehrt ist.

Täglich konfrontiert man uns mit einem »So-soll-es-Sein«, das stillschweigend unsere Identität leugnet und unsere viel dringlicheren Bedürfnisse verhehlt.

Ob Terroristen oder Bohemien, Tagediebe oder unterwürfige Landarbeiter, wir Lateinamerikaner lassen uns nur vom *ranking* solcher Leute beeindrucken, die auf den dunklen Wegen der politischen Korruption oder des Drogenhandels zu Geld gekommen sind.

Der deformierte Spiegel der kulturellen Kolonisation wirft uns immer nur ein Zerrbild, eine Karikatur zurück. Wir sind die Schattenseite des Menschlichen, die beunruhigende Triebhaftigkeit, die die vermeintliche Reinheit des frigiden Protestantismus befleckt.

Man muß sich mit Frantz Fanon wieder daran erinnern, daß die Menschlichkeit des Kolonisierten vom Kolonisator zwangsläufig geleugnet wird, damit der Kolonialprozeß aufrechterhalten werden kann.

Und hier tritt dann die Identität als Grundvoraussetzung jeglicher Emanzipationsbestrebung auf. Denn unsere Identität zurückzugewinnen bedeutet nichts anderes, als voll und ganz unsere entwertete Menschlichkeit zurückzugewinnen, die uns von einem vorgeblich universalen Modell aberkannt worden ist, das alle Widersprüche solange zerkaut, bis es in einem hochgiftigen Brei die Tragödie trivialisiert hat und jede Infragestellung soweit verflacht, daß sie zur bloßen Unterhaltung verkommt.

Die lateinamerikanische Kultur braucht daher ihren eigenen gemeinsamen Markt; ihre Integration, die sie sich entfalten läßt und und in die Lage versetzt, mit fremden und entfremdenden Erzeugnissen zu konkurrieren.

Den gigantischen Apparaten der Kommunikation und Massenkultur der Supermächte müssen wir eigene nationale und vor allem kontinentale Strukturen entgegensetzen.

Lateinamerika fehlt zum Beispiel eine gemeinsame Wochenzeitung oder eine kontinentale Tageszeitung, wie es die *Herald Tribune* für Europa ist. Seine Fernsehstationen sind rechtlich oder tatsächlich Eigentum von Staaten, die sich nicht berufen fühlen, die Vorherrschaft der Monopole oder privaten Unternehmensgruppen zu bekämpfen, die mit riesigen US-Konsortien verbunden sind.

Die weltumfassende Kommunikationsideologie, die eigentlich ein Segen sein sollte, wenn sie dazu beitrüge, Barrieren zwischen den Ländern abzubauen, droht so unsere Hörigkeit statt dessen zu verstärken.

Massenjournalismus und immer neue Techniken im Medienbereich steigern paradoxerweise unsere Desinformation.

Die Bemühungen der UNESCO und des Lateinamerikanischen Wirtschaftssystems (SELA), in den siebziger Jahren eine große lateinamerikanische Nachrichtenagentur aufzubauen, sorgten in der Interamerikanischen Pressevereinigung (SIP) und unter den privaten Kommunikationshändlern für beträchtliche Aufregung und bewirkten eine geschlossene Ablehnung, die angesichts der mageren Ergebnisse weit überzogen war. Den lateinamerikanischen Staaten, denen SIP vorwarf, ein Monopol errichten zu wollen, mangelte es am politischen Willen, ein Nachrichtenprojekt zu gestalten, das vielleicht ein alternatives Nachrichtenprojekt hätte werden können.

Es bedarf also einer zyklopischen Kraftanstrengung unserer Gesellschaften, die gegenwärtige Situation umzusteuern. Und auf unsere kreativen und intellektuellen Kräfte wartet eine Verbreitungs- und Aufklärungsarbeit, die sich in dieser technologischen Ära sehr viel schwieriger gestalten wird als in früheren Phasen, da das hegemonistische System über technische Mittel verfügt, mit denen es seinen Herrschaftsbereich in einem in der Geschichte bisher nicht gekannten Maße ausdehnen und festigen kann.

Die Arbeit ist um so schwerer, als es nicht nur heißt, der hinreichend bekannten Invasion der *mass media* mit quasi handwerklichem Rüstzeug beizukommen, sondern auch dem »modernisierenden« Drängen einer unter den eigenen Leuten tätigen Fünften Kolonne entgegenzutreten.

Diese Fünfte Kolonne besteht aus Intellektuellen, die in den sechziger Jahren progressiv oder sogar revolutionär waren, in den folgenden zwei Jahrzehnten aber vom Feld des Volksinteresses desertiert sind und sich der pseudodemokratischen Rhetorik der herrschenden Klasse angeschlossen haben und dem neoliberalen Weltbild jetzt ein theoretisches Wissen zur Verfügung stellen, das Gramsci und andere soziale Vordenker einschließt. Sie alle haben sich korrumpieren und in den Dienst eines konterrevolutionären Denkens stellen lassen. Ein neopositivistisches Denken, das Technologie höher bewertet als Politik, Möglichkeitsdenken dem Willen zur Veränderung vorzieht und sich mit formaler Demokratie anstelle von tatsächlicher Demokratie begnügt. Diese Ablaßverkäufer, die uns raten, auf den letzten Zug der postindustriellen Revolution aufzuspringen, stellen heute eine größere, weil subtiler wirkende Gefahr dar als die alten Trotzkisten und Stalinisten, die zum bezahlten McCarthyismus übergelaufen sind, wie der Peruaner Eudocio Ravines und viele andere Intellektuelle, die den nordamerikanischen Neokonservatismus unterstützen.

James Petras hat in einem kürzlich in der Zeitschrift *Brecha* in Montevideo veröffentlichten Essay darauf hingewiesen, daß diese Metamorphose eines Gutteils der lateinamerikanischen Intelligenz in direkter Beziehung zu der Grausamkeit steht, mit der die Militärdiktaturen der siebziger Jahre ihren Ausrottungskrieg gegen die Widerständler führten.

Petras erinnert daran, daß viele herausragende Intellektuelle, vor allem jene, die in sozialen Bereichen aktiv waren, ermordet, eingesperrt und verbannt wurden, und fügt hinzu: »Die Gefangenen, die freigelassen wurden, die Exilierten und die der Universitäten Verwiesenen verloren ihre Arbeitsplätze. Die Zeitungen wurden geschlossen oder einer strengen Zensur unterworfen. Die politisch und wirtschaftlich verwundbar gewordene Schicht der Intellektuellen war zunehmend bereit, ausländische Finanzierung als Überlebensmöglichkeit zu akzeptieren.«

Diese aus Verwundbarkeit geborene Bereitschaft traf auf eine zunehmende Liberalisierung der ideologischen Standpunkte zahlreicher Stiftungen und staatlicher Einrichtungen in den USA und Europa, die unter dem Druck der internationalen Öffentlichkeit (Menschenrechtsorganisationen, Kirchen, Parteien und so weiter) ihre Förderungen und Zuschüsse für Studienzentren ebenso wie für Einzelpersonen aufzustocken begannen.

»Die liberalisierten Hilfsprogramme«, fährt Petras fort, »und die Säuberungen, die die Regierungen in politischen Institutionen und Bewegungen vorgenommen hatten, bildeten die Basis einer neuen intellektuellen Welt vom Ausland finanzierter Forschungszentren.«

Petras glossiert diese neue Form der Abhängigkeit mit einer humorvollen Anekdote:

Der Direktor eines Forschungszentrums lädt seine Mutter aus der Provinz ein, ihn in Santiago de Chile zu besuchen. Er holt sie in seinem neuen Peugeot vom Flughafen ab.

»Wie kommst du denn an dieses schöne Auto?« ruft sie verwundert aus, während sie das hochmoderne Armaturenbrett betrachtet.

»Das hat mir das Institut finanziert. Ich brauche es für meine Forschungen zum Sturz der Diktatur.«

Als sie in einem ruhigen Wohnviertel vor dem Haus des Sohnes halten, bleibt der Mutter schier der Mund offenstehen: »Wie kommst du denn zu so einem schönen Haus?«

»Das hat mir das Institut finanziert. Ich brauche das für meine Forschungen zum Sturz der Diktatur.«

Sie treten ins Eßzimmer, in dem der Mittagstisch mit Seemuscheln, Hühnchen, Salaten, Früchten und gutem Wein gedeckt ist. Während die Mutter herzhaft zulangt, fragt sie: »Wie kommst du zu solch einem herrlichen Essen?«

»Das finanziert mir das Institut. Bei meinen Forschungen zum Sturz der Diktatur brauche ich das.«

Da reibt sich die Mutter die Nase und flüstert: »Dann sieh nur zu, daß die Diktatur nicht gestürzt wird und du dies alles verlierst.«

Sie werden es aber nicht verlieren, wenn die Diktaturen von der Bildfläche verschwinden und von liberalen oder konservativen Regierungen ersetzt werden, die eine reale Demokratisierung scheibchenweise verscherbeln – diesmal im Namen der Demokratie –, sobald soziale Forderungen laut werden. Sie behalten ihre Forschungszentren, mäßigen ihren radikalen Ton vergangener Tage und werden schließlich sogar Berater der neuen Zivilregierungen, die vor den

Militärs, deren Stelle sie eingenommen haben, kuschen und sich dem Willen der ausländischen Gläubiger beugen.

Von Gramscis Ideal des »organischen Intellektuellen« sind sie auf die Stufe des von Petras richtig identifizierten »institutionalisierten Intellektuellen« herabgesunken, der ein »Gefangener seiner rein privaten und beschränkten beruflichen Wünsche« ist, der »seine Ideale wechselt wie die Unterwäsche«, der »eine Pose der Objektivität einnimmt, die die Distanz verleiht, aus der man die Kämpfe nur noch wie Objekte betrachtet, die deformiert, manipuliert und regiert werden können«.

Einheitsintellektuelle, die »der Krise ihrer demokratisch gewählten liberalen Regierungen und dem Scheitern ihrer sozialvertraglichen Politik nichts entgegenhalten können, da sie, wenn sie es täten, aus dem durch ausländische Finanzierung gesicherten ideologischen Rahmen ausbrechen müßten«.

Diese »institutionalisierte« Intelligenz versteht sich als »linker Flügel« eines vorgeblich »modernistischen« Projekts, das in Wirklichkeit ein uralter Hut ist, da es auf der Grundlage des ökonomischen Neoliberalismus nichts anderes versucht, als das neokoloniale Modell abzustützen.

Wir Lateinamerikaner müssen daher ein neues kritisches Bewußtsein entwickeln, eine neue »organische Intellektualität«, die vergangenen Fehlern und gegenwärtigen Beschränkungen den richtigen Stellenwert einzuräumen und die Völker unseres Kontinents zu dem »qualitativen Sprung« zu motivieren weiß, den die augenblicklichen geschichtlichen Verhältnisse mit ihren ausgeprägten Gegensätzen möglich erscheinen lassen.

Luis Cardoza y Aragón
Die Eroberung Amerikas

Über die korrekte und gerechte Bezeichung dessen, was vor einem halben Jahrtausend zwischen Amerika und Spanien passierte, ist viel geschrieben und heftig polemisiert worden.

In Mexiko haben sich vor allem zwei Auffassungen herausgebildet, um die Wahrheit, die Wirklichkeit zu definieren. Die des Dr. Edmundo O'Gorman und die des Dr. Miguel León-Portillo. Wie schon oft genug festgestellt worden ist, war die Neue Welt nur für die Eroberer eine neue Welt.

Der Begriff »Entdeckung Amerikas« wird zwar von beiden begründeterweise ausgeschlossen. In der Gegenüberstellung der Auffassungen von O'Gorman und León-Portillo werden jedoch radikale Gegensätzlichkeiten erkennbar.

Wir müssen den Kolonialismus, die gebündelte Gewalt der Invasoren im Licht unserer heutigen Zeit untersuchen; wir müssen uns das totalitäre Vorgehen vor Augen halten, mit dem uns – ebenso wie bei den Plünderungen – in brutalster Weise Religion aufgezwungen wurde, um eine wirksame Unterwerfung zu erreichen.

Die Unterwerfung vollzieht sich auf zwei Ebenen: der geistigen und der materiellen. Die Auslöschung geschichtlichen Bewußtseins, die Zerstörung der eigenen Phantasie und der Mythen, die Vernichtung der Kultur: dies alles diente dazu, ein Höchstmaß an Herrschaft und Ausbeutung der natürlichen Reichtümer mit Hilfe unbarmherziger Sklaverei zu erreichen. Sie wollten, daß die Indios nicht einmal mehr einen Schatten unter der Sonne werfen.

Eröffnungsrede auf einem Seminar von »Emanzipation und lateinamerikanische Identität: 1492–1992« in Mexiko (1989)

So sehe ich, in groben Zügen, die Ereignisse, die wir zu untersuchen haben, ohne dabei das Denken jener Epoche zu übersehen. Das spanische Denken des 16. Jahrhunderts zu berücksichtigen, ist von wesentlicher Bedeutung, auch wenn ich nicht glaube, daß es sich sehr von dem unterscheidet, was heutzutage geschieht. Ich erinnere an Las Casas und das, was auf der anderen Seite der Pyrenäen Montaigne Fortschrittliches erdachte. Das iberische Denken war nicht das Denken Europas. Warum haben wir bis vor wenigen Jahren den europäischen Kolonialismus ganz vergessen?

Eine Anklage des Kolonialismus, vielleicht die erste von unverblümter Deutlichkeit in Europa, war die des Abbé G.T. Raynal, Mitarbeiter von Diderot (Autor der *Historie philosophique et politique des etablissements et du commerce dans les deux Indes),* der den Zivilisationsanspruch des Kolonialismus als absolut unhaltbar entlarvte.

Meine Aufzeichnungen versuchen, eine Andeutung von der Komplexität des Themas zu geben, mit dem sich die internationalen Beiträge zum 500. Jahrestag der Eroberung Amerikas *»Emanzipation und Identität Lateinamerikas: 1492-1992«* befassen sollen.

Ich bin sicher, daß sich die Eroberung unter neuen, aber nicht weniger unmenschlichen Formen fortsetzt. Pünktlich zur Stelle sind als Beispiel die Kämpfe in Mittelamerika; Kämpfe mit dem Ziel, keine *banana republics* der Machtzentren mehr zu sein, die seit Jahrzehnten die Karikaturen - ganze Dynastien manchmal - kleiner Stalins, Batistas, Trujillos, Somozas, Duvalliers und Pinochets brauchen und stützen.

Die Kriege in Mittelamerika werden aus drei ebenso einleuchtenden wie unbestreitbaren Gründen geführt:

1. Es sind antikoloniale Kriege.
2. Es sind Kriege gegen das durch den Kolonialismus hervorgerufene unermeßliche Elend der Massen.
3. Es sind - folgend aus dem Kolonialismus - Kriege für die elementarsten Menschenrechte.

Die Thematik des Wettbewerbs, zu dem wir aufgerufen wurden, halte ich für sehr getroffen in ihrer Art, wie sie all das von der »Entdeckung Amerikas«, von der »Begegnung« und andere mögliche Benennungen hinter sich und unberücksichtigt läßt. Sie konzentriert sich auf das nicht zu leugnende historische Ereignis: die Vernichtung des vor-spanischen Amerika.

Das Thema enthält auch Anreize vielfältigster Art. Wie viele Gegensätze in Geschichte und Psychologie leben in jedem einzelnen unserer Länder. Und dabei dürfen wir die Vielfältigkeit, die bereits vor der Eroberung bestand, nicht vergessen. Heute sind die lateinamerikanischen Nationen sehr unterschiedlich, haben spezifische Eigenarten, denen Meinungen von bemerkenswerter Vielfalt zu dieser großen Sache entspringen werden. Was ist der Lateinamerikaner? Wir sind so ungleich in unserer Einheit, wie in Spanien Basken, Katalanen, Galicier, Andalusier und andere.

Man wird unter ganz neuen Gegebenheiten und Gesichtspunkten darüber diskutieren, wie sich die Wirklichkeit in Hispanoamerika entwickeln wird, einem Kontinent, in dem mächtige Fundamente uns einen und verbinden und andere wiederum die Verschiedenheiten unserer von Nationalismen verseuchten Republiken zementieren. Die Entfaltung unserer Gesellschaften, die Vormachtstellung der USA, innerer wie äußerer Neokolonialismus, rassische und kulturelle Vermischung, das Sich-Entwickeln einer bolivarischen (nicht panamerikanischen) Gemeinschaft; einsetzender Sozialismus, Militarismus, transnationale Unternehmen, die Theologie der Befreiung, Stillstand des Liberalismus, Oligarchien und Massenbewegungen sind in jedem unserer Länder von unterschiedlicher Intensität und Herkunft. Der Eurozentrismus hat ausgedient. Wir werden jetzt fortfahren, Amerika zu »erfinden«. Unser Leben wird sich zunehmend in die universale, längst nicht mehr bipolare Gemeinschaft integrieren, in deren Schoß auf friedliche Weise die Polemik zwischen dem schöpferischen und dem zerstörerischen Genius des Menschen entbrennen wird.

Der größte Feind unseres gemeinsamen Themas ist die Simplifizierung und der Manichäismus, der ihr Extrem ist.

Die Nuance ist das Gegenteil der Ungewißheit. Man muß die Themen neu und ohne Vorbehalt analysieren, alte Gewohnheiten, Ängste und Vorurteile ablegen, klar und tief diesen überlangen Kampf der Mythen durchdenken.

Ausgehend von den Ereignissen, die vor einem halben Jahrtausend ihren Anfang nahmen, begegnen wir Cuauhtémoc, den antiimperialistischen Kriegern der Inkas, der Quichés, der Araukaner... Einen Teil dieser Vergangenheit erleben wir in der Gegenwart. Wir erleben ihn in unserer Gegenwart! Diese Themen verpflichten uns, genauer hinzusehen, uns selbst genauer zu sehen durch das, was uns die Jahrhunderte gelehrt haben. Geschichtsbewußtsein ist nichts anderes als Selbsterkenntnis, kollektive Hingabe und Gründungserinnerung. Die Universalität der Themenstellung besteht in der Vielfalt der Konnotationen, die wir im Moment erst erahnen.

Wird das spanische und das amerikanische Denken einmal übereinstimmen? Ist eine Übereinstimmung nötig? Ich sehe keine dringende Notwendigkeit für Abkommen oder Entschließungen, die prahlerisch als definitiv bezeichnet werden. Bestehende Zwistigkeiten müssen ausgeräumt werden, um Ideen entwickeln zu können, die von fruchtlosen alten Emotionen frei sind. Und warum soll es nicht auch neue fruchtbare Emotionen beiderseits des Ozeans geben? Vernunft und Leidenschaft.

Der Mensch hat in Wissenschaft und Technik beträchtliche Fortschritte gemacht. Was jedoch Geist und Ethik betrifft (Hiroshima, Nazi-Gaskammern, Gulags, Vietnam, Nicaragua...), leben wir immer noch in der Steinzeit.

In Nicaragua sind mehr als 50 000 junge Menschen für ihr Vaterland gestorben. Das ist so, als hätten die Vereinigten Staaten vier Millionen Tote gehabt: Ihre Bevölkerung ist mindestens achtzigmal so groß (und es gibt andere gewaltige Unverhältnismäßigkeiten). Für etwas mehr als den hundertsten Teil dieser vier Millionen ins Verhältnis gesetzten Toten waren sie gezwungen, ihren kolonialen Terrorismus in Vietnam zu beenden.

Wie denken sie heute, fünfhundert Jahre später und an der Schwelle zu einem neuen Jahrtausend? Was denken die Mestizen? Ich lese erneut das *Popol Vuh* und *Don Quijote.* Mir fällt auf, daß ich wie der Angehörige eines Volkes spreche, das zu sechzig Prozent aus Indios besteht, die um ihr Überleben kämpfen.

Ich bin Mestize, ich habe meinen Platz. Einen Platz zwischen Apollo und Coatlicue. Ich bin wirklich, ich gründe auf zwei Mythen.

Meinem Volk habe ich meine Stimme, mein Geschichtsbewußtsein und ein Gewehr gegeben. Die Eroberung erlebe und betrachte ich mit der Einheit, die sich zum Teil aus meinem Ursprung herleitet.

Die Kirche im 16. Jahrhundert war nicht von wohltätigem, sondern von eroberndem, räuberischem, tödlichem Wesen. Man taufte uns, und mit diesem magischen Paß schickt man uns mit Feuer und Schwert ins Paradies.

Es ist falsch, die Eroberung zu idealisieren. Es ist falsch, die präkolumbischen Kulturen zu idealisieren. Jede Idealisierung ist falsch. Wenn Marx und Engels die Eroberung als ein positives Ereignis erklären, dann beziehen die heutigen antiimperialistischen Kriege in allen Teilen der Welt aus ihrer Erklärung ihre Rechtmäßigkeit und Notwendigkeit. Die Idealisierung von Marx ist ebenso häufig wie falsch. Der Neokolonialismus verordnet dem hispanischen Amerika hinfällige, deformierte und rückständige Gesellschaften, um sie mit blutigen Marionettenregimes und Okkupationstruppen im eigenen Land einem anachronistischen Imperium zu unterwerfen, das uns Elend und Tod bringt.

In Guatemala ist Pedro de Alvarado immer noch gegenwärtig. Die des Völkermords Schuldigen genießen die Millionenbeute ihrer Plünderungen in Freiheit. Heute wie im 16. Jahrhundert gilt in Guatemala: Wer einen Indio tötet, tötet keinen Menschen.

Alejo Carpentier
Bewußtsein und Identität Amerikas

Die Lateinamerikaner meiner Generation sind von einem seltsamen Schicksal geprägt, das allein schon genügte, sie von den Menschen in Europa zu unterscheiden: Geboren, aufgewachsen und herangereift sind sie inmitten einer Welt aus Stahlbeton... Während der Mensch in Europa zwischen jahrhundertealten, kaum je von einer zaghaften architektonischen Erneuerung betroffenen Steinen und historischen Bauten geboren wurde, aufwuchs und heranreifte, erblickte der in den Anfängen dieses Jahrhunderts großartiger Erfindungen, Veränderungen und Umwälzungen geborene lateinamerikanische Mensch das Licht der Welt in Städten, die, nachdem sich seit dem 17. und 18. Jahrhundert kaum etwas in ihnen getan und die Bevölkerung nur unmerklich zugenommen hatte, im Rhythmus der Betonmischer sich auszudehnen und in den Himmel zu wachsen begannen. Das Havanna, das ich in meiner Jugend durchstreifte, glich immer noch dem Havanna Humboldts; Mexiko, das ich 1926 besuchte, war immer noch das Mexiko von Porfirio Díaz; selbst als ich Caracas 1945 zum erstenmal sah, glich es noch sehr dem Caracas, das José Martí beschrieben hat.

Und plötzlich werden unsere verschlafenen Hauptstädte zu richtigten Großstädten (anarchisch in ihrer sprunghaften Entwicklung, anarchisch in ihrer Planung, unmäßig und respektlos in ihrem Drang, abzureißen und zu zerstören,

Rede Alejo Carpentiers vom 15. Mai 1975 in der Universidad Central de Venezuela auf einer von der Universität, dem Athenäum von Caracas, dem Venezolanischen Schriftstellerverband und dem Venezolanischen Journalistenverband für ihn ausgerichteten Ehrenveranstaltung

Altes durch Neues zu ersetzen), und die Menschen unserer Städte, mit diesen zu einer untrennbaren Einheit verschmolzen, werden zu Großstadt-Menschen, zu Stadt-des-20. Jahrhunderts-Menschen, man kann sogar sagen, zu Geschichte-des-20. Jahrhunderts-Menschen, und das in einer Bevölkerung, die ihre alten Traditionen abstreift und in wenigen Jahren die schrecklichsten Pubertätskrisen durcheilt, um langsam eigene Wesenszüge herauszubilden, umgeben noch von Chaos und Gewalt.

Der lateinamerikanische Mensch unserer Zeit sah eine neue Wirklichkeit entstehen; eine Wirklichkeit, deren Teil er war und Richter, Animateur und Protagonist, staunender Betrachter und erster Akteur, Zeuge und Chronist, Ankläger oder Angeklagter. »Nichts, was mich umgibt, ist mir fremd«, könnte er in freier Übersetzung des Renaissancehumanisten sagen. »Dies habe ich gemacht, das habe ich entstehen sehen, jenes dort habe ich erlitten oder verflucht. Aber ich war Teil des Geschehens – ob als Protagonist oder Chorist oder Komparse ...« Doch jetzt, da die Dekorationen stehen, die Bühne hergerichtet ist, der Vorhang hängt, muß man sehen, was gespielt wird – Komödie, Drama oder Tragödie – in dem großen Theater aus Stahlbeton.

Und hier taucht das erste wirkliche Problem auf: Mit welchen Akteuren haben wir es zu tun? Wer sind diese Akteure? Und zuerst einmal ... *Wer bin ich?* Welche Rolle werde ich imstande sein zu spielen? Und vor allem ... welche Rolle muß ich spielen? ... Ewige Wiederkehr des »Erkenne-dich-selbst«. Eines »Erkenne-dich-selbst« jedoch, das, als erste Schwierigkeit, in einer Welt gefordert ist – der Welt unserer ehrgeizigen, rücksichtslosen Städte der Neuzeit –, die uns offengestanden bis heute so gut wie unbekannt war und in die wir erst jetzt (seit wenigen Jahren: einem halben Jahrhundert höchstens) tiefer einzudringen beginnen. Weit zurück liegt die Zeit, da die berühmten »científicos« des Diktators Porfirio Díaz zu den Feiern des hundertsten Jahrestages der mexikanischen Unabhängigkeit selbstherrlich und kühn behaupten konnten, alle Geheimnisse unserer präkolumbischen Vergangenheit seien gelüftet. Weit zurück liegt die Zeit, da wir unsere Helden von gestern nur von einer Warte der Verehrung aus betrachteten, die jeden kritischen Ansatz, jeden Versuch, sie über die Zeit hinaus mit dem Unmittelbaren und dem Möglichen in Beziehung zu setzen, ausschloß. Weit zurück liegt die Zeit, da wir unsere Geschichte bloß als eine Chronik von Militäraktionen, Schlachtengemälden, Palastintrigen, Erhebungen und Niederlagen sahen und in Texten niedergeschrieben fanden, die ökonomische, ethnische und tellurische Faktoren vollkommen ignorierten; all jene unterschwelligen Wirklichkeiten, unterdrückten Bestrebungen, ausländischen - imperialistischen, um es klar zu sagen - Pressionen und Gelüste, die aus unserer Geschichte eine Geschichte gemacht haben, *die sich von der übrigen Weltgeschichte unterscheidet.* Eine andere Geschichte von Anfang an, da der Boden Amerikas Schauplatz der sensationellsten ethnischen Begegnung war, die die Annalen der Menschheit zu verzeichnen haben: die Begegnung der Indios, der Schwarzen und der mehr oder weniger hellhäutigen Europäer, in der Folge dazu bestimmt, sich im Zuge der gewaltigsten Mestizisierung, die man je gesehen hat, zu vermischen und eine Symbiose der Kulturen, Religionen und Künste zu vollziehen ... »Wir müssen ursprünglich sein«, pflegte Simón Rodríguez, der Lehrer des Befreiers, zu sagen ... doch als er diese Worte sprach, mußte gar nichts mehr getan werden, um *ursprünglich* zu sein, denn de facto waren wir ja schon längst *ursprünglich,* lange bevor uns der Begriff der *Ursprünglichkeit* als Ziel gesetzt wurde.

Man kann wohl niemandem amerikanische Aufgeblasenheit anlasten, der heutzutage in perfekter Kenntnis der Sache behauptet, daß, lange bevor die spanischen Eroberer verständnislos auf den Tempel von Mitla, in Mexiko, schauten, wir in diesem Bauwerk den perfekten Ausdruck einer ausgereiften abstrakten Kunst besaßen; einer Abstraktheit, deren Kunst nicht in dem bloßen Versuch einer geometrischen, symmetrischen und wiederholten Ornamentik bestand, sondern in der bis ins Letzte durchdachten Anordnung abstrakter Kompositionen von einheitlicher Größe, ohne die geringste Wiederholung, jede einzelne als vollkommene *plastische Einheit* begriffen, unabhängig und in sich geschlossen. Man muß nicht von übertriebener Liebe zu Unserem Amerika erfüllt sein, um anzuerkennen, daß die Malereien der Tempelruinen von Bonampak, in Yucatán, menschliche Gestalten in einer kühnen perspektivischen Verkürzung darstellen, die in den Malereien aus derselben Zeit in Europa unbekannt waren und die sich, zum Beispiel, mit dem *Christus* von Mantegna vergleichen lassen, dabei allerdings aus viel früherer Zeit stammen. Und das ist nicht alles: Erst heute beginnen wir die wundervolle Poesie des Nahuatl zu erforschen und die einzigartige, unergründliche Philosophie hinter den in Amerika geborenen Kosmogonien und Mythen zu erahnen.

Und das ist nicht alles. Ohne uns an Beispielen aufzuhalten, die - von den Tagen der Eroberung und der Kolonie bis heute - endlos fortgesetzt werden könnten, sehen wir die Ursprünglichkeit und Kühnheit des amerikanischen Menschen in Werken unterschiedlichster Art hundertfach bestätigt. Hier, auf unserem Kontinent, zu dem weder Romantik noch Gotik je Zugang gefunden haben, zeigte sich die Architektur des Barock - in Mexiko und entlang des gesamten Andenrückens - in ihrer größten Vielfalt und Vollkommenheit mit farbenprächtigen Materialien und von indianischen Handwerkern vervollkommneten Techniken, die den europäischen Baumeistern unbekannt waren. Hier, auf diesem Boden, fanden mit den ununterbrochenen Aufständen der Indios und Schwarzen (seit dem 16. Jahrhundert), mit den Aufständischen von Neu-Granada, mit der Heldentat des Tupac Amaru, bis zu der Zeit unserer großen Kämpfe um Unabhängigkeit, die ersten antikolonialen Kriege - denn im Grunde waren es antikoloniale Kriege - der neueren Geschichte statt... Und nach einem Zeitsprung, ohne mich bei diesem oder jenem Beweis für unsere Ursprünglichkeit aufzuhalten, möchte ich in diesem »Jahr der Frau« daran erinnern, daß die erste nachdrückliche, energisch feministische Schrift (ein Dokument, in dem für die Frau das Recht auf Zugang zu Wissenschaft und Bildung, zur Politik und eine dem »machismo«, den man auf unserem Kontinent reichlich beobachten kann, entgegengesetzte gesellschaftliche und kulturelle Gleichberechtigung gefordert wird), daß diese Schrift 1695 von der großartigen Mexikanerin Sor Juana Inés de la Cruz verfaßt worden ist, deren »schwarze« Gedichte, von ihrem Tonfall her, auf unglaubliche Weise einige der Verse des großen Dichters Nicolás Guillén vorweggenommen haben, der vor kurzem in dieser Aula zu Ihnen gesprochen hat.

So viel gäbe es zu diesem Thema zu sagen. So viele Beispiele könnten noch angeführt werden. Unsere Freiheitshelden, unsere Lehrer im Denken haben uns Tausende Seiten voller Beobachtungen, Analysen, Betrachtungen und Ratschläge hinterlassen, die uns ob ihrer Aktualität und Gültigkeit, ob ihrer Anwendbarkeit in der Gegenwart verblüffen. Und jetzt, seit etwas mehr als einem Jahrhundert, ist uns mit den Werken von Marx erst richtig der weite Kontinent einer Geschichte eröffnet worden, die wir vorher kaum erahnen konnten. Jetzt, da wir über ein analytisches Instrument verfügen, das Geschichte zu einer Wissenschaft gemacht hat, können wir die Vergangenheit aus neuen Blickwinkeln sehen und Wahrheiten erkennen, die unseren Vorfahren verborgen geblieben sind; und der *Stadt-des-20. Jahrhunderts-Mensch,* der in unseren wuchernden Stahlbeton-Städten, den Städten des Lateinischen Amerika geboren, aufgewachsen und erzogen worden ist, er hat die unausweichliche Pflicht, seine amerikanischen Klassiker kennenzulernen, sie wieder und wieder zu lesen und zu verinnerlichen, um seine Wurzeln zu finden, seinen Palmenstammbaum, seinen Mahagonistammbaum, seinen Kapokstammbaum, um herauszufinden, *wer er ist, was er ist* und welche Rolle er zu spielen hat, in der absoluten Übereinstimmung mit sich selbst, auf den weiten, stürmischen Schauplätzen, auf denen sich heute die Komödien, Dramen und Tragödien - blutige, massenhafte Tragödien - unseres Kontinents abspielen.

Als Mensch, der im Havanna des 20. Jahrhunderts aufgewachsen ist, der das Caracas des 20. Jahrhunderts hat heranwachsen sehen, der diese Universität hat wachsen sehen, der gesehen hat, wie das *Stabile* von Calder errichtet wurde, das über unseren Häuptern immerdar in den Himmel ragt, kann ich nicht mit rein protokollarischen Worten meinen Dank für die Herzlichkeit und Wertschätzung ausdrücken, die mir an diesem Abend hier zuteil geworden ist. Zu sagen, ich sei bewegt, wäre zu wenig. Besser und verbindlicher sollte ich sagen, daß dieser Abend mit Großbuchstaben in der Chronik meines Lebens verewigt wird, jetzt, da ich das gefürchtete Kap der siebzig Jahre im Reich dieser Welt umschifft habe... Überflüssig auch zu sagen, wie sehr ich meinem Freund Alexis Márquez Rodríguez für die Worte danke, die er für mich, meinen Weg und mein Werk gefunden hat.

Und ich danke sie ihm um so mehr, da er Dinge über mich gesagt hat, die ein Schriftsteller über sich selbst nicht sagen kann, da man warten muß, bis der kritische Scharfsinn anderer gewisse Dinge hervorhebt, die für die Person von enormer Bedeutung und Gegenstand der Kritik sind. Zu meiner großen Befriedigung, muß ich gestehen, hat Alexis Márquez Rodríguez darauf hingewiesen, daß in meinen Schriften - seit den ersten meiner Jugend - eine gewisse Einheit von Vorhaben und Streben zu beobachten ist. Ich kann sagen, daß ich mich nur wenig von der ideologischen und politischen Linie entfernt habe, die mir damals, 1925, meine Richtung vorgab, als ich einen Artikel über den bewundernswerten Roman *Panzerzug Nr. 14-69* des sowjetischen Autors Vsevolod Ivanov schrieb, in dem bereits alles so steht, daß ich es heute wiederholen könnte, wenn ich meine Gedanken und Übersetzungen zu den heutigen Entwicklungen und Auseinandersetzungen darzulegen hätte... Es stimmt, und ich bin stolz darauf, daß ich schon früh eine Vision von Amerika und der Zukunft Amerikas hatte (und ich meine damit natürlich jenes Amerika, das José Martí »Unser Amerika« genannt hat)... Aber, war das allein mein Verdienst? Ich glaube nicht. Ich hatte Glück, das ja. Das unwahrscheinliche Glück, in Havanna, nach einer Kindheit auf dem Lande und voller jugendlichem Eifer, mit

Menschen zusammenzutreffen, die ich - trotz ihrer Jugend - sofort als meine Lehrer anerkennen konnte. Und diese Lehrer waren der bewundernswerte Julio Antonio Mella, der, an den Universitätsunruhen jener Zeit vorzeitig gereift, 1925 mit Carlos Balniño die Kommunistische Partei Kubas gegründet hat; der großartige Dichter Rubén Martínez Villena, der eines schönen Tages allem literarischen Ruhm entsagte, um sich ganz dem revolutionären Kampf zu widmen, der 1933 zum Sturz und zur Flucht des Diktators Gerardo Machado führte, sowie Juan Marinella, der heute, obwohl er die Siebzig längst überschritten hat, aktiver und voller Tatendrang denn je zuvor ist und sich ganz dem Dienst an der Revolution verschrieben hat, von der er immer träumte, und der mir die Größe und Tiefe der Werke von Martí enthüllte, die (traurig, aber wahr) im Kuba der zwanziger Jahre noch kaum bekannt waren, da es weder zufriedenstellende noch vollständige Ausgaben davon gab. Mit solchen Lehrern war ich zusammen, und zusammen mit ihnen lernte ich denken. Interessant ist auch die Erinnerung daran, bereits 1927 mit diesen Männern ein wegweisendes Manifest unterzeichnet zu haben, in dem wir uns einzusetzen verpflichteten:

> Für die Erneuerung falscher und ausgedienter Wertvorstellungen.
> Für die heimische Kunst und die neue Kunst in ihren verschiedensten Ausdrucksformen allgemein.
> Für die öffentliche Bildungsreform.
> Für die wirtschaftliche Unabhängigkeit Kubas und gegen den Yankee-Imperialismus.
> Gegen die Einmann-Diktaturen in der Welt, in Amerika, in Kuba.
> Für die Freundschaft und die lateinamerikanische Einheit.

Als wir dies Dokument unterzeichneten, wagten wir nicht zu glauben, daß wir noch zu unseren Lebzeiten diese Träume verwirklicht sehen würden, die uns so fern und durch geographische Widrigkeiten - so glaubten viele - von vornherein zum Scheitern verurteilt schienen und die mit Anbruch des Jahres 1959, mit dem Sieg der Kubanischen Revolution, in Erfüllung gingen und durch den entscheidenden und bedeutsamen Sieg über die Invasionstruppen in der Schweinebucht bestätigt wurden; diesem ersten großen Sieg eines Volkes unseres Mestizischen Amerika (wie José Martí es mehr als einmal voll Stolz genannt hat) über den gefürchtetsten aller Imperialismen ... (»Der Riese mit den Siebenmeilenstiefeln, der uns verachtet ...«, auch hier zitiere ich wieder José Martí).

Ich weiß, einige haben sich gewundert, daß ich Anfang 1959, als ich glücklich war unter Euch, als ich im venezolanischen Leben Fuß gefaßt und soviel über Euer Wesen, Eure Geschichte und Eure zutiefst lateinamerikanischen Traditionen gelernt hatte, daß ich damals mein Leben in Venezuela nach vierzehn Jahren plötzlich abbrach, um in mein Land zurückzukehren ... Aber es gab Stimmen, die mich riefen. Stimmen, die sich wieder über der Erde erhoben, die sie begraben hatte. Es waren die Stimmen von Julio Antonio Mella, von Rubén Martínez Villena, von Pablo de la Torriente Brau und von vielen anderen noch, die in einem langen, zähen, blutigen Kampf gefallen waren. Und es waren die Stimmen, lebende noch, und sehr lebendig, von Juan Marinello, von Nicolás Guillén, von Raúl Roa und vielen mehr, die ihre Kraft, ihre Erfahrung, ihr Wissen und ihre Begeisterung in den Dienst der großen revolutionären Sache gestellt hatten, die seit jenem historischen, bedeutsamen 26. Juli 1953 herangereift war, an dem der Sturm auf die Moncada-Kaserne stattfand, angeführt von jenem Mann, der Monate später, über die inspiratorischen Beweggründe dieser Aktion befragt, die schlichte Antwort gab: »Wir wurden von den Gedanken José Martís geleitet.« Ich hörte die Stimmen, die wieder aufgeklungen waren und mich in die Zeit meiner Jugend zurückversetzten; ich hörte die neuen Stimmen, die jetzt erschollen, und hielt es für meine Pflicht, meine Kraft und meine Fähigkeiten - so ich sie denn hatte - in den Dienst der großen historischen Sache

Lateinamerikas zu stellen, die in meinem Land vorangetrieben wurde.

Und diese Sache war zutiefst in der Geschichte Kubas verwurzelt, in seiner Vergangenheit, in dem ganz und gar lateinamerikanischen Denken von José Martí, dem nichts, was lateinamerikanisch war, je fremd gewesen ist. Sie stand in einer Tradition, die bis in die Zeit des ersten kubanischen Befreiungsversuchs durch einen antikolonialen Krieg gegen die spanische Macht zurückreichte, der von einem Geheimbund vorbereitet worden war, der nicht zufällig den Namen »Die Strahlen und Sonnen Bolívars« trug. Vor dem beredten Bild einer Vergangenheit, die im gegenwärtigen Wirken, in einer aktuellen und fühlbaren Wirklichkeit neue Gestalt angenommen hat, beschäftigen wir uns im heutigen Kuba mit der Geschichte nicht nur unseres Vaterlands, sondern mit der des ganzen Kontinents so intensiv, weil wir die Überzeugung gewonnen haben, daß nichts, was Lateinamerika betrifft, uns gleichgültig sein kann und daß die Kämpfe, die Erfolge, die Dramen, die Niederlagen und die Siege unserer Bruderländer auf dem Kontinent Ereignisse sind, die uns direkt betreffen und unseren Jubel oder unsere Betrübnis hervorrufen, je nachdem, ob sie sich der Welt als Grund zur Freude oder vorübergehender Trauer darstellen.

Ich weiß nicht, wie weit sich junge Lateinamerikaner heute systematisch und wissenschaftlich mit ihrer eigenen Geschichte befassen. Wahrscheinlich studieren sie sehr intensiv und wissen die vielfältigsten Lehren aus einer Vergangenheit zu ziehen, die auf diesem Kontinent, auf dem sich bestimmte bedauernswerte Ereignisse mal im Norden, mal im Süden mit zyklischer Beharrlichkeit wiederholen, *sehr viel gegenwärtiger ist, als man gemeinhin glaubt.* Mögen sie jedoch immer daran denken und sich stets vergegenwärtigen, daß es in unserer Welt nicht ausreicht, nur die eigene Geschichte von Grund auf zu kennen, um ein wahrhaftes, authentisches lateinamerikanisches Bewußtsein zu erlangen. Unsere Schicksale verbinden sich gegen dieselben inneren und äußeren Feinde und angesichts derselben ungewissen Zukunft. Wir alle können Opfer desselben Gegners werden. Wir müssen die Geschichte unseres Amerika daher als eine große Einheit begreifen, als eine Gesamtheit nicht voneinander zu trennender Zellen, um wirklich zu verstehen, *was wir sind, wer wir sind und welche Rolle wir in der Wirklichkeit zu spielen haben, die uns umgibt und unseren Schicksalen ihren Sinn gibt.* José Martí sagte 1893, zwei Jahre vor seinem Tod: »Weder die Bücher Europas noch die Bücher der Yankees entschlüsseln uns das hispanoamerikanische Rätsel«, und fährt fort: »Man muß ein Mensch seiner Zeit und zugleich ein Mensch seines Volkes sein, aber zuerst muß man ein Mensch seines Volkes sein.« Und um dieses Volk - diese Völker - zu verstehen, muß man ganz genau ihre Geschichte kennen, möchte ich hinzufügen.

Was mich betrifft, möchte ich mein gegenwärtiges Streben mit einem Satz von Montaigne zusammenfassen, der mich immer durch seine schlichte Schönheit beeindruckt hat: »Es gibt keine bessere Bestimmung für den Menschen, als nach bestem Wissen und Gewissen seinen Beruf als Mensch auszuüben.« Diesen *Beruf Mensch* habe ich auszuüben versucht, so gut es mir möglich war. Das war das Ziel, das ich verfolgt habe und weiter verfolgen werde im Rahmen einer Revolution, die mich im Schoß eines Volkes zu mir selbst geführt hat. Für mich ist die Zeit der *Einsamkeit* beendet. Die Zeit der *Gemeinsamkeit* hat lange begonnen.

Ein Klassiker hat einmal gesagt: »Es gibt Gesellschaften, die dienen dem *einzelnen,* und es gibt Gesellschaften, die dienen dem *Menschen.*« Ich bin ein Mensch, und ich fühle mich nur dann als Mensch, wenn das Pochen meines Herzens und das Pulsieren meines Blutes gleichschlägt mit dem Pochen der Herzen und dem Pulsieren des Blutes der Menschen, unter denen ich lebe.

Heinz Dieterich

Emanzipation und lateinamerikanische Identität: 1492–1992

Entdeckung und Kolonisation der »Neuen Welt«

Die von asiatischen Völkern vor mehr als 20 000 Jahren durchgeführte Entdeckung der westlichen Hemisphäre hatte zur praktischen Konsequenz die Kolonisierung des Kontinents. Ihre Emigration vom asiatischen Festland über das Bering-Meer bis nach Feuerland - Sequenz, die andere Immigrationsformen nicht ausschließt - schuf vielfältige soziale, politische und ökonomische Organisationsformen in der - für sie - Neuen Welt, die den Kontinent wie ein Mosaik bedeckten, als die europäische Invasion im Jahre 1492 begann.

Dieses Mosaik unterschiedlicher zivilisatorischer Entwicklungsniveaus sowie das Vorkommen natürlicher Reichtümer und die Aneignungs- und Herrschaftsinteressen der Europäer determinierten die konkrete Gestalt der zukünftigen Kolonialgesellschaft. Eine kurze Diskussion dieser drei Bestimmungsfaktoren ist daher notwendig, um ein grundlegendes Verständnis für die nachfolgende Argumentation zu entwickeln.

Über die Evolutionsniveaus des Menschen der westlichen Hemisphäre im Jahre der Invasion 1492 läßt sich folgendes sagen. Benutzen wir als Evaluationskriterium den Grad gesellschaftlicher Klassendifferenzierung und der Konstituierung separater öffentlicher Gewalt, so können grosso modo vier spezifische Entwicklungsniveaus festgestellt werden: I. Klassengesellschaften mit entwickeltem Staatsapparat, zum Beispiel das Tahuantinsuyu der Inkas oder das um Tenochtitlan organisierte Reich der Mexika

(Azteken); II. Klassengesellschaften mit protostaatlichen Strukturen, wie in bestimmten Phasen der Maya-Gesellschaften; III. vorklassistische Sozietäten mit demokratischen Sanktions- und Entscheidungssystemen, wie etwa die nordamerikanischen Iroquois, und schließlich IV. rudimentäre vorklassistische Gesellschaften des Sammler- und Jägertyps, in denen Entscheidungen kollektiven Interesses, soziale Kontrolle und normengerechtes Verhalten (zum Teil vorbewußt) über lokale Tradition und Gebräuche realisiert werden, wie beispielsweise der Fall der westlichen Shoshone illustriert.

Das von uns benutzte Klassifikationskriterium (politischer Überbau) korreliert natürlich positiv mit einer Vielzahl wesentlicher sozio-kultureller Entwicklungsindikatoren, unter anderem dem Evolutionsgrad der Produktivkräfte, den Eigentumsformen an Boden und Arbeit, der Bevölkerungsdichte der Ethnie, der Größe des Gemeinwesens (community size), der wissenschaftlichen (zum Beispiel Astronomie) und künstlerischen Kapazitäten und so weiter. So ist für die amerikanischen Gesellschaften des I. Typs (Inkas, Azteken) charakteristisch, daß sie seßhaft waren, über eine hochentwickelte (Irrigations-) Landwirtschaft verfügten, bedeutende mathematisch-astronomische Kenntnisse erarbeiteten, urbane Zentren errichteten und so weiter, während die Gesellschaften des Typs IV aus archaischen Sammler- und Jägervölkern bestanden, deren Reproduktion weitgehend naturwüchsig erfolgte.

Resümierend läßt sich in schematischer Form das soziopolitische Panorama der Gesellschaften der westlichen Hemisphäre wie in der folgenden Karte skizziert, darstellen.

Die Eroberung der »Neuen Welt«

Die spanische Eroberung der »Neuen Welt« ist im wesentlichen das Werk dreier historischer Subjekte: des absolutistischen Staates, so wie er durch die Monarchie der katholischen Könige (Reyes Católicos) Ende des 15. Jahrhunderts entstanden war; der katholischen Kirche, prinzipieller Juniorpartner der Monarchie, sowie dem Privatsektor, dessen

Entwicklungsniveaus der amerikanischen Gesellschaften zum Zeitpunkt der europäischen Invasion

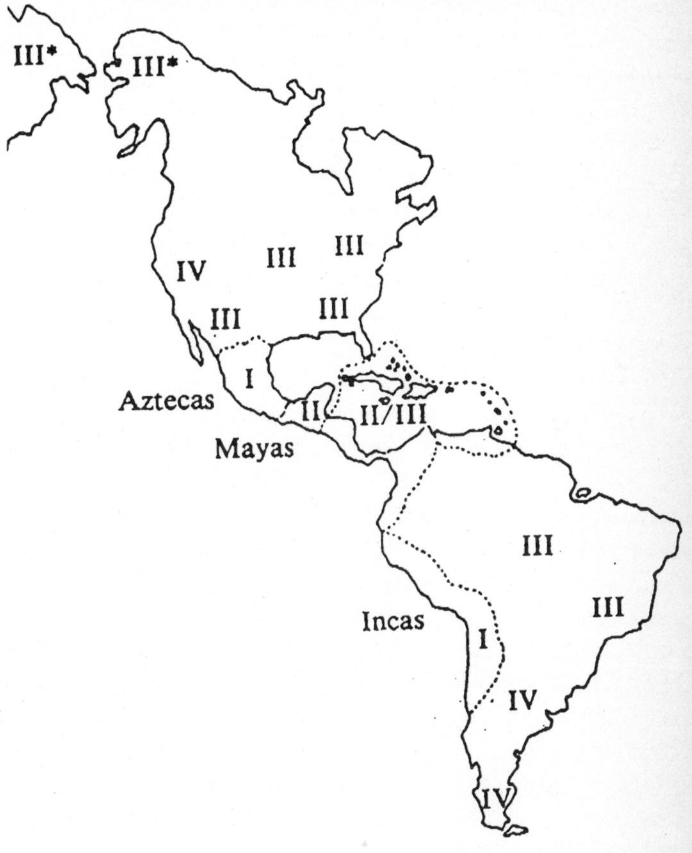

systematische dynamische Kraft das Merkantilkapital und dessen expansive Speerspitze die Konquistadoren bildeten.

Es handelt sich um geschichtliche Kräfte einer Gesellschaft, deren zivilisatorischer Status durch den Übergang vom Feudalismus zum Kapitalismus gekennzeichnet ist, was sich unter anderem in ihren Aneignungsinteressen widerspiegelt: das Raffen von Gold, die Appropriation von

Sklaven, Gewürzen und Ländereien motivierten die iberische Expansion und Aggression gegen »Neue Welten«.

Bereits im 11. Jahrhundert hatte der langjährige spanisch-europäische Krieg gegen die islamischen Kräfte, die seit dem Jahre 711 die iberische Halbinsel besetzt hielten, seinen defensiven Charakter verloren und sich in einen »Heiligen Krieg« verwandelt, dessen ultima ratio in der kriegerischen Aneignung der irdischen Reichtümer der »Ungläubigen« bestand. Auf europäischem Machtniveau war es diesen expansiven, vom römischen Papsttum hegemonisierten Kräften gelungen, unter dem Zeichen von Kreuz und Schwert Jerusalem zu erobern, um nach einem säkularen Zwischenspiel christlich-feudaler Herrschaft im 12. Jahrhundert erneut der islamischen Gegenoffensive zu unterliegen.

In den folgenden drei Jahrhunderten bis zur Invasion der westlichen Hemisphäre (1492) entwickelte sich die Expansion der spanischen Kräfte entlang der traditionellen Route der beiden Zentralmächte: Das Königreich Aragon setzte seinen Vorstoß ins Mittelmeeer fort und eroberte dort neue Bastionen, während das Königreich Kastilien gegen Süden vorstieß (Granada, Nordafrika) und dann in den atlantischen Westen.[1]

Zum Unglück für die Völker der westlichen Hemisphäre bestand der wesentliche Reichtum der »Neuen Welt« in ihrer reichlich vorhandenen, disziplinierten Arbeitskraft, welche auf quasi magische Weise die natürlichen Reichtümer des Kontinents in aneignungsfähige gesellschaftliche Werte der neuen Herren verwandeln konnte. Daraus entstand die koloniale Zwangsarbeit des amerikanischen Menschen.

Durch das Feuer der christlichen Autodafes von seinen »heidnischen Götzen befreit«, wird er in Hekatomben auf dem Altar des goldenen Kalbs seiner zivilisierten Eroberer geopfert: dem schnellen Profit der Minen und Plantagen. Dort, wo er für die Produktion des gesellschaftlichen Mehrproduktes nicht taugt, wird er auf den Status eines jagdbaren Tieren reduziert und entweder ausgerottet oder dazu gezwungen, in »Reservationen« zu vegetieren.

Zum Unglück für die afrikanischen Völker benötigten die fruchtbaren amerikanischen Ländereien eine Vielzahl disziplinierter und abhängiger Produzenten - mehr als in der »Neuen Welt« vorhanden waren -, um die monokulturelle Exportproduktion zum Wohle der neuen Herren in Gang zu setzen. Dadurch wurde es unabdingbar, die Menschen des »schwarzen Kontinents« zu jagen, zu fangen und dem zu unterwerfen, was in der spanischen Kolonialapologetik häufig - und ohne Prätension der Ironie - als »humane, christliche und perfekte Art zu regieren« (Manzano) bezeichnet worden ist. Dies war die Geburtsstunde der afroamerikanischen Sklaverei.

Beide Formen gewalttätiger Produktion und Aneignung der amerikanischen Reichtümer durch die Europäer beendeten radikal die Etappe der Entdeckung und Kolonisation der »Neuen Welt«, die mehr als 20 000 Jahre vorher durch die ersten asiatisch-amerikanischen Völkerwanderungen eingeleitet worden waren. Auf den Ruinen dieser ersten großen autochthonen zivilisatorischen Etappe der westlichen Hemisphäre etablierte sich nunmehr die merkantilfeudale, europäisch dominierte Kolonialgesellschaft, deren säkulares Erbe in verschiedenen weltgeschichtlich determinierten Strukturen besteht, deren Vitalität ungebrochen spürbar ist. Dazu gehören unter anderen:

Die asymmetrische und abhängige Integration Lateinamerikas in das globale europäische (und später US-amerikanische) Ausbeutungs- und Herrschaftssystem. Seit dieser gewaltsamen Integration in das atlantische Weltsystem haben die Völker des Subkontinents unzählige Male versucht, sich aus seinen Ketten zu befreien und ihre politische und ökonomische Souveränität wiederzugewinnen. All diese Versuche sind, wie im überwiegenden Rest der »Dritten Welt«, gescheitert.

Die dichotomische Aufspaltung der amerikanischen Gesellschaft in eine kleine privilegierte Elite, die alle kulturellen, politischen und materiellen Prärogativen für sich vereinnahmt, einerseits, sowie in große Massen unmittelbarer Produzenten, die im Elend vegetieren, andererseits. Diese

Dichotomie, in der Kolonialsprache als »Republik der Spanier« und »Republik der Indios« bekannt, existiert heute in allen lateinamerikanischen Gesellschaften, mit Ausnahme Kubas. Überflüssig zu sagen, daß sich diese Bipolarität im internationalen Herrschaftssystem wiederholt, wo sie als »Erste« und »Dritte Welt« bekannt ist oder, prägnanter und weniger ideologisch, als »Herrenvölker« und »Randvölker«.

Eine dritte überlieferte Struktur besteht in der andauernden Negation der Identität und des historischen Bewußtseins der amerikanischen Völker (und der Dritten Welt allgemein), welche die kafkaeske Metamorphose durchlitten, die sie aus Mitgliedern der menschlichen Spezie in Anthropoide verwandelte, Anthropoide, die im *Newspeak* des westlichen Herrschaftssystems als »Indios« und »Neger« figurieren.

Die Negation der historischen Wahrheit über die autochthonen Völker, welche Vorbedingung ihrer andauernden Unterdrückung und Kontrolle ist, erreicht derartige Ausmaße im welthegemonischen westlichen Denken, daß es faktisch unmöglich ist, eine organisch-systematische Rekonstruktion der Geschehnisse der letzten 500 Jahre vorzunehmen. »Neue Welt«, »Entdeckung Amerikas«, »Kolonisation«, »Indianer«, »Mestizentum«, »Kazique« und so weiter sind einige der »Bausteine« dieser ideologischen Mauer, die die Menschen des Jahres 1990 von der historischen und gegenwärtigen Realität des globalen Herrschaftssystems und der Situation seiner Randvölker trennen. Ohne diese Mauer einzureißen, bleibt Verständnis und Veränderung des Erbes von 1492 unmöglich. Es ist dieser Aspekt, auf den wir im folgenden vertieft eingehen wollen.

Über die Kategorie »Identität«

Seit dem ersten Erscheinen des *homo sapiens* war seine physische Existenz untrennbar mit der Reflexion über sich selbst und den eigenen Standort im Universum verbunden. Aus den antwortsuchenden Fragestellungen nach Ursprung und Sinn des Daseins entwickelten sich Mythos, Religion,

Philosophie, Kunst und, in ihrer Genesis ebenfalls, die Wissenschaft.

In der Tat ist die Kategorie Vernunft nicht emphatisch zu denken ohne diese Fragestellungen, die ihre technisch-instrumentellen Begriffsinhalte transzendieren. Der ständige Versuch des Menschen, seine spezifischen Koordinaten innerhalb der Unendlichkeit natürlicher und sozialer Prozesse zu finden, kann daher zu Recht als eine Konstante angesehen werden, welche eine existentielle anthropologische Notwendigkeit zum Ausdruck bringt. Die Notwendigkeit, sich sinnhaft in Zeit, Raum und Bewegung des Universums mittels der erwähnten unterschiedlichen symbolischen Interpretationssysteme zu »verankern«, ist folglich ein exklusives Attribut des *homo sapiens,* das er mit keiner anderen Spezies teilt.

Identitätsbildung und -bewahrung als ontologische Notwendigkeit des Menschen wird jedoch nicht geboren aus müßiger philosophischer Spekulation, noch ist sie Produkt folgenloser intellektueller Spielerei. Wie alle Manifestationen des Geistes resultiert sie aus den praktischen Arbeits- und Lebenszusammenhängen der Gattung. Liegt ihre Genesis in der Praxis, so auch ihre Funktion. Diese besteht primär nicht darin, metaphysische Querelen zu alimentieren und zu entscheiden, sondern darin, die Beherrschung seines natürlichen und sozialen Umfeldes voranzutreiben.

Die drei Komponenten der Identität

Um sich die Wirklichkeit untertan zu machen und sie in ein Gebrauchsutensil zu verwandeln, benutzt der *homo sapiens* (in der Regel vorbewußt) drei elementare Kategorien der Interpretation und Aktion: Raum, Zeit und Bewegung.

Die Kentnnis des physisch-geographischen Raumes war, im Wortsinne, vital für ihn, denn nur so konnte er ihn beeinflussen und in ihm überleben. Von der primitiven empirischen Erfahrung über Generalisierungen und Induktionen des »gesunden Menschenverstandes« (common sense) gelangte er schließlich zur wissenschaftlichen Erkenntnis, die ihn lehrte, daß die »ontologischen Gewebe« (Ortega y Gasset) seiner Umwelt unterschiedlicher Struktur waren und folglich unterschiedliche Verhaltensweisen erforderten, daß beispielsweise die Götter des Olymps andere Befriedungsrituale erforderten als die Götter des politischen Pantheons seiner Polis, daß subatomare Wirklichkeit und Makrokosmos gesetzmäßige Differenzen innerhalb ihrer Einheit aufweisen, daß geophysikalische und geopolitische Umstände seines Habitats, der später zum nationalen Raum wird, in großem Ausmaß sein Schicksal und das seines Kollektivs bestimmen und so weiter.

Von gleicher Bedeutung ist das Bewußtsein der Zeit - Derivatkategorie der Beziehung Raum und Bewegung -, insbesondere der historischen Zeit, in der wir handeln; denn jede historische Epoche eröffnet, einerseits, einzigartige geschichtliche Möglichkeiten für ein Volk und schließt, andererseits, historische Konjunkturen, die anachronistisch geworden sind.

Die Heldentaten des *Cid Campeador* in den heroischen Zeiten der fahrenden Ritter werden zu grotesken Abenteuern des Don Quijote in der beginnenden bürgerlichen Gesellschaft. Das Tragische einer Ära kann von Chronos schon bald in Komisches verwandelt werden, und das gleiche gilt vice versa. Was gestern als Avantgarde begann, konvertiert sich heute in Nachhut, und das geschichtliche Projekt, zur Unzeit lanciert, trägt den Keim des Scheiterns oder der Desfiguration in sich, da es in den objektiven Konditionen (noch) keine Entsprechung findet. Wird hingegen die historische Konjunktur verpaßt, der Moment, in dem sich das Tor der Geschichte zur Zukunft hin öffnet, verliert sich der prospektive Entwicklungspfad möglicherweise für immer. Gleichfalls: Ein handelndes Subjekt, welchem nicht die Erfahrungen seiner geschichtlichen Odyssee präsent sind, ist dazu verurteilt, sie erneut zu durchleben.

Während Raum und Zeit Kategorien sind, deren Bedeutung allgemein akzeptiert wird, bleibt die Relevanz der Bewegung in der Regel auf der Ebene des Vorbewußten. Geniale Denker wie Hegel, der den Tod als »Abwesenheit von Bewegung« determiniert, bilden die Ausnahme. Das mangelnde Bewußtsein des Dynamischen allen Seins ist um so erstaunlicher, als, wie wir oben bereits andeuteten, die »Zeit« geboren wird aus der Bewegung der Materie im Raum und andererseits alle Phänomene, die uns umgeben, in ständiger Bewegung sich befinden, also prozeßhaft sind.

Dieser dynamische Charakter des Universums, des natürlichen wie des sozialen, unterliegt bestimmten Gesetzmäßigkeiten in seinen Ablaufprozessen, etwa in der Bewegungs- oder, wenn man so will, Entwicklungsrichtung und im Telos des Prozesses. So ist, beispielsweise, das Leben einer Person eine ständige Projektion in Richtung auf die Zukunft, id est, eine permanente Bewegung auf seinen Endpunkt zu. Aus dieser Bewegung und ihrem determinierten Ruhepunkt, dem Tod, resultiert die wesentliche praktische Handlungsorientierung und der Sinn der Humanexistenz.

Nichts dem individuellen Memento mori Vergleichbares existiert jedoch im Leben der Völker oder Nationen. Die Absenz eines biologischen Todes der Entität, eines physischen Telos, welche die Bewegung als substantielle Bedingung unseres Seins dramatisiert, erschwert die Entwicklung des Bewußtseins ihrer Existenz, eines Bewußtseins der konstanten Evolution und Veränderung der Gesellschaft und ihres möglichen Endstadiums.

Die Konsequenz dieses, mit Hegel gesprochen, metaphysischen Denkens ist, daß das kollektive Bewußtsein einer Nation häufig durch Konfusionen, irreale Wünsche und Phantasien verdunkelt ist, welche nicht nur den Aufbruch zu real-erreichbaren neuen Welten verhindern, sondern die Entität zum Opfer quimärischer Unterfangen werden läßt.

Identität und koloniale Gewalt

Im angemessenen Verständnis der drei Dimensionen unseres konkreten Seins (Zeit, Raum, Bewegung) formiert und kristallisiert sich unsere subjektive Fähigkeit, das eigene Schicksal rational zu bestimmen, und gleiches ist wahr für kollektive Subjekte, wie Gruppen, gesellschaftliche Klassen, Staaten und Nationen. Darin liegt die Essenz der Kategorie Identität.

Die Identität eines individuellen oder kollektiven Subjektes ist der Kompaß, der seine Odyssee durch die Geschichte orientiert und, auf dem subjektiven Niveau, entscheidet, ob er an den Malströmen und Felsenklippen der Szylla und Charybdis vorbeimanövriert oder Schiffbruch erleidet.

Daraus wird die außerordentliche Bedeutung verständlich, die jeder Unterdrücker oder Eroberer der psychologischen Kontrolle des Unterworfenen beimißt. Die Zerstörung der Identität letzteren ist die conditio sine qua non jedes stabilen Herrschaftssystems. Die fortgesetzte physisch-materielle Kolonisation hat die mentale Kolonisation des Opfers zur Voraussetzung.

In der Regel ist die Zerstörung der etablierten Persönlichkeit eines historischen Subjektes ein Prozeß extremer Gewalt, der mittels der massiven Anwendung von Terror durchgeführt wird. Das erklärt, weshalb wir in allen europäischen Kolonisationen seit der Renaissance im wesentlichen die gleichen Terrormechanismen und brutalen Unterdrükkungstechniken finden. Dem spanischen Nationalcharakter eine spezifische Disposition zur Quälerei oder Brutalität zuzuschreiben oder etwa die angelsächsischen Kolonisationen als humanere darzustellen, heißt, in ideologische Verzerrungen der historischen Wirklichkeit einzutreten. Die deutsche Kolonisation in Afrika, die britische in Indien und Nordamerika, die französische in Nordafrika und Indochina, die belgische und portugiesische in Mittelafrika, die holländische in Indonesien, alle sind gekennzeichnet durch die unbarmherzige Unterdrückung, Ausplünderung und, wenn nötig, den Genozid der unterworfenen Völker.

Der Terror der Kolonisatoren resultiert nicht aus irgendwelchen national-psychologischen Faktoren oder Idiosynkrasien, sondern aus der Entscheidung bestimmter Machteliten, gewisse gesellschaftliche Gruppen oder ganze Nationen für die eigene Bereicherung arbeiten zu lassen. Wenn diese Entscheidung gefällt ist, finden sich in jeder Gesellschaft Henker und Folterer in ausreichender Zahl, um das gewünschte Ziel zu erreichen. Dieser Zusammenhang erklärt auch die Kontinuität der historisch praktizierten Terrormechanismen in den gegenwärtigen, zum Teil verwissenschaftlichten Folterpraktiken der neokolonialen Klientelregimes.

Logik und Ziel der zur Identitätszerstörung angewandten Gewalt lassen sich in didaktisch einfacher Weise am methodologischen Paradigma illustrieren, welches bestimmte Sektoren des gegenwärtigen Behaviourismus beherrscht.

Dieses Paradigma geht von der Prämisse aus, daß das Humandenksystem nach ähnlichen Funktionsprinzipien agiert wie beispielsweise ein moderner Computer. Wie bekannt, realisiert sich das elementare Verhalten des Computers (auf der Basis gegebener Hardware) gemäß des in seinem »Gedächtnis« (hard disk) einprogrammierten verhaltensleitenden Steuerungs- und Kontrollprogramms (Disk Operating System). Spezifisches Verhalten wird durch Zusatzprogramme produziert. Zeigt der Computer Verhaltensweisen, die sein Benutzer, i. e., Nutznießer als störend, pathologisch oder dysfunktional empfindet, so werden die alten Leitprogramme gelöscht und durch neue ersetzt. Das Auslöschen des, im Wortsinne, ursprünglichen Charakters der Entität (Computer) erfolgt durch elektromagnetische Verfahren.

In der von uns als Referenzpunkt benutzten behaviouristischen Psychiatrie werden zur »Heilung« – das heißt in der Regel Unterdrückung – der als pathologisch definierten Verhaltensweisen häufig Elektroschocks und ähnliche Foltermethoden verwendet, welche ein größeres traumatisches Energiequantum produzieren als das, welches dem störenden Syndrom zugrunde liegt. Idealziel der »Therapie« ist, das Gedächtnissystem (Magnetband) von den störenden Verhaltensprogrammen oder Syndromen zu »befreien« (»blank out«) und mit dem neuen (Herrschafts-) Diskurs zu programmieren. Diese Funktion erfüllt im kolonialen Herrschaftssystem die Anwendung des Terrors.

Die Analogie zwischen dem Löschen eines existierenden Charakters/Diskurses in einem Computer beziehungsweise dem Löschen oder Überspielen eines Diskurses auf einer Tonbandkassette und der psychologischen Destruktions- und Rekonstruktionsaufgabe, der der Eroberer und Herrscher unterworfener humaner Entitäten sich gegenübersieht, ist als theoretischer Interpretationsrahmen nützlich. Sie hilft nicht nur, die zur Zerstörung der Geisteswelt des Unterworfenen benutzten Mechanismen physisch-psychologischer Kriegführung zu verstehen, sondern ebenfalls diejenigen Techniken, die zu einer zwangsweisen Akkulturation in die Zivilisation der Eroberer führen.

Wenn die Zerstörung der ursprünglichen Identität des unterworfenen historischen Subjektes gelungen ist, kann das Volumen des *physischen* Terrors reduziert werden. An seine Stelle tritt nunmehr wesentlich der Gebrauch ideologischer Indoktrinationsmechanismen, deren wichtigster aus historischer Sicht - um diesen wichtigen Sachverhalt zu resümieren -, die Religion ist. Wenn die Entfremdung des Unterworfenen durch den originären physischen Terror erreicht ist, verlagert sich die Rolle des Kolonisators darauf, den Zustand der Entfremdung dauerhaft zu machen und in dem Kolonisierten dergestalt zu verankern, daß ihre Ursprünge als traumatisch-terroristisch Aufgezwungene im Nebel der Geschichte verschwinden. Entfremdete Weltanschauung und Praxis des Opfers erscheinen diesem nunmehr als natürlicher Ordnungszustand. Das Vorhandensein kolonialer oder neokolonialer Herrschafts- und Ausbeutungsverhältnisse beinhaltet daher apriori und unabdingbar die Fälschung der geschichtlichen Wahrheit des Eroberungs- und Kolonisierungsprozesses, wenn nicht seine Anathematisierung.

Der Herrschaftsdiskurs des Kolonisators

Das prinzipielle Mittel zur psychisch-geistigen Kontrolle der Unterworfenen ist der Diskurs der »Neuen Ordnung«, der *Ordine Novo,* welcher Elemente säkularer und metaphysischer (religiöser) Entfremdung kombiniert, um die »Gespenster« der autochthonen Vergangenheit für immer zu bannen. Auf den Trümmern der autochthonen Persönlichkeit konstruiert die Kolonialmacht die neue charakterologische Struktur des Kolonisierten, welche ihn aus einem Menschen in serviles Arbeitstier und geistigen Sklaven verwandelt. Zugleich mit den Kathedralen und Palästen, die die Eroberer über den Pyramiden der Besiegten von diesen bauen lassen, errichten sie in geduldiger Arbeit die Tempel und Paläste geistiger Domination in den Köpfen der Unterlegenen. Die Elemente, mit denen die unsichtbaren Herrschaftsgebäude und Ketten geschmiedet werden, bestehen aus Mythen, Doktrinen, Begriffen, Ideen, Stereotypen, Metaphysiken und so weiter der neuen herrschenden Klasse, welche nicht nur Gegenwart und Zukunft des Besiegten bestimmen, sondern ebenfalls seine präkoloniale Vergangenheit. Das vae victis der Invasoren schließt die deformierende Neuschreibung der Geschichte der autochthonen Bevölkerung ein, damit diese, falls sie den Blick zurückwirft, sich in ihr nicht erkennt.

Abgeschnitten von den materiellen und metaphysischen Wurzeln seines Seins, im Spiegel der Geschichte sich selbst nur als Fratze oder tragikomisches Ungeheuer begegnend, wird der Kolonisierte zum Objekt leichter Manipulation. Wo er seine Sensibilität und Erinnerung für das Vergangene erhält, bleibt ihm vor der übermächtigen Gewalt nur der passive Widerstand des Schweigens, der monolinguistischen und sozialen Isolation oder der Dissidenz in ritualisierten, vom System tolerierten, Ausdrucksformen wie dem Tanz, der Musik (Blues, Spiritual), dem Karneval sowie allen möglichen Expressionen obskurantistischer Metaphysik, welche das Medium bilden zwischen zerstörter Vergangenheit, untragbarer Gegenwart und verzweifelter Hoffnung auf das Millenium.

Das unmittelbare Ziel des Diskurses der Neuen Ordnung und seiner terroristischen Implantation besteht darin, das vorgefundene präkoloniale Denken (und seine entsprechenden Praktiken) der »Eingeborenen« von »Idolen«, »Götzen« und »Dämonen« zu »reinigen«, um ihnen den Weg zur wahren Religion und zum einzigen Gott freizumachen, das heißt im Fall Lateinamerikas, zur umfangreichen

Schar der Heiligen, Jungfrauen und sonstigen Wesen, welche sich auf dem Feld christlicher Hagiographie und Theologie tummeln.

Zugleich mit der Kanonisierung der Sprache, welche aus dem symbolischen Universum der »Indios« die häretischen Ideen und Codices ausschließt und anathematisiert, werden die Unterworfenen dazu gezwungen, mit eigenen Händen die heiligen Stätten und Bauwerke jahrhundertealter Veneration abzutragen und ihre Götter in die christlichen Scheiterhaufen zu werfen, in einem Unterwerfungsritual systematischer Traumatisierung und psychologischer Zerstörung der autochthonen Bevölkerung, welches an Brutalität, Terrorismus und Effizienz schwer zu überbieten sein dürfte.

Das strategische Ziel der säkularen und kirchlichen Exorzisten des Kolonialismus und ihres Indoktrinationssystems liegt gleichwohl nicht darin, den Diskurs über bestimmte Sektoren der Realität zu verbieten, sondern es unmöglich zu machen, diese Realität außerhalb der etablierten Orthodoxie zu denken. Die dafür verwandten psycholinguistischen Mechanismen sind vielfältig. Dazu gehören unter anderem, die negative Stigmatisierung oder das Lächerlichmachen alles Autochthonen; die Animalisierung des »Eingeborenen«; der Gebrauch pejorativer oder euphemistischer Begriffe; die Verwendung tendenziöser Prämissen in der Darstellung der Fakten und die isolierte Präsentation dieser Fakten beziehungsweise ihre Präsentation außerhalb eines sinnvollen Bezugsrahmens; die Elaboration sophistischer Problemstellungen, das Provozieren von Scheindiskussionen und die Kanalisierung kritischer Diskussion auf unterschiedliche Propagandaversionen des gleichen Sachverhaltes, wie etwa die lächerliche Debatte über die sogenannte »rosa« und »schwarze Legende« (»leyenda rosa vs. leyenda negra«) der spanischen Kolonialzeit oder über den angeblich primär-spirituellen Charakter der hispanischen Kolonisation im Gegensatz zum primär utilitaristischen der angelsächsischen Kolonisation.

Der *Newspeak* des Kolonisators, wie jeder andere Herrschaftsdiskurs auch, benutzt die Mehrzahl dieser psycholinguistischen Techniken, um den - möglicherweise temporären - Erfolg der Eroberung zu konsolidieren und in ein dauerhaftes Herrschaftssystem zu verwandeln. Jeder halbwegs politisch intelligente Oppressor weiß um diese Problematik, und die spanische Krone bildete keine Ausnahme. In opportuner Weise paßte sie ihre Legitimationsideologie den sich verändernden Imperativen der Kolonialindoktrination an. Nachdem ihre Herrschaft mit Feuer und Schwert in der »Neuen Welt« gesichert und die Phase der Conquista im wesentlichen abgeschlossen war, ersetzte sie den offen-aggressiven Sprachgebrauch durch einen neuen, »zivilisierteren« Diskurs. Felipe II. ordnete in den königlichen Dekreten von 1573 an (Ordenanzas Reales), daß zukünftig der Terminus »Eroberung« (conquista) durch den der »Pazifizierung« oder »Besiedlung« (pacificacion oder poblamiento) zu ersetzen sei. Die ex profeso verbotenen Eroberungen werden nunmehr durch die »friedliche Penetration« und Bevölkerungspolitik ersetzt, wenn nicht in der *Brave New World* der kruden Kolonialrealität, so doch wenigstens in der noblen Welt der »Leyes de Indias«, der hispanischen Kolonialgesetzgebung.

An anderer Stelle sind wir weitergehend auf die Problematik des westlichen neokolonialen Herrschaftsdiskurses eingegangen[2]. Daher wollen wir uns hier auf einen kurzen Kommentar zu seiner andauernden Existenz beschränken.

Die Fortdauer des kolonialen/neokolonialen Diskurses erklärt sich durch die Kontinuität der ihm zugrunde liegenden gesellschaftlichen Ausbeutungs- und Dominationsverhältnisse, welche nach wie vor die herrschaftsnotwendigen Verschleierungsideologien produzieren. Der bedeutende Erfolg dieser (neo-)kolonialen Ideologien, welche den Tatbestand fünfhundertjähriger Exploitation des Subkontinentes vergessen machen wollen, kann nicht getrennt gesehen werden von der Haltung der lateinamerikanischen Intelligentsia gegenüber den Fragen nationaler, sozialer und kontinentaler Emanzipation.

Die vorherrschende geistige Attitude der kreolischen Intelligenz seit 1825 ist das hispanophile oder eurozentristische Denken, welches die überwiegende Mehrzahl der Mitglieder der lateinamerikanischen intellektuellen Elite in exotische Ableger der hegemonischen europäischen Paradigmen und Moden verwandelte. Unfähig, *Nuestra América (Unser Amerika)* mit amerikanischen Augen zu sehen, waren sie unfähig, Nuestra América in der Praxis zu sein. Ihre imago mundi, sei es aufgrund subjektiven Opportunismus, sei es aufgrund objektiver historischer Begrenzungen des Zeitgeistes – wie bei einigen Persönlichkeiten des Unabhängigkeitskrieges –, folgte den Visionen und Mythen der Europäer, von der Ankunft des großen »Révélateur du Globe« (Kolumbus), über das gewaltsame Ende des hispano-amerikanischen Metabolismus 1809/1825, bis zu den gegenwärtigen Verleihungen des Cervantes-Preises, die auf dem zynischen Hintergrund der offiziellen spanischen »Zelebrationen zum 500. Jahrestag der Entdeckung Amerikas« stattfinden.

In der Tat sind die spanisch hegemonisierten Feierlichkeiten zum »V Centenario del Descubrimiento de América« (500. Jahrestag der Entdeckung Amerikas) ein Déjà-vu der historischen Aktivitäten dieser servilen pro-europäischen Elite. Interessant ist in diesem Zusammenhang die Haltung einiger weltbekannter »linker« Intellektueller, deren Klientel vor allem der liberale bis »linke« Marktsektor bildet. Um diese »linke« Klientel nicht zu verlieren, andererseits aber weiterhin die Pfründe des Systems zu genießen, operieren sie mit einem gespaltenen Diskurs; einer taktisch-kritischen Variante, die ausweist, daß sie lateinamerikanistisch und antiimperialistisch sind, sowie dem »business as usual«, in dem die guten Beziehungen mit dem Imperialismus andauern und Drehbücher für Serien des spanischen Fernsehens (TVE) über den »V Centenario« geschrieben, wohldotierte Preise plus königlicher Umarmung und angenehme Gastaufenthalte im »Mutterland« akzeptiert werden.

Es darf nicht verwundern, daß für die taktisch-kritische Variante die großen bürgerlichen Zeitungen zur Verfügung stehen, wie zum Beispiel *El País* (welches nicht nur ideologische Speerspitze der spanischen Hegemoniebestrebungen in der westlichen Hemisphäre ist, sondern auch umfangreiche materielle Interessen über den »V Centenario« verwirklicht). In dieser nur taktischen Opposition vieler lateinamerikanischer Intellektueller gegenüber dem 500. Jahrestag der Invasion, die auf jede Art *prinzipieller* Opposition verzichtet - welche sich in der Erfüllung einer protagonistischen Rolle dokumentieren müßte[3] - und die ergänzt wird durch die offene Zustimmung der konservativen Sektoren, das Schweigen der Kulturinstitutionen (Universitäten) und der »silent majority«, reflektiert sich die traditionelle »Praxis« der kreolischen Intelligentsia, die ihren höfischen Status nie verloren hat.

Wenige Ausnahmen existieren zu dieser eurozentristischen Position, und schwierig ist es, Persönlichkeiten wie Jose Martí zu finden, der mit scharfsinniger Analyse, lateinamerikanistischer Vokation, nicht-korrumpierbarem politisch-kulturellem Ethos, poetischer Sprache und revolutionärem Beispiel die ontologischen Grenzen und Bestimmungen *Unseres Americas* zu bezeichnen wußte, ohne intellektuelle Brosamen der Sieger zu erbetteln.

Existiert eine lateinamerikanische Identität?

Wenn es ein Gebiet gibt, auf dem die Misere der lateinamerikanischen Philosophie mit besonderer Klarheit deutlich wird, dann in der Debatte dieser Thematik. In der Vielfalt von Antworten, die das Problem der Identität des Lateinamerikaners provoziert hat, ist die überwiegende Mehrheit der Diskurse idealistisch, ethnozentrisch oder agnostischen Charakters. Gleichwohl ist die zutage tretende docta ignorantia in der Regel nicht das Resultat intellektueller Unfähigkeit ihrer Autoren. Es handelt sich vielmehr um einen interessierten oder instrumentellen Agnostizismus, der seit einem halben Jahrtausend im Dienste der Herrschenden steht.

Auf diese Positionen hier einzugehen, würde den Rahmen des Essays überschreiten. Doch können wir axiomatisch postulieren, daß es kein individuelles noch kollektives Subjekt gibt - sei es eine Person, eine gesellschaftliche

Klasse, ein Volk oder eine Nation –, welche nicht über eine eigene Identität verfügt. Wie schon gesagt, ist Identität der Kompaß, welcher das handelnde Subjekt durch die konstanten Veränderungen der Realität in einer bestimmten Richtung orientiert und führt. Da menschliche Existenz ohne Handeln undenkbar ist und dauerhafte Existenz tendenziell systematisches oder zielgerichtetes Handeln voraussetzt, wäre der Gedanke eines identitätslosen menschlichen Subjekts folglich eine sinnlose Abstraktion.

Das Problem der Identität einer sozialen Entität reduziert sich daher, a potiori, auf die Frage nach ihrer konkreten Gestalt, das heißt ihrem Inhalt und ihrer realen Struktur. Diese kann überwiegend fremdbestimmt oder autonom, rational oder emotional, selbstbewußt oder servil, individualistisch oder kollektiv, realitätsgerecht oder psychopathologisch, entwickelt oder atrophiert sein, kurz, durch eine Vielfalt von Attributen bestimmt und wahrscheinlich über angemessene psycho- und soziometrische Meß-Skalen in ihrem Profil annähernd erfaßt werden.

In den Kontext unserer Diskussion über »Emanzipation und lateinamerikanische Identität: 1492–1992« zurückkehrend, gehen wir davon aus, daß die Theorie lateinamerikanischer Identität genetisch wie logisch aus zwei zentralen Kategorien entfaltet werden muß: Gewalt und Arbeit.

Das Trauma der Conquista, deren bestialische Gewalt die radikale »Umwertung aller Werte« der autochthonen Bevölkerung bedeutete, ist in allen Sphären des kollektiven Lebens *Unseres Amerikas,* von der Kunst bis zum populären Sprachgebrauch, aufzufinden. Die apokalyptischen Reiter der »Alten Welt«, die 1492 mit Feuer und Schwert, Terror und Vergewaltigung, die einheimischen Kulturen verwüsteten, galoppieren weiter durch das Labyrinth der lateinamerikanischen Kultur, welches durch die ideologische Firnis des Mestizentums (mestizaje) nur oberflächlich gegen philosophische Reflexion und wissenschaftliche Analyse immunisiert werden konnte.

Aus der systematischen Reflexion dieser Dialektik von Gewalt und Widerstand, Herr und Knecht, Repression und

Befreiung müßte die organische Reflexionsstruktur der Philosophie über die lateinamerikanische Identität entstehen, nicht jedoch, ohne jenen anderen konstitutiven Zusammenhang der Menschwerdung einzuschließen, welcher, in letzter Instanz, das Telos der Gewalt in der Geschichte ist: die Dialektik von Arbeit und Eigentum, Appropriation und Expropriation des gesellschaftlichen Mehrprodukts.

Die Strukturen der lateinamerikanischen Identität

Die Oberflächenstruktur

Die lateinamerikanische Identität weist einige allgemeine oder formale Charakteristika auf, die wir als ihre Oberflächenstruktur (surface structure, N. Chomsky) bezeichnen können. Dazu gehören, unter anderem: a) die gemeinsame Sprache (»Spanisch«, in rigor, Kastilisch); b) der Katholizismus; c) die transzendentale Bedeutung der Familienbeziehungen; d) der Machismo der Männer und die korrespondierende Rolle der Frau.

Wenn wir von allgemeinen Charakteristika sprechen, so beziehen wir uns damit auf die Tatsache, daß diese Eigenschaften in der quantitativen Mehrheit der lateinamerikanischen Bevölkerung vorherrschen. Das heißt, wir konstatieren und beschreiben eine historisch gewordene, heute reale Situation, ohne damit ein Urteil über das Wünschenswerte oder Negative des Vorhandenseins dieser Charakteristika zum Ausdruck zu bringen.

Erst, wenn die Theorie lateinamerikanischer Identität von ihrer beschreibenden Phase in die analytische übergeht, wird es möglich und notwendig sein, die geschichtliche Bedeutung und das Befreiungs- beziehungsweise Unterdrückungspotential jedes einzelnen dieser Elemente und ihrer Interaktion innerhalb der widersprüchlichen Einheit, die wir Oberflächenstruktur genannt haben, systematisch zu bewerten.

Die Tiefenstruktur

Die zweite wesentliche Struktur der lateinamerikanischen Identität kann begrifflich als Tiefen- (depth structure) oder ontologische Struktur erfaßt werden. Sie setzt sich ihrerseits aus verschiedenen Substrukturen oder Systemen zusammen, von denen wir lediglich zwei erwähnen.

Das erste Subsystem besteht aus dem, was in der europäischen Kultur als das Dionysische (im Gegensatz zum Apollinischen) bekannt ist und für die lateinamerikanische Welt in so vollendeter Weise in Gabriel García Marquez und Alejo Carpentiers Arbeiten verkörpert wird. Es handelt sich um die Welt der Folklore und des Gefühls, der Magie und der Imagination, der Phantasie und des Aberglaubens, der Leidenschaft und Vitalität, des Romantizismus und der Archaismen.

Dieses unerschöpfliche Reservoir (latein-)amerikanischer Kreativität ist das Reich des Vor- und Unbewußten und das Produkt der terroristisch erzwungenen traumatischen Unterordnung der amerikanischen Kulturen unter die europäische. Im Synkretismus dieser ontologischen Tiefenschicht koexistiert die Verehrung der alten amerikanischen Gottheiten mit der Reverenz der triumphierenden weißen Götter: die Pachamama (Mutter Erde) der Andenvölker und die Tonantzin Mesoamerikas mit der hebräisch-christlichen Jungfrau Maria, der »Geistertanz« der Lakota (Sioux) mit der Liturgie der protestantischen Pilgrim Fathers und die afrikanische Rhythmik mit dem spanischen Fandango.

In diesem Subsystem ist das spezifisch Einmalige der lateinamerikanischen Persönlichkeit zu finden, ihre unverwechselbare Idiosynkrasie gegenüber anderen regionalen Kulturen wie der mediterranen, der atlantischen, der buddhistisch-asiatischen und so weiter. Dies sind die tellurischen Fundamente, auf denen die Architektur der lateinamerikanischen Persönlichkeit ruht.

Das zweite Subsystem der Tiefenstruktur ist empirisch erfahrbar als eine Art spontaner Solidarität zwischen den Völkern des Subkontinents; ein Band der Gemeinsamkeit, welches dergestalt (zum Beispiel) zwischen den Bürgern der europäischen Staatenwelt nicht existiert und das beschrieben werden kann als eine Art vorstaatlicher gesellschaftlicher Beziehung, wie sie sich zwischen den Mitgliedern eines Clans oder einer Gemeinde findet. Wir können dieses Band als einen »affektiven Bolivarianismus« bezeichnen, welcher die Citoyen des »Großen Vaterlandes« (América, la Patria Grande - S. Bolívar) tendenziell verbindet.

Natürlich darf diese Beziehung nicht idealisiert werden. Ihre Gültigkeit wird eingeengt durch Klasseninteressen, rassistische, gesellschaftliche und sexistische Vorurteile. Es ist wahrscheinlich, beispielsweise, daß eine afroamerikanische Brasilianerin oder bolivianische Bäuerin (Chola) nicht die gleiche Gastfreundschaft finden wie Kreolen und Mestizen. Doch selbst mit dieser Einschränkung ist José Martís Affirmation, daß ein Amerikaner in Kuba nicht Fremder sein kann, ebensowenig wie ein Kubaner in *Nuestra América,* nach wie vor gültig.

Emanzipation und lateinamerikanische Identität

Es ist für jeden kritischen Beobachter offensichtlich, daß es den lateinamerikanischen Nationen nicht gelungen ist, die 1492 verlorene politische Souveränität zurückzugewinnen. Und nicht weniger evident ist, daß der Verlust der politischen Souveränität seine raison d'être in der gewalttätigen Aneignung und Ausbeutung der ökonomischen Reichtümer von *Nuestra América* hat.

Bereits in der ersten Alexandrinischen Bulle (Inter Cetera), die Papst Alexander VI. im Mai 1493 an seinen »teuren Sohn in Christo« und spanischen König, Fernando el Católico, schickt und in der er die Verteilung der neuen Welten zwischen Portugal und Spanien vornimmt, stellt der Heilige Vater mit Befriedigung fest, daß in jenen Inseln und Territorien Gold, Gewürze und vielfältige andere wertvolle Dinge gefunden worden seien: »in quibus quidem insulis et terris jam repertis aurum, aromata, et aliae quamplurimae res pretiosae diversi generis et diversae qualitatis reperiuntur«[4]. Dies war die Logik, welche die iberischen Eroberer ab ovo in die »Neue Welt« brachte und heute, mit ungebrochener Aktivität, ihre zeitgenössischen Nachfolger des Internationalen Währungsfonds und der US Marines anzieht.

Emanzipation der lateinamerikanischen Völker kann folglich nichts anderes bedeuten als die Aufhebung der asymmetrischen externen Abhängigkeitsstrukturen sowie die Transformation der repressiven internen Strukturen, welche zusammen das tragische Erbe der europäischen Invasion und Okkupation darstellen.

Für diesen Prozeß der Befreiung und Konstruktion einer demokratischeren und humaneren Gesellschaftsordnung ist es unabdingbar, die Geschichte als Vehikel des Fortschritts zu benutzen. Die Fähigkeit der Lateinamerikaner, ihr eigenes Schicksal zu bestimmen, hängt subjektiv von ihrer Identität ab, das heißt von der angemessenen Interpretation ihrer Existenz in den drei Dimensionen unseres Seins: Raum, Zeit und Bewegung. Adäquate Identität garantiert einerseits die Kontinuität (der Selbstbestimmung, Rationalität und Würde) des handelnden Subjektes in der Veränderung und andererseits die notwendige Veränderung in der Kontinuität, welche die Bewahrung ihrer Essenz erlaubt.

Ein Volk ohne Identität ist ein kurzsichtiger, amorpher Gigant. Es kann den Weg nicht sehen, der zu seiner Befreiung führt. Seine Identität zu zerstören oder mit Konfusion zu füllen, bedeutet, es kopflos zu machen und in Ketten zu halten. Zur Rekonstruktion und Weiterentwicklung dieser Identität beizutragen, ist daher unabdingbares Element jedes ernsthaften lateinamerikanischen Engagements.

Die neue amerikanische Gesellschaft ist nur zu konstruieren im Medium des Gedankenguts der großen Vorkämpfer lateinamerikanischer Befreiung. Die Protagonisten des autochthonen Widerstandes des Kontinents, von Totanka Yotanka (»Sitting Bull«) über Cuautemoc und Lempira zu Tupac Amaru und Lautaro, wiesen - im Scheitern - den Weg. Die bürgerliche kreolische Avantgarde des Befreiungskrieges (1809–1825) setzte den zweiten großen Zyklus von Widerstand und Emanzipation in Bewegung, blieben jedoch auf halbem Wege stehen. Artigas, Bolívar, Súcre, San Martín, Hidalgo, Morelos und Morazán acento erkämpften die politisch-formelle Unabhängigkeit vom europäischen Kolonialjoch, die ökonomischen Ketten blieben bestehen. José Martí, Lazaro Cardenas, A. C. Sandino, J. D. Peron, Ernesto Guevara, Fidel Castro, Carlos Fonseca, Salvador Allende et al. setzten die begonnene Aufgabe fort. Jeder versuchte, auf seine spezifisch bürgerlich- oder sozialistisch-antiimperialistische Weise, den zweiten Schritt zu tun: den Schritt zur realen, endgültigen Befreiung. Die Bilanz dieser Versuche ist dem Leser bekannt.

Die Befreiung aus der Unterwelt des fünfhundertjährigen Reiches, der Weg zur lateinamerikanischen Emanzipation und Identität, kann nur im Licht der Erfahrungen dieser Protagonisten und der selbstlosen Praxis der unterprivilegierten Massen des Subkontinentes erkämpft werden. Für die kritischen Sektoren der Ersten Welt bietet der 500. Jahrestag der Invasion Amerikas die Möglichkeit, sich an dieser großen Aufgabe zu beteiligen.

---

1 Für eine weitergehende Diskussion dieser Thematiken siehe mein Buch *Produktionsverhältnisse in Lateinamerika,* 2. Auflage, Focus Verlag, Gießen

2 Vgl. dazu B. Höfer, H. Dieterich, K. Meyer (Hrsg.), *Das Fünfhundertjährige Reich,* 2. Auflage, zu beziehen über: Monimbó e.V., Darmstädter Str. 23, D-6057 Dietzenbach, Tel. 0 60 74/2 68 91 und Medico International, Obermainanlage 7, D-6000 Frankfurt/M, Tel. 069/4 99 00 41

3 Wären, beispielsweise, Gabriel García Márquez oder Eduardo Galeano Protagonisten der Bewegung gegen die Feierlichkeiten des fünfhunderten Jahrestags, dann wäre eine massive Kampagne in beiden Kontinenten längst in Bewegung gekommen.

4 Francisco Javier Hernaez, SJ, *Colección de Bulas, Breves y otros Documentos relativos a la Iglesia de América y Filipinas,* Tomo I, Bruselas 1879, Facsimile Ausgabe Ed. Abya-Yala, Ecuador, s.f., p. 13

Enrique Dussel

Von der Entdeckung zur Aufdeckung

(zu einer historischen Wiedergutmachung)

Vor genau zwanzig Jahren schrieben wir in Münster über das »Sein Lateinamerikas«, wie wir es damals nannten, mit all der Zwiespältigkeit, die dies in sich bergen konnte. Jetzt, da wir uns dem 500. Jahrestag der unlöslich mit unserer Geschichte verbundenen Landung des Kolumbus auf einer unserer Inseln im Weltmeer nähern, müssen wir jenen historischen Augenblick noch einmal gründlich überdenken. Dies um so mehr, als die gegenwärtige *Interpretation* der Vergangenheit - ob man will oder nicht - Folgen für die Zukunft hat. Bei all den Spannungen oder sogar Widersprüchen, die sich aus der Frage ergeben, welchen Sinn solch ein Jahrestag haben kann, geht es weniger um eine Aufarbeitung des bereits Geschehenen, als um eine theoretische und praktische Selbstbestimmung angesichts der kritischen Realität des heutigen Lateinamerika. Beim Blick zurück in die Vergangenheit werden immer auch aktuelle Bezüge sichtbar. Daß Spanien, und sogar eine sozialdemokratische Regierung in Spanien, eine Feier dieses Jahrestages propagiert, stimmt uns nachdenklich. Und daß wir, unterschiedlichste Gruppen verschiedenster Länder, verschiedenartigste Positionen dazu beziehen, hat nicht nur theoretische, kulturelle oder akademische, sondern auch politische Folgen und wirkt in gewisser Weise sogar bis in das Leben unserer Völker hinein. Eine Neuinterpretation, eine Vertiefung, eine Offenlegung des Sinns der Ankunft des Kolumbus auf unserem Kontinent und aller, die nach ihm kamen, kann nicht ohne Wirkung bleiben. In diesem *hermeneutischen Kampf,* dieser Widersprüchlichkeit der Interpretation interessiert uns nicht der glänzende oder aufsehenerregende

Diskurs, sondern der Grad an Wirklichkeitsbezug zum praktischen und historischen Subjekt, der aus ihm spricht. Jede theoretische Interpretation hat ihre Entsprechung in der Praxis und ist daher letztlich das ideologische Manifest eines Darstellers in dem Drama unserer Geschichte.

1. Die Erfindung Amerikas (Eine Phänomenologie aus der Sicht europäischer Subjektivität)

Vor fast dreißig Jahren bereits vertrat Edmundo O'Gorman in einem wunderbaren Werk seine These von der *Erfindung Amerikas*[1]. Diese von Heidegger inspirierte und vom Denken Gaos' beeinflußte These verfügt über alle Merkmale einer ontologischen Interpretation und ist weit mehr als eine oberflächliche Anekdote. Nimmt man als Ausgangspunkt der Beschreibung die Tatsache seines Seins in der Welt, so braucht es, um etwas entdecken zu können, irgendein Bewußtsein von seiner Vor-Existenz. Das heißt, die Idee von der »Ent-deckung«, selbst der *zufälligen* Entdeckung des Kolumbus, »ist das endliche und unausweichliche Ergebnis einer hermeneutischen Entwicklung, bedingt durch die *vorherige* Idee, daß Amerika ein seit immer, für alle und überall mit einem vorherbestimmten Sein ausgestattetes *Seiendes*... eine Sache an sich ist«. (S. 11) In einem der herrlichsten Kapitel lateinamerikanischen Denkens zeigt O'Gorman auf intelligente und gelehrte Weise, wie die Dinge tatsächlich geschahen; nämlich von der *Welt* (im ontologisch existentiellen Sinne Heideggers) des Kolumbus oder Amerigo Vespucci aus gesehen. Das »amerikanische Sein« *erscheint* in der vorgenannten konkreten Welt aus dem »asiatischen Sein« der im Weltmeer gefundenen Inseln und Länder. In Wirklichkeit hat Kolumbus nie den Horizont des »asiatischen Seins« der von ihm gefundenen Länder überschritten – und hat für O'Gorman daher auch nicht Amerika im herkömmlichen Sinn des Wortes entdeckt. Aber selbst als man das »amerikanische Sein« der vorgefundenen Länder erkannte – um 1507 und dank der *Cosmographiae Introductio* und anderer Werke jenes Jahres –, war auch das keine Entdeckung:

> »Wenn es heißt, Amerika wurde entdeckt«, schreibt O'Gorman, »ist das eine Erklärung für das Erscheinen... eines Seienden, das im amerikanischen Sein *immer schon* besteht; sagen wir aber, Amerika wurde erfunden, erklären wir damit ein Seiendes, dessen Sein von der Art abhängt, in der es *im Umfeld* jener Kultur (der westlichen) in Erscheinung tritt... Das Sein Amerikas ist ein Geschehnis, das von der Form seines Erscheinens abhängt... als Resultat eines Ereignisses, das, indem es sich ereignet, das Sein eines *Seiendes* bildet.« (S. 91) Auf diese Weise hat die westliche Kultur »die schöpferische Fähigkeit, ein Seiendes, das sie als fremd und verschieden begreift, mit seinem eigenen Sein zu versehen«. (S. 97)

Eine solche, gewissermaßen schöpferische Vision *ex nihil* des Seins oder des Sinns des Seienden würde eine Extremposition beziehen, die selbst Heidegger nicht akzeptiert hätte.

2. Die Entdeckung Amerikas (Eine immer noch europäische Phänomenologie)

Das Objekt mit Sinn zu versehen, ist für Heidegger (wie auch für Husserl in diesem Punkt, und um einen absoluten Idealismus zu vermeiden) tatsächlich eine Begegnung zweier Momente:

> »Wahrsein (Wahrheit) besagt entdeckend-sein.«[2] »Mit der Entdecktheit des Seienden zeigt sich dieses gerade als das Seiende, das vordem schon war... Dergleichen Verstehen von Seiendem in seinen Seinszusammenhängen ist nur möglich auf dem Grunde der Erschlossenheit, das heißt des Entdeckendseins des Daseins.«[3]

Das heißt, den Sinn des »amerikanischen Seins« dessen herzustellen, was Kolumbus fand, besteht offensichtlich nicht darin, in die Welt des Kolumbus das amerikanische - vordem - Seiende einzuschließen. Denn das »amerikanische

Sein« des Gefundenen ist das bereits mit Sinn-versehen-Wordene. Ich nehme an, O'Gorman verwechselt das »amerikanische Sein« als bereits bestehende Sache an sich, und das als Voraussetzung für die Entdeckung (mit anderen Worten, ent-decken hieße, das *vordem* mit Sinn erfüllte Verborgene kennenzulernen), mit »dem Vorgefundenen« als bereits bestehende Sache an sich, als Seiendes, das - noch ohne Sinn - auftaucht und in der Welt des Kolumbus (und von dem Gesichtskreis dieser Welt her) seinen Sinn als »amerikanisches Sein« erlangt. Ich glaube, für Heidegger gab es tatsächlich eine »Ent-deckung« und nicht »Erfindung« Amerikas. »Erfindung« - oder das »reine Seiende« des Alberto Coturelli - läge vor, wenn das erscheinende Seiende keinerlei Wirklichkeit, Beschaffenheit oder Widerstand aufweisen würde. In diesem Fall läge nicht nur Sinnbildung vor, sondern »Erfüllung« (füllen) mit Realität. Es wäre so etwas wie ein absoluter Idealismus.

Ich glaube, was O'Gorman so bewundernswert als Übergang des Sinns eines Seienden des »asiatischen Seins« zum »amerikanischen Sein« beschreibt, ist strikt »Ent-Deckung«. Gebildet wurde der europäische Sinn des gefundenen Seienden: Das immer schon wirkliche Gefundene war nicht in der Welt (aber es war wirklich); es trat in die europäische Welt ein, aber mit eigener Beschaffenheit. Diese beständige Wirklichkeit, das Seiende, wurde aus der europäischen Sinngesamtheit heraus interpretiert. Sie wurde nicht erfunden, sondern auf- (der Akt der Sinngebung) -gedeckt (das wirklich Gefundene).

Dies ist, wie wir in der Folge sehen werden, natürlich nicht die wesentliche Frage. Das Wesentliche ist, daß O'Gorman denselben Beschränkungen unterliegt wie Heidegger.

3. Das fremde Eindringen (Kopernikanische Kehre zu unserer eigenen Subjektivität)

Die metaphysische Beschränkung der Heideggerschen Ontologie besteht darin, daß er, obwohl er vom *»Sein*können«[4] spricht, immer vom Sich-selbst, vom *Dasein* als Weltmittelpunkt ausgeht. Daher nimmt die Interpretation von der »Erfindung Amerikas« zuerst einmal Kolumbus und das europäische Dasein als Mittelpunkt der Welt und, zum zweiten, das im Weltmeer Gefundene als ein *Seiendes*. Dies ist in der Geschichte und in der Wirklichkeit der Tatsachen exakt. Tatsächlich betrachtete der europäische Mensch das Gefundene als ein Seiendes, eine Sache. Er achtete es nicht als »das Andere«, als eine andere Welt, als das *Jenseits* aller möglichen Sinnbildung von der kolumbischen Welt aus. Daher hat O'Gorman meisterhaft den Anfang eines Diskurses gelegt, ihn nur nicht weiter ausgeführt.

Wenn wir uns mit der Heideggerschen Phänomenologie nun in die Situation des *Daseins-Bewohners* dieses Kontinents versetzen, des Menschen, der unseren hiesigen Raum bewohnt, wäre die Beschreibung nicht bloß eine Umkehrung der vorherigen, sondern bestünde in einer *anderen* Sinnbildung dessen, was am Horizont seiner eigenen Welt erscheint. In dem Aufruf, den Tupac Amaru bei seiner Festnahme in der Tasche trug, hieß es:

> »Aus diesem Grunde und aufgrund der Klagen, die allgegenwärtig im Namen des Allmächtigen gen Himmel steigen, geben wir an und zu Befehl, daß keine der genannten Personen in irgendeiner Weise den *eingedrungenen* europäischen Gesandten Zahlung oder Gehorsam erweist.«[5]

Eingedrungen heißt, die Welt des anderen ohne Recht, ohne Erlaubnis betreten, sich in ihr eingemischt zu haben. Für den großen Inka-Rebellen waren die Europäer auf unserem Kontinent »Eindringlinge«. Von Europa war es, aus extremer Position gesehen, die Gestaltung Amerikas (Erfindung); von unserem Kontinent aus war es das »Eindringen« in unsere *immer schon gegebene* Welt mit ihrem eigenen Sinn, ihren Rechten, ihrer Würde ... die des anderen.

Von unserer prähispanischen *Welt* aus war die Ankunft der Neuen aus dem Osten, aus der Geburtsstätte der Sonne, der Geburtsstätte neuer Epochen und Götter ein arrogantes, aggressives, bedrohliches Eindringen. Kam der Europäer zu dieser *nutzbaren* »Sache«, um Reichtümer zu finden (und nach seiner Rückkehr nach Europa davon zu leben), so war der ursprüngliche Bewohner dieses (nicht *neuen,* sondern *eigenen)* Raums (der Begriff *neue* Welt ist daher schon ein Europäismus) *bestürzt* über seine existentielle Position gegenüber der *Befremdlichkeit* des göttlichen Eindringens. In der Weltsicht des ursprünglichen Bewohners dieser Länder (der kein *Indio* war, denn dies ist schon der falsche Name, der ihm bei der Entdeckung des »amerikanischen Seins« aus dem »asiatischen Sein« verliehen wurde, da Indio der *asiatische* und daher falsche Name des ursprünglichen Bewohners ist) war das Anormale, das Enorme (welches eben die Norm übersteigt), das Außergewöhnliche göttlich:

> »Ihre Ankunft flößte Angst ein. Ihre *fremdartigen* Gesichter. Die Herren hielten sie für Götter... Tonatiuh (der blutrünstige Alvarado) schlief im Haus von Tzumpam.«[6]

Befremdlichkeit Moctezumas gegenüber dem Eindringling Cortés, denn »die Seinen befragend«, schreibt José de Acosta, »sagten alle, ohne Fehl sei ihr alter, großer Herr Quetzalcoatl gekommen, der gesagt hatte, er kehre zurück und so aus dem östlichen Teil gekommen war«.[7] Der ursprüngliche Bewohner »entdeckte« den Neuankömmling nicht und »erfand« ihn auch nicht. Er bewunderte ihn in seinem Eindringen und ordnete die Europäer, ebenso wie diese es auf ihre Weise taten, in *seinem* Sinne in *seine* Welt ein. Interpretierten die Europäer das Gefundene, zuerst in seinem »asiatischen Sein« und hinterher in seinem »amerikanischen Sein«, als vierten Teil der Welt, so wurde vom ursprünglichen Bewohner auch der Eindringling interpretiert, und zwar als ankommender Gott; und daher fragte er sich sofort: Warum kommt dieses göttliche Wesen? Um Rechenschaft zu fordern und zu bestrafen? Um uns zu segnen und zu beschenken? Die erste Begegnung war von Abwarten, Bestürzung und Bewunderung geprägt... doch das hielt nicht lange vor.

4. Aus der Sicht der Besiegten (Die niedergeschlagene Subjektivität)

Das *Von-Angesicht-zu-Angesicht,* das von Europa aus *entdeckte* und von uns aus den fremden Eindringling erwartete, war eine Sache von Stunden oder Tagen:

> »Als der Admiral und die anderen ihre Einfachheit sahen«, sagt Bartolomé, »alles mit großer Lust und Freude erfuhren, da standen die Christen und schauten auf die Indios, nicht weniger verwundert, als die Indios *über sie,* wie sanft, wie einfach und vertrauensvoll diese unwissenden Leute waren... als wäre der Zustand der Unschuld wiederhergestellt, wie sie für eine kurze Zeit, man sagt, nicht mehr als sechs Stunden, unser Vater Adam erlebte.«[8]

Aber wie gesagt, dieser Zustand hielt nicht lange an:

> »Nachdem sie sie kennengelernt hatten, (warfen sie sich auf sie) wie grausamste Wölfe, Tiger und Löwen, die seit vielen Tagen hungrig waren... Und nichts anderes haben sie getan, die nächsten vierzig Jahre, bis heute, und heute tun sie es noch immer, als sie töten, vernichten, quälen, peinigen, foltern und ihre Eingeweide zerreißen und auf viele andere, neue, nie gesehene oder gelesene oder gehörte grausame Art und Weise.«[9]

In der Tat erlebte der ursprüngliche Bewohner von seiner Welt aus das Eindringen dieser göttlichen Wesen auf entsetzliche Art und Weise:

> »Der 11 Ahuau Katun, der erste, von dem berichtet wird, ist der Anfangs-Katun, Friede-der-Geburt-des-Himmels, der der Sitz des Katuns war, in dem die *Fremden* mit den rotblonden Bärten kamen, die Söhne der Sonne, die Männer von heller Farbe. Ach! Trauern wir ob ihres Kommens! Von Osten kamen die Bärtigen, als

> sie dieses Land betraten, die Boten des göttlichen Zeichens, die Fremden der Erde ... Ach! Trauern wir ob ihres Kommens, ob des Kommens der großen Steinaufhäufer... der falschen Ibteeles des Landes, die Feuer aus den Enden ihrer Arme schleudern.«[10] »Ach! So schwer ist die Last des Katun, in dem das Christentum geschehen wird! Und das wird kommen: die Macht, zu versklaven, Sklavenmenschen werden gemacht, Sklaverei wird selbst zu den Halach Uiniques kommen, den Herren der Tagethrone.«[11] »Zittern, erbeben werden die Herzen der Herren der Völker, sind erst die harten Zeichen gesetzt, die dieser Katun mit sich bringt: Reich des Krieges, Zeit des Krieges, Wort des Krieges, Speise des Krieges, Trank des Krieges, Marschieren des Krieges, Regentschaft des Krieges. Das wird die Zeit, in der alte Männer und alte Frauen Kriege führen, Kinder und tapfere Männer Kriege führen; in der die Jungen kämpfen werden für die ehrbaren Batabes, Die-der-Axt.«[12]

In der Geschichte unseres Kontinents ist die glorreiche Eroberung ein perverser ethischer Akt, weil sie das Grundübel und die strukturelle Unterdrückung war, die uns die Geschichte auf verschiedene Weise bis heute hinterlassen hat. Die ursprünglichen Bewohner, damals, hatten aus ihrer Welt heraus eine eigene Wahrnehmung von diesem Ereignis, das mit der Eroberung stattfindet. Entdeckung-Eroberung von der unterdrückenden fremden eindringenden Welt aus; Verwirrung-Eindringen-Unterwürfigkeit aus unserer eigenen Subjektivität heraus. Ein Ereignis, zwei Sinne, zwei verschiedene Wirkungen.

5. Begegnung zweier Welten?

Eine »Begegnung« ist genaugenommen das Von-Angesicht-zu-Angesicht zweier Menschen als Ausführung einer Bewegung, auf den anderen in Freiheit und Zuneigung zuzugehen, und das gegenseitig. Jeder geht auf den anderen zu, in dem Wissen, daß der andere zu einem kommt, in Anerkennung des Anderen als anderer und in Anerkennung seiner würdigen Äußerlichkeit.[13] Wenn die Begegnung aber ungleich ist in dem Sinne, daß der eine auf den anderen zugeht mit der Absicht, ihn als »nutzbares Wesen« einzusetzen, kann nicht mehr von »Begegnung« gesprochen werden, und man muß für diesen Vorgang das geeignete Wort finden:

> »Gott tat gut, mich zu erwählen«, sagt Bartolomé, »... zurückzukommen zu all jenen Indier genannten Menschen, die jene Reiche und Länder besaßen, auf die *Entehrungen,* die Übel und Schädigungen, die ihnen wie nie zuvor gehört oder gesehen von uns Spaniern gegen alle Vernunft und Gerechtigkeit angetan worden sind, um sie zurückzuwerfen auf ihre *ursprüngliche Freiheit* und um sie von dem gewaltsamen Tod zu *befreien,* den sie immer noch erleiden.«[14]

Für Bartolomé war das also keine Begegnung. Es war ein Zusammenprall, eine »Konfrontation« im anthropologischen und militärischen Sinn. »Kon-frontation«: eine Front bilden, frontal aufeinander losgehen; aber auch beleidigen, erniedrigen, *entehren,* wie Bartolomé schreibt.

Bei einer »Konfrontation« oder *ungleichen* »Begegnung« verkehrt man diachronisch zu ihrem Geschehen. Im ersten Moment gibt es wie gesagt ein Von-Angesicht-zu-Angesicht, bei dem aber jeder eine andere Position, Absicht, ein anderes Pathos hat. Einer betrachtet den anderen als »nutzbares Wesen« (Besitzer von Reichtum, Gold ...) und handelt entsprechend: Er setzt ihn außer Gefecht, entwaffnet ihn, nimmt ihm seine »Reiche, Länder«, Reichtümer. In Wirklichkeit geht er nicht auf den anderen als anderen in seiner geheiligten Äußerlichkeit zu, sondern vielmehr auf die Dinge des anderen, die einen Sinn haben in seiner europäischen Welt des aufblühenden Merkantilismus mit seinem gierigen Bedürfnis nach ursprünglichem Geld, dem Vater des Kapitals. Diese »Gier« oder maßlose Sucht nach dem Reichtum des anderen (die der Neid ist) macht eine »Begegnung« unmöglich. Es ist eine »Konfrontation« zur

Ergreifung fremden Besitzes: ist Raub, Plünderung, Auflösung der indianischen Welt, damit sie unter dem Strich der europäischen Welt zugerechnet werden kann, der, die drüben die alte und hier die neue genannt wird, in Wirklichkeit *ein und dieselbe* - wenn auch gegen den Willen des Eroberers noch eine andere daraus wird.

Der enteignete ursprüngliche Bewohner wird Tribut in Form von Arbeit entrichten oder seine Arbeit gegen einen miserablen Lohn verkaufen müssen. Seine Subjektivität, seine Körperlichkeit wird jedenfalls radikale Armut, absolute Nacktheit und die Ohnmächtigkeit des Besiegten (aber nicht endgültig Geschlagenen) sein.

Kann dieses Von-Angesicht-zu-Angesicht des aggressiven Eroberers und des Enteigneten in seiner radikalen Armut als Begegnung bezeichnet werden? Müßte es nicht richtiger »Zusammenprall« zweier Welten heißen?

6. Widerstand und Erhebung

Ich gewinne langsam den Eindruck, daß mit den Überlegungen über den möglichen Sinn der Erinnerung an jenen fernen 12. Oktober Ende des 15. Jahrhunderts, jetzt, vom Ende des 20. Jahrhunderts aus, der ursprüngliche Bewohner unserer Länder immer mehr zu dem Subjekt wird, um das sich die ganze Sache eigentlich dreht.

Die Spanier werden natürlich ihr 15. Jahrhundert wiederaufleben lassen und ins Bewußtsein heben. Vielleicht »entdecken« oder »erfinden« sie uns dadurch noch einmal. Wieder einmal von ihnen aus, von außen. Werden in uns wieder das eindringende Befremden wachrufen.

Aber wir selbst, wir Mestizenkinder des Eroberers und der Indianerin, des Cortés und der Malinche, sind ja die Früchte jener »Konfrontation«. Und es scheint, daß die bei allem nie in Erscheinung tretenden die eigentlichen Hauptdarsteller dieses erinnerungswürdigen Ereignisses sind:

> »Marina ruft: Komm doch endlich, mein Sohn... komm... komm heraus aus meinem Leib... komm, du verfluchtes Kind, du Hurensohn... mein liebstes,

> mein geliebtes Kind... komm doch endlich... fall auf die Erde, die mir nicht mehr gehört und auch nicht deinem Vater... dir gehört sie, dir, der Verbindung aus feindlichem Blut... Komm und nimm dein verfluchtes Land in Besitz, dieses Land, das auf Verbrechen und flüchtigen Träumen gründet... Komm doch und versuche das Land deiner Träume wiederzufinden, mein weißbrauner Sohn... Es gibt zu viele weiße Männer in der Welt, und alle wollen sie dasselbe, sie wollen das Blut, den Schweiß und den Hintern der von der Sonne gebräunten Menschen... Gegen alle mußt du kämpfen, und dein Kampf wird schrecklich sein, weil du gegen dein eigenes Blut kämpfen mußt.... Du bist alles, was ich hinterlasse, ich Malintzin, die Göttin, Marina, die Hure, Malinche, die Mutter ... Malinxochitl, Göttin der Morgenröte ... Tonantzin, Guadalupe, Mutter...[15]

Wenn unsere Mutter: wenn die Mutter des Mestizen, des Lateinamerikaners die Welt des ursprünglichen Bewohners ist, dann haben die Azteken, die Mayas, die Chibchas, die Inkas, die Tarahumaras, die Otomíes, die Kariben, die Araukas, die Araukaner oder die Calchaquíes ... dann haben wir sie *vergessen:*

> »Ich kam nach Comala, weil man mir gesagt hatte, daß mein Vater hier lebe, ein gewisser Pedro Páramo. *Meine Mutter* hatte es mir gesagt ... Verlange das, was uns zukommt... Laß es ihn teuer zu stehen kommen, mein Sohn, daß er uns so *im Stich gelassen* hat!«[16] »Nach langem *Vergessen* fällt mir dieser Vers wieder ein... zusammen mit einem Bild meiner *Mutter* ... irgendwo aufbewahrt ...«[17]

Der Jahrestag ist die Zeit der Erinnerung, des Nicht-Vergessens, der Geschichte für die Tat.

Vor allem dürfen wir nicht vergessen, daß die sogenannten Besiegten nicht Geschlagene sind; sie haben die Schlacht der Eroberung verloren, nicht jedoch den Krieg der Geschichte. Die Ureinwohner unserer Länder haben widerstanden. Der Begriff »Widerstand« weist auf eine Art Seins*befinden* hin, fortbestehend im mimetischen Schweigen des abwartenden Besiegten. Wir wissen aber, daß weder zur Zeit der Kolonie noch im 19. oder 20. Jahrhundert ein einziges Jahr vergangen ist, in dem sich nicht irgendeine Gruppe oder ein Volk der ursprünglichen Bewohner erhoben hätte. Die sogenannten »Indianeraufstände« sind vergessene Ereignisse, die erst seit kurzem eingehender, aber längst nicht mit der Ausführlichkeit, die sie verdient hätten, untersucht werden. Dabei würden wir entdecken, daß sie besiegt, aber niemals zerschlagen, dezimiert, aber überlebend in allen Teilen unseres Kontinents - ob in Argentinien oder Chile, in Brasilien oder der Karibik, nicht zu reden von der Andenregion und der mexikanischen, mittelamerikanischen - fortleben, und das dürfen wir nie vergessen.

Der fast fünf Jahrhunderte dauernde »Widerstand« war also auf dialektische Weise immer mit »Erhebung« verbunden. Sie »erhoben« sich in ihren Aufständen, in ihrem eigensinnigen Beharren, anders zu sein, sie selbst zu sein. Heute rebellieren sie in Guatemala wieder wie zur Zeit des Tupac Amaru, und wieder werden sie von den Weißen und den Mestizen gemordet, von ihren Söhnen, die ihre Mutter in Vergessenheit halten.

Bartolomé schrieb, er sei berufen gewesen, sie »von dem gewaltsamen Tod zu befreien, den sie immer noch erleiden«. Das können wir auch heute noch sagen, fast ein halbes Jahrtausend nach dem Eindringen der fremden Entdekker in unserem Land. Auch heute noch erleiden sie »gewaltsamen Tod«. In einem wesentlichen Punkt des Daseins haben sie jedoch gesiegt: Sie leben, leben noch, haben *widerstanden,* erheben sich jetzt, und ihre befreiende Erhebung ist auch Aufgabe ihres Sohnes, des Mestizen, des Lateinamerikaners. Das wäre allerdings ein Grund zu feiern: Sie haben überlebt, um dem Vergessen zu entrinnen, um die Erinnerung zurückzugewinnen, um sich aus dem Ver-decktsein seit der Ent-deckung zu erheben. Somit wäre es an der Zeit, den Platz in der Geschichte und in der heutigen Wirklichkeit eines jetzt wachsenden Volkes der ursprünglichen Bewohner auf-zu-decken, um den Platz erahnen zu lassen, den sie in der zukünftigen befreiten Gesellschaft einnehmen werden.

7. Historische Wiedergutmachung

Ich möchte daher mit Ihnen einen Aspekt überdenken, nur einen von den vielen, die wir in diesen Jahren zu bedenken haben: Wenn Bartolomé sich über all die »Entehrungen« erzürnt, die die ent-deckenden Eroberer den ursprünglichen Bewohnern unseres Kontinents antaten, dann ist es jetzt Zeit zu einer *Ehrenrettung.*

Entehrung bedeutet Beleidigung der Ehre und des Rufes eines Menschen entgegen seinem Recht. Tatsächlich war die Entdeckung und alles, was danach kam, nicht nur Entehrung, sondern praktische Unterdrückung, strukturelle Unterwerfung, Ausbeutung seiner Arbeit, Raub seiner Güter, Tod seiner Körper, Zerstörung seiner Götter ... Das ist weit mehr als Entehrung, aber es war auch diese Beleidigung, Entehrung, Erniedrigung, mangelnde Achtung des anderen in seiner Würde.

Heute haben jene ursprünglichen Bewohner dieses Kontinents ihre eigenen Organisationen, Konföderationen, Allianzen und Abkommen. Sie treffen sich auf Landes- und regionaler Ebene und veranstalten Kongresse und Begegnungen in ganz Lateinamerika. Allerdings sind es meist Anthropologen oder Vertreter staatlicher Institutionen, die für sie sprechen. Es wäre wichtig, sie bei allen Arten von Begegnungen, in Europa und in unserem Amerika, einzuladen, dabeizuhaben und zu Wort kommen zu lassen. Es ist eine historische Pflicht, das Vergessen zu beenden.

Es ist aber noch mehr. Meiner Meinung nach müßte man über Bedeutsameres nachdenken. Man müßte zumindest auf würdige Weise eine *historische Wiedergutmachung* für den »amerikanischen Indio« in die Wege leiten – und hier verwende ich zum ersten Mal diese irrige und von »außen« gekommene falsche Bezeichnung. Der abwesende Hauptakteur bei den Vorbereitungen zur 500-Jahr-Feier dieses 12. Oktober 1492 ist nämlich der *Indio selbst.*

Wiedergutmachung bedeutet, als Mindestes und ohnehin viel zu spät, dem anderen angetanes Unrecht zu vergelten, dem Entehrten Abbitte zu leisten, die verursachten Schäden zu entschädigen. Können wir das tun? Ist die Forderung nicht utopisch? Wie kann man einen nicht wiedergutzumachenden Schaden, den man ihnen zugefügt hat und immer noch zufügt, wiedergutmachen?

Es wären nicht nur öffentliche Akte vonnöten, in denen Spanien, Portugal und die als mestizische Nachkommen des europäischen Vaters und der autochthonen Mutter geborenen Staaten Lateinamerikas ihre Schuld anerkennten, sondern es müßte viel mehr Wert auf das würdige, kulturelle, rassische, ethnische Überleben des »amerikanischen Indio« gelegt werden. Und dies ist natürlich ein ökologisches, wirtschaftliches, religiöses und politisches Problem. Ist es aber nicht scheinheilig, sich in Überlegungen über den nicht wiedergutzumachenden Schaden zu ergehen, den wir den ursprünglichen Bewohnern - deren, wie ich es metaphorisch genannt habe, »Kinder« wir sind, die wir aber nicht selbst sind - zugefügt haben, und jetzt, anläßlich des kommenden Jahrestages dieses Gründungsereignisses, nicht einmal den Versuch zu unternehmen, ihre Lage zu verbessern?

Allenthalben ist vom »Tag der Rasse« (der mittlerweile in »Tag der Hispanität« umbenannt wurde, d. Ü.) die Rede, und ich frage mich, ob damit die erniedrigte Rasse der Indios oder die Rasse der weißen europäischen Eindringlinge gemeint ist? Was feiern wir: die Entehrung der Unseren oder die Aggression derer, die hierherkamen? Diese Art fortgesetzter Widersprüchlichkeiten zeigt uns, daß es eines gewissen ethischen Sinns bedarf, um den Mut aufzubringen, eine Erinnerung an etwas feiern zu wollen.

Als zentralen Akt schlage ich daher eine *historische Wiedergutmachung* an dem »amerikanischen Indio« vor, jedoch an der Person seiner eigenen Repräsentanten und nicht an zwischengeschalteten Vertretern. Das hieße dann, ihn an allen Kommissionen, Begegnungen, vorbereitenden Treffen und so weiter systematisch zu beteiligen. Alles andere würde nur heißen, den Ruhm derer wieder aufleben zu lassen, die diese Entehrung zu verantworten hatten.

Ich möchte damit in Erfüllung jenes »Verlange das, was uns zukommt...« handeln. Ich möchte an meine amerindische Mutter einnern, da »wir ihr einziges Erbe sind«. Denn wenn wir nicht an sie erinnern, wer wird dann an sie erinnern?

Der »amerikanische Indio« jedenfalls, der widerstanden hat, wird in der neuen Gesellschaft, in den Kämpfen der »zweiten Emanzipation«, in dem *Befreiungsprozeß,* den das krisen- und leidgeschüttelte Lateinamerika heute erlebt, nur als er selbst Gestalt annehmen. Wir sind mit Mariátegui der Meinung, daß die »indianische Frage« unlösbar mit dem Schicksal des ganzen Lateinamerika verbunden ist. Die *historische Wiedergutmachung* wäre daher ein Zeichen, ein Signal, das uns den Weg zeigte, auf dem der Indio ein freier Mensch in einem befreiten Lateinamerika werden kann.

---

1 Fondo de Cultura Económica, Mexiko, 1957
2 *Sein und Zeit,* § 44, b, (Ed. Gaos, FCE, Mexiko, 1968, S. 240; Max Niemeyer, Tübingen, 1963, S. 219)
3 ibid., c (S. 248-249; S. 227-228)
4 ibid., § 26., s. E. Dussel: *Para una ética de la liberación latinoamericana,* § 13-15 (2. Aufl., Edicol, Mexiko, 1977, t. 1, S. 98 ff)
5 B. Lewis, *La rebelión de Tupac Amaru,* Sela, Buenos Aires, 1967, S. 421
6 *Memorial de Sololá, Anales de los Cakchiqueles,* II, 148; FCE, Mexiko, 1950, S. 126
7 *Historia Natural,* VII, Kap. XVI; BAE, Madrid, 1954, S. 277
8 *Historia de las Indias,* Bd. 1, Kap. 40; BAE, Madrid, 1957
9 *Bartolomé de las Casas, Brevísima relación de la destrucción, en Obras,* ibid. t. V, S. 137
10 *El libro de los libros de Chilam Balam,* II, 11 Ahuau; FCE, Mexiko, 1948, S. 124-125
11 ibid., S. 126
12 ibid., S. 137
13 Auszg. Michael Theunissen, *Der Andere,* Gruyter, Berlin 1965, der Begriff der »Begegnung«, S. 259 ff.
14 *Testament,* (1564), in *Werke,* ibid., t. V, S. 539
15 *Alle Katzen sind grau,* Carlos Fuentes, Rowohlt Theater-Verlag, 1988, S. 76-78
16 Juan Rulfo, *Pedro Páramo,* FCE, Mexiko, 1971, S. 7
17 Alejo Carpentier, *Die verlorenen Spuren,* Suhrkamp, 1979, S. 55

Roberto Fernández Retamar

Amerika, Entdeckungen, Dialoge

Madrid, Paris, Florenz, Rom, Neapel und Athen wurden 1955 von mir entdeckt (der ich 1947 bereits New York entdeckt hatte), und 1956 entdeckte ich auch London, Antwerpen und Brüssel. Dennoch habe ich, außer ein paar Gedichten und Briefen von mir, nichts Geschriebenes über derart interessante Entdeckungen gefunden. Ich nehme an, zu dieser beklagenswerten Stille hat die Tatsache beigetragen, daß bereits jede Menge Leute in diesen illustren Städten lebte, als ich ihrer zum erstenmal ansichtig wurde. Ähnliche Gedankengänge haben mich immer davon abgehalten, zu akzeptieren, daß die Ankunft einiger Europäer - vor bald fünfhundert Jahren - auf dem Kontinent, auf dem ich geboren bin und lebe, bombastisch als »Entdeckung Amerikas« bezeichnet wird. Um so mehr, als zur Zeit dieser (zufälligen) Ankunft die beiden dichtestbevölkerten Städte der Erde, wie der mexikanische Dichter Carlos Pellicer gesagt hat, Tenochtitlán (heute Mexiko, D. F.) und Peking (heute Beijing) waren. Soweit ich weiß, lag und liegt keine der beiden in Europa.

Die Ankunft als solche macht keinen Sinn. Ihren Sinn enthüllt sie erst, wenn wir sie in Bezug setzen zu dem, was man den europäischen Expansionismus vom 13. bis zum 15. Jahrhundert nennt. Dann begreifen wir, daß sie ein Kapitel, ein sehr wichtiges Kapitel dieses Expansionismus war, der der Geburt des Kapitalismus in der Welt voraus- und mit ihm einherging.

Die einzige wirkliche Entdeckung dieses Kontinents wurde von jenen Menschen gemacht, die ihn vor Zehntausenden von Jahren, von Asien herkommend, betraten.

Ebensowenig ist zu akzeptieren, daß es zwei Entdeckungen gegeben haben soll: die vorgenannte und eine durch die Wikinger oder, was man häufiger hört, durch Kolumbus und die Seinen. Weder die Wikinger noch Kolumbus waren sich bewußt, einen Kontinent betreten zu haben, der Amerika genannt werden würde. Dieses Bewußtsein ist vielleicht Amerigo Vespucci zuzuschreiben, der, freiwillig oder unfreiwillig, seinen Namen einem Erdteil gab, der auch als »Neue Welt« bekannt werden sollte. Die wahre Bedeutung liegt jedoch, wie jeder weiß, in den ungeheuren Auswirkungen, die diese Seereise von 1492 für die gesamte Menschheit gehabt hat. Sie aber als die Ankunft der Zivilisation zu bezeichnen, wie es einige immer noch tun, ist ein Unding, wenn nicht eine Unverschämtheit. Es sei denn, man sagt es in der schrecklichen Bedeutung der Worte von José Martí. 1877 sprach er von diesem Ereignis als der Ankunft einer »zerstörerischen Zivilisation: zwei Worte, die, einen Antagonismus bildend, eine Entwicklung bezeichnen«. In der Tat wurden die großen Kulturen der Mayas, Azteken und Inkas und andere, noch im Aufbau befindliche, die es auf diesem Kontinent gab, als Folge jener Ankunft brutal vernichtet. Und viele Ureinwohner, wie die meines Heimatlandes Kuba, wurden ausgerottet. Es kann daher nur als grausamer Ausdruck schwarzen Humors betrachtet werden, zu sagen, die Ankunft der Spanier und die darauffolgende Eroberung sei für sie, die weder überlebt noch Nachkommen hinterlassen haben, die berichten könnten, der Beginn der Zivilisation gewesen.

Andererseits können wir nicht leugnen, daß als Folge jener unmenschlichen Ereignisse und der Kämpfe, die in unseren Ländern von den alten und den neuen Unterdrückten ausgefochten worden sind, etwas hervorgegangen ist, das Bolívar in einem seiner vielen genialen Züge »ein kleines Menschengeschlecht« genannt hat; das heißt, eine neue Wende der Menschheit. Und erst ab 1492 war eine einzige Menschheitsgeschichte möglich. Daher konnte Armando Hart schreiben, daß das, was damals entdeckt wurde, nicht Amerika war, sondern die Welt. Um es in der klassischen

Terminologie der griechischen Tragödien zu sagen: Es handelte sich um eine *Anagnorisis* – der Mensch gab sich als er selbst zu erkennen.

Ich will mich jetzt nicht mit dem großen Thema im allgemeinen beschäftigen, sondern nur mit dem Dialog, der damals zwischen den Menschen auf der einen und der anderen Seite des Ozeans begann, speziell zwischen Europa und Lateinamerika und der Karibik.

Zunächst einmal wäre da vielleicht die monolithische Existenz sowohl »eines Europa« als auch »eines Lateinamerika« zu hinterfragen. Gibt es ein homogenes Europa ohne Risse, zu dem wir uns positiv oder negativ äußern können? Diese Frage muß eindeutig mit nein beantwortet werden. Europa besteht nicht nur aus verschiedenen Nationen, sondern diese Nationen sind auch untereinander oft sehr verschieden. Europa ist von einer kulturellen Vielfalt geprägt, die auf frühere historische Grundlagen verweist. Für den Dominikaner Pedro Henríquez Ureña zum Beispiel ist die Region, die den größten Einfluß auf Hispanoamerika ausgeübt hat (das der größte Teil unseres Amerika ist und für ihn auch Brasilien einschließt), das romanische Europa, dem wir die erste folgenreiche Ankunft von Europäern auf unserem Kontinent (die sogenannte »Entdeckung«), die Renaissance und die Französische Revolution verdanken. Außerdem existieren im heutigen Europa kapitalistische und sozialistische Länder nebeneinander. Und natürlich gab und gibt es in Europa Klassen und Klassenkämpfe. Kann solch ein wesentlicher Punkt übersehen werden? Kann jemand, sagen wir, über »das Deutsche« urteilen, ohne die abgrundtiefen Unterschiede zwischen Karl Marx und Adolf Hitler zu berücksichtigen?

Um die Sache noch mehr zu komplizieren: Was können wir sagen, wer wir sind, wir Lateinamerikaner und Kariben? Daß wir keine Europäer sind, dürfte mittlerweile allen klar sein. Aber ebenso klar ist, daß wir auch keine monolithische Einheit bilden. Ich verweise immer gern auf die von dem brasilianischen Anthropologen Darcy Ribeiro propagierte Aufteilung unseres Amerika in drei Zonen: in die der Völker, die er als »transplantiert« bezeichnet (zum Beispiel Argentinien und Uruguay), in denen Volksgruppen europäischer Abstammung dominieren, die der ursprünglichen Bewohner ausgerottet worden und die afrikanischen im »main-stream« untergegangen sind; in die der von ihm als »zeugnisgebende Völker« bezeichnete Zone (mit Mexiko, Guatemala, Peru, Ecuador oder Bolivien), in der, trotz der Zerstörung ihrer herrlichen präkolumbischen Kulturen durch das barbarische Eindringen der Europäer, noch Millionen ursprünglicher Bewohner ihr Überleben fristen und oft nur mit Not in der offiziellen Kultur (einer abhängigen bourgeoisen Kultur) integriert sind; und schließlich in die der »neuen« Völker (des gesamten Karibikraums), in der der Ureinwohner praktisch ausgerottet ist und von außen kommende europäische und afrikanische Volksgruppen zu einer Mestizengesellschaft verschmolzen sind, die etwas ganz Neues hervorgebracht hat, was zum Beispiel, um nur einen Fall zu nennen, in ihrer kraftvollen Musik zum Ausdruck kommt. Ausdruck des Gegenteils einer monolithischen Einheit sind natürlich auch - und das muß eigentlich nicht besonders erwähnt werden - die politischen Unterschiede und heftigen Klassenkämpfe in unseren Ländern.

Bedeutet diese lateinamerikanische und karibische Verschiedenartigkeit, daß es ein Lateinamerika eigentlich nicht gibt, daß nichts existiert, das diesen Namen verdient? Aller dargelegten Vorbehalte zum Trotz besteht eine komplexe historisch-kulturelle Einheit sowohl im heterogenen Europa als auch in unserem heterogenen Amerika. Ja, für die Bewohner unseres Kontinents (mit Ausnahme der großen indianischen Enklaven, in denen eine im kapitalistischen Rahmen nicht zu verwirklichende Nationalitätenpolitik erforderlich wäre, für die Nicaragua ein beachtliches Beispiel geliefert hat) könnte man sogar den von dem weisen litauisch-chilenischen Alejandro Lipschütz geprägten Begriff des »Europoiden« übernehmen. Was nichts anderes heißt, als daß unsere synkretistische Kultur das komplexe europäische Erbe ohne weiteres als Eigentum deklarieren kann. Für einen gebildeten Kubaner, Mexikaner oder

Argentinier sind die Werke von Cervantes, Shakespeare, Bach, Tolstoi oder Cezanne ja keineswegs befremdliche Dinge.

Aber obwohl wir Lateinamerikaner so gerne den synkretistischen Charakter unserer Kultur hervorheben (und damit auf die notgedrungene Fusion eingeborener, europäischer, afrikanischer und asiatischer Kulturelemente anspielen), glaube ich, daß die Europäer dazu auch einiges sagen können: Die sogenannte »westliche Kultur« ist schließlich eine synkretistische Realität, wie sie auf der Erde kaum ein zweitesmal anzutreffen ist. In ihr vereinigt sich das Denken der Griechen mit den Gesetzen der Römer, mit semitischen Glaubenslehren, orientalischer Weisheit, germanischen Bräuchen... Ich glaube, ich brauche die Aufzählung nicht weiterzuführen. Ich erinnere mich an den Januar 1965, als wir, anläßlich eines Kongresses lateinamerikanischer Schriftsteller in Genua, uns mit den peruanischen Freunden José Maria Arguedas und Sebastián Salazar Bondy bei einem Spaziergang durch die wie ein Haargefäßnetz verschlungenen Straßen, für die diese Stadt beispielhaft ist, darüber (wieder einmal) belustigten, wie die Europäer sich einbilden können, eine, wie die aus dem Haupt des Zeus geborene Pallas Athene (mit diesem Gemeinplatz möchte ich nebenbei den geliebten Griechen meine Verehrung erweisen), aus sich selbst geborene, bereits voll gerüstete Kultur zu besitzen. Würde es die Dinge nicht zu sehr komplizieren, wäre ich geneigt, die Europäer selbst auch als »Europoide« zu bezeichnen, während »der Europäer« nur ein platonischer Archetypus ist, der nie einen Fuß auf unsere Mutter Erde gesetzt hat.

Ebensowenig kann man auch von einem Einfluß »Europas« auf »Lateinamerika« oder umgekehrt sprechen, da dabei die wesentliche Tatsache - auf die ich in einer früheren Arbeit einmal aufmerksam gemacht habe - vergessen wird, daß das, was später die westliche Welt, und das, was später Lateinamerika genannt werden würde, gleichzeitig und eng miteinander verknüpft in Erscheinung trat. Ohne die Ankunft der Protoeuropäer (für die ich den Namen

»Paläookzidentale« vorgeschlagen habe); ohne die Plünderung Amerikas, begleitet von dem unmenschlichen Raub, der Afrika Zigmillionen seiner Kinder gekostet hat, hätte es nie eine »originäre Kapitalakkumulation« und damit auch keine »westliche Welt« gegeben, was wiederum eine sehr melodische Form ist, sich auf das zu beziehen, was mit weniger spirituellen Worten fortgeschrittener Kapitalismus genannt wird, der, wie Marx in *Das Kapital* so treffend sagt, aus allen Poren Blut und Lehm schwitzend geboren wurde. Demzufolge ist der Einfluß (wenn man so sagen will) unseres Amerika auf Westeuropa insofern entscheidend, als es sich dabei in Wahrheit um eine *conditio sine qua non* handelt. Spanien selbst, das sich als kapitalistisches Land nicht voll entfalten konnte (da sein Reichtum letztlich von anderen europäischen Ländern geschluckt wurde), erlebte in kultureller Hinsicht ab dem 16. Jahrhundert eine Blütezeit, die man das Goldene Zeitalter zu nennen pflegt. Welch eine herrliche Liste von Namen fällt einem dazu ein: Garcilaso, San Juan de la Cruz, Góngora, Quevedo, Lope, Cervantes, Velázquez, El Greco, Calderón... und viele klingende Namen mehr. Aber wer erinnert sich daran, daß das *Gold* dieser Jahrhunderte das *amerikanische Gold* war, das Gold, das die Ureinwohner unseres Kontinents unter entsetzlichen Bedingungen aus der Erde kratzen und ihren europäischen Herren abliefern mußten? Gäbe es ohne die Ankunft der Europäer auf unserem Boden die wundervollen Werke überhaupt, die die westliche Kultur hervorgebracht hat? Auch das muß mit nein beantwortet werden. Und einer der Schlüsse, die aus dieser offenkundigen Tatsache zu ziehen sind, ist der, daß wir Lateinamerikaner und Kariben das volle Recht haben, diese Werke, für die unsere Vorfahren einen so hohen Preis bezahlt haben, als die unseren einzuklagen. Zu sagen, sie würden nun uns wiederum »beeinflussen«, ist sogesehen nichts Besonderes. Schließlich ist jene auch *unsere* Kultur.

Der Einfluß unseres Amerika auf Europa ist also viele hundert Jahre alt. Seit dem Aufblühen von Utopien im heraufziehenden bürgerlichen Zeitalter in Europa und in den zahlreichen musikalischen Rhythmen (diese »beunruhigende Neuheit aus dem spanischen Amerika«, von der Carpentier gesprochen hat), die zusammen mit dem Rauch unserer Tabake - zu Beginn (und am Ende wieder) als diabolisch verschrien - durch die europäischen Länder wehten, ist dies ein ununterbrochener Prozeß. Freilich haben unter anderem eine hartnäckige eurozentristische Ignoranz, und oft auch die traurige und übliche Vormachtstellungseuphorie aller Metropolen, die Länder Europas vor hundert Jahren daran gehindert, sich das Werk eines universalen Menschen wie José Martí nutzbar zu machen. Die Kenntnis davon verbreitete sich erst seit wenigen Jahren in diesen Ländern; ebenso wie der sogenannte »neue lateinamerikanische Roman« seit wenigen Jahren in vielen europäischen Ländern bekannt geworden ist. Und dafür gibt es einen einfachen Grund: Wenn Martí den Schriftstellern des neuen lateinamerikanischen Romans (unter denen einige ganz hervorragend sind) auch fraglos überlegen war, so lebte er doch zu einer Zeit, in der unser Amerika noch keine herausragende Rolle in der Weltgeschichte spielte. Sogar ein so großer Dichter wie César Vallejo ist 1938 in Paris praktisch verhungert, ohne daß eines seiner Bücher in eine andere Sprache übersetzt worden wäre; ohne daß sein Name, der Name des größten lateinamerikanischen Dichters des 20. Jahrhunderts, über einen kleinen Kreis von Eingeweihten hinaus bekannt geworden wäre. Denn auch 1938 spielte unser Amerika noch keine herausragende Rolle in der Weltgeschichte. Den Autoren des neuen lateinamerikanischen Romans ist ein anderes geschichtliches Szenarium zugute gekommen.

Erst 1959, das heißt mit dem Sieg der Kubanischen Revolution, ist unser Amerika durch das große Tor der Geschichte getreten. Was in unserem Land geschah, sollte weltweiten Widerhall finden und sich sogar auf andere Kontinente auswirken. Wurden unsere Vorfahren vor Hunderten von Jahren auf unmenschlichen Sklavenschiffen aus Afrika geholt, so haben ihre Nachkommen in den vergangenen Jahren den Atlantik in entgegengesetzter Richtung überquert, um mitzuhelfen, die Freiheit und Unabhängigkeit afrikanischer Länder zu festigen.

Wer hat, außer einigen bewundernswert weisen Menschen wie Alexander von Humboldt, bis vor wenigen Jahrzehnten in Europa gewußt, was unser Amerika tatsächlich ist, welche bedeutenden Menschen es hervorgebracht hat? Heute hingegen weiß jeder normale europäische Zeitungsleser, daß es Lateinamerika gibt: daß es im einzelnen Länder wie Kuba und Nicaragua gibt; und seit einiger Zeit auch, daß ein Land namens El Salvador existiert. Allerdings ist die Information, die dieser Leser, wenn er ein »westlicher« Leser ist, normalerweise erhält, häufig verdreht. Man sagt ihm vielleicht, die Vereinigten Staaten hätten Kuba und Nicaragua »verloren« und wären nicht bereit, El Salvador auch noch »zu verlieren«. Andererseits liest man in der dortigen Presse weit seltener, daß, nehmen wir einmal das Beispiel, England die Vereinigten Staaten »verloren« hätte. Sei dem, wie es sei, heutzutage ist unser Amerika in Europa so bekannt wie nie zuvor.

Walter Benjamin hat einmal gesagt, es gebe kein Kulturdokument, das nicht zugleich auch ein Dokument der Barbarei sei. Wir in unserem Amerika wissen das nur zu gut. Was haben wir jahrhundertelang aus Europa bekommen? Ebensoviel Kultur wie Barbarei. Im geschichtlichen Rückblick können wir ihre Verflechtung nicht vergessen: Beide sind wie zwei Seiten eines Messers, das in unser Fleisch gedrungen ist. Unsere Völker kämpfen heute unnachgiebig für die totale Befreiung, die auch die kulturelle Befreiung einschließt. Letztere bedeutet aber *in keiner Weise,* uns von dem großen Erbe der europäischen Kultur abzutrennen, da diese, wie gesagt und wie ich nicht müde werde zu wiederholen, ja *auch unsere* Kultur ist. Welchen Sinn hätte zum Beispiel ein absurdes Leugnen der Kenntnis der Werke von Leonardo, Voltaire, Beethoven, Heine, Hugo, Dostojewski, Rimbaud, Wagner, Einstein, Freud, Picasso, Kafka, Shaw, Joyce, Eisenstein, Brecht, Sartre, aus einleuchtenden Gründen nicht zu reden von dem großartigen, grundlegenden Werk von Marx und Engels? Welches Schicksal unserer

Kultur auch bestimmt sein mag, sie wird sich immer von Schöpfungen dieser Art nähren. Ich unterstreiche das Wort *nähren.* So wie wir Brot und Gemüse essen - um es mit ähnlichen Worten wie Marguerite Yourcenar auszudrücken - unser Körper aber kein Brot und Gemüse, sondern Muskeln, Haare und Nägel hervorbringt, so wird unsere Kultur, wenn sie authentisch sein soll, wenn sie echt sein soll (was sie seit langem ist), Werke hervorbringen (und tut es ja auch), die zu den vorgenannten nicht im Gegensatz stehen, sondern einfach nur anders sind. Ich erinnere nur an die Schöpfungen, die wir aus der Kolonialzeit dem Inka Garcilaso de la Vega, Sor Juana Inés de la Cruz und dem *Aleijadinho* verdanken; und in unserem Jahrhundert an die Theorie und Praxis der ersten sozialistischen Revolution in unserer Hemisphäre, die neue Poesie, den neuen Essay, den neuen Roman unseres Amerika, Dependenztheorie und Theologie der Befreiung. Niemand, der bei Verstand ist, käme auf die Idee, diese Dinge für bescheidene lokale Erzeugnisse zu halten, wo es sich doch in Wirklichkeit um Beiträge unseres Amerika für die gesamte Menschheit handelt.

Hieß es in dem alten pythagoreischen Vers, »ein und derselbe Rhythmus bewegt die Seelen und die Sterne«, warum sollen wir, Amerikaner und Europäer (und auch Asiaten und Afrikaner und überhaupt alle Männer und Frauen dieser Erde), nicht von ein und demselben Rhythmus, von ein und derselben Hoffnung bewegt werden? Geht es nicht für die gesamte Menschheit darum, uns allmählich von der Vorgeschichte zu verabschieden und im Chor in die Worte des großen Florentiners einzustimmen: »incipit vita nova«?

Pablo Guadarrama

Philosophisches Denken und kulturelle Identität Lateinamerikas[1]

Obwohl es gelegentlich den Anschein hat, das Problem der kulturellen Identität im philosopischen Denken Lateinamerikas sei relativ neu, finden sich sehr ausgeprägte frühe Erscheinungsformen, wenn auch natürlich unter anderen Namen, lange Zeit vor dem, was im eigentlichen Sinne lateinamerikanische Philosophie genannt werden kann. Nun darf aber diese Tatsache nicht dazu führen, all die Überlegungen zum Thema, die das stets auf Berücksichtigung seiner regionalen oder kontinentalen Besonderheit innerhalb der Weltkultur bedachte Denken dieser Region beinhaltet, zu ignorieren.

Bereits die ersten spanischen Chronisten, die nach Amerika kamen und von der »Neuen Welt« assimiliert wurden, sprachen anerkennend von dem Reichtum der Eingeborenenkulturen, die durch die Eroberung zerschlagen worden waren. Sowohl Bartolomé de Las Casas als auch andere Priester, die für ein menschenwürdiges Dasein der Urbevölkerung eintraten, enthüllten den fortschrittlichen Charakter vieler Aktivitäten und Institutionen jener Völker, besonders der Azteken und Inkas. Andere, wie der Jesuit José de Acosta, der im 16. Jahrhundert in Peru lebte, vertraten sogar die Meinung, diese Völker seien in vielen Dingen zu bewundern[2], in denen sie die Europäer noch überträfen. Nicht umsonst haben sich vor allem die Utopisten unter den Schriftstellern des alten Kontinents in ihren Idealisierungen einer gesellschaftlichen Neuordnung gerade von Amerika inspirieren lassen.

In dem humanistischen Denken, das sich mit dem Beginn eines neuzeitlichen Geistes und als früher Ausdruck unserer Aufklärung während des 18. Jahrhunderts in Amerika konsolidiert, wurde zunehmendes Gewicht auf die Studien der autochthonen Kultur als Ausdruck des notwendigen geistigen Emanzipationsprozesses gelegt, der der Unabhängigkeitsbewegung voranging.

In Mexiko war diese Bewegung der kulturellen Rückbesinnung besonders ausgeprägt und äußerte sich in zahllosen Werken, von denen die *Historia antigua de México* von Francisco Javier Clavijero und *Vida de mexicanos ilustres* von Juan Luis Maneiro als die herausragendsten genannt werden sollen. Diese Epoche wurde als das »goldene Zeitalter Mexikos«[3] bezeichnet, in der das aufgeklärte humanistische Denken seine angesehensten Vertreter fand. Unter ihnen ist wegen seiner philosophischen Kulturanalysen vor allem Pedro José Márquez zu nennen. Für ihn ist der wahre Philosoph »ein Kosmopolit (Weltbürger), alle Menschen sind seine Landsleute, und er weiß, daß jede noch so exotisch wirkende Sprache kraft der Kultur die Weisheit der griechischen erreichen kann und jedes beliebige Volk sich durch Bildung so kultivieren kann wie jedes andere, das sich für überaus kultiviert hält. Was die Kultur angeht, gibt es für die wahre Philosophie keine unfähigen Menschen, ob sie nun weiß oder schwarz, an den Polen oder am Äquator erzogen sind. Mit dem geeigneten Lehrinstrument, sagt die Philosophie, ist der Mensch in jedem Klima zu allem fähig[4]«.

Diese Worte des mexikanischen Geistlichen künden von seinem Vertrauen in die menschlichen Möglichkeiten, unter zweitrangigen Begleitumständen errichtete Hindernisse durch Bildung zu überwinden.

Seine Ideen richteten sich offen gegen Rassismus und geografischen Determinismus und machten zugleich deutlich, in welchem Maße jeder Mensch aus seiner besonderen Situation heraus zur universalen Kultur beitragen kann.

Auf diese Weise haben die lateinamerikanischen Humanisten die theoretischen Grundlagen gelegt, auf denen die notwendige politische Emanzipation gedeihen konnte.

Die Kultur unters Volk zu bringen[5], gehörte zu den festverwurzelten Idealen der Vorkämpfer der Unabhängigkeit, die sich dafür systematisch der Presse und insbesondere der Tageszeitungen bedienten.

Das Schwert der Befreiung führte den Wegbereitern der lateinamerikanischen Unabhängigkeit nicht nur die Unumstößlichkeit der einmal getroffenen Entscheidung, sondern auch ein tiefes Nachdenken über die Geschichte, die Bedingungen und Perspektiven der Völker dieses Kontinents. Bolívar sagte: »Wir sind ein kleines Menschengeschlecht; wir haben eine eigene, von großen Meeren umschlossene Welt, neu in fast allen Künsten und Wissenschaften, doch in gewisser Weise alt in den Bräuchen der bürgerlichen Gesellschaft.«[6] Der Befreier vertraute auf ein zukünftiges Amerika, das, war die Kolonialmacht erst vernichtet, zu einem bevorzugten Asyl für die Wissenschaften und Künste des Orients und Okzidents werden würde, denen der Atem der lateinamerikanischen Kultur neuen Auftrieb gäbe.

Von demselben Geist war auch Andrés Bello beseelt, dessen wissenschaftliche Gelehrtheit und philosophische Originalität ihn auf die höchste Ebene des lateinamerikanischen Denkens jener Zeit stellten. Der berühmte Venezolaner setzte sich für die kulturelle Autonomie der hispanoamerikanischen Republiken als Voraussetzung für die Einbürgerung der Verfassungen, Gesetze, Institutionen und so weiter ein, im Einklang mit den besonderen Gegebenheiten und Eigenarten der Völker dieser Region, für die ein neues Leben in politischer Unabhängigkeit begann.[7]

In Fällen wie Kuba, wo die spanische Herrschaft sich noch hielt und sich für die großen Verluste auf dem Kontinent schadlos zu halten suchte, kam dem Kampf um die Erhaltung und Durchsetzung der heimischen Kultur daher eine ganz besondere Bedeutung zu.

Im ersten Drittel des 19. Jahrhunderts, das Varona als »das eigentliche Erwachen unserer Kulturgeschichte« bezeichnet hat[8], erreichte das philosophische Denken in Kuba ein mit den Erfordernissen der Zeit in Einklang stehendes Niveau, in dem seine Authentizität begründet liegt. Aber es waren nicht nur die Hüter der Philosophie, wie Varona oder Luz y Caballero, die über die Universalität der Kultur und ihre besondere Ausprägung im nationalen Rahmen nachdachten, sondern Intellektuelle unterschiedlichster Ausrichtung, wie Arango y Parreño und José Antonio Saco, die aus den verschiedensten Bereichen des Wissens oder der Kunst wertvolle Gedanken zum Bildungsprozeß des kubanischen Nationalbewußtseins beitrugen.

Den Höhepunkt dieses zu revolutionärer Tat gewordenen Denkens bildet das Werk von José Martí. Seine Anschauungen zur lateinamerikanischen Kultur haben das Denken mehrerer Generationen nicht nur von Kubanern geprägt. Vor allem sein Artikel »Unser Amerika«, in dem er darauf drängte, die Kulturen der lateinamerikanischen Völker und den Alltag ihrer Länder kennenzulernen, um sie besser regieren und von den Tyrannen befreien zu können. »Die europäische Bildung«, verlangte Martí, »hat der amerikanischen Bildung zu weichen. Die Geschichte Amerikas, von den Inkas bis heute, muß sitzen, auch wenn es nicht die der griechischen Archonten ist. Unser eigenes Griechenland ist dem Griechenland der anderen vorzuziehen; es ist notwendiger für uns.«[9]

Die Verlagerung des Schwerpunktes auf das Kennenlernen der lateinamerikanischen Welt hieß für ihn keineswegs Vernachlässigung der anderen Volkskulturen. Er wollte damit nur erreichen, daß die Kenntnis von der eigenen Kultur auf beste Art und Weise dem Fortschritt unserer Länder zugute käme und der Stellenwert unserer Kultur im universalen Rahmen in gleichem Maße erkannt würde wie der der Kulturen aus Europa und anderen Breiten.

Den Gedanken, die lateinamerikanische Stellung innerhalb der Weltkultur und vor allem der Philosophie aufzuwerten, hat seit Mitte des vergangenen Jahrhunderts Juan Batista Alberdi verfolgt, der gesagt hat: »Es gibt keine Universalphilosophie, weil es keine Universallösungen für die Fragen gibt, die hinter ihr stehen. Jedes Land, jede Zeit, jeder Philosoph hat seine eigene Philosophie gehabt, die mehr oder weniger Verbreitung gefunden hat, die kürzer oder länger gültig war, da jedes Land, jede Zeit und jede Schule ihre eigenen Antworten auf die Fragen des menschlichen Geistes gegeben hat.«[10] Aus diesem Grund setzte sich der argentinische Denker für eine lateinamerikanische Philosophie ein, die sich mit den Problemen dieses Kontinents auseinandersetzen sollte, dabei natürlich Gedanken mit einbeziehend, die anderswo bereits ausgearbeitet worden waren. Dennoch war das Wichtigste für ihn die Bezugnahme auf die hauptsächlich sozialen und politischen Bedürfnisse der lateinamerikanischen Völker.

Diese Bestrebungen, den Blick nach innen zu richten, die Philosophie dem lateinamerikanischen Besonderen dienstbar zu machen, wurden jedoch nicht von allen argentinischen Denkern jener Generation geteilt, die der Positivismus hervorgebracht hatte. Zum Beispiel nicht von Domingo Faustino Sarmiento, der in der Frage der besonderen Ausprägung unserer Literatur, unserer Institutionen und der lateinamerikanischen Kultur im allgemeinen, für einen Kosmopolitismus eintrat, der seine Gedanken zum lateinamerikanischen Geistesleben zu einer abstrakten Universalität gerinnen ließ, da sein Hauptinteresse auf eine rein materielle Umgestaltung der damaligen Gesellschaft ausgerichtet war. Dieses reine Nützlichkeitsdenken stellte sich gegen alle Bestrebungen zur Erkenntnis der eigenen Identität, Besonderheit und Werte der lateinamerikanischen Kultur.

Sarmiento interessierte sich nicht für den Ursprung von Gedanken und Begriffen, sobald sie erst einmal zu einem Teil des begrifflichen oder ästhetischen Instrumentariums der Menschen dieses Kontinents geworden waren. Daher seine Aussage: »Der so ausgebildete Geist bewahrt seine natürlichen Fähigkeiten, ohne sich durch die Verkrümmungen lokaler Besonderheiten von seiner Bahn abbringen zu lassen, und nimmt, durch die Umgebung, den Ton des universalen Denkens seiner Zeit auf, der weder französisch noch englisch, südamerikanisch oder nordamerikanisch, sondern einfach nur menschlich ist. Er ist daher ein taugliches Instrument, den Dingen auf den Grund zu gehen oder das Verhältnis von Ursache und Wirkung zu erkennen, ganz gleich, ob diesseits oder jenseits der Anden, an den Ufern der Seine, des Río de la Plata oder des Hudson.«[11]

Zweifellos wollte Sarmiento mit dieser Position die universale Gültigkeit unterstreichen, die unabhängig von den Umständen die Wirklichkeit reflektieren, wobei er jedoch gewissermaßen die Historizität und Konkretion außer acht ließ, die jedes Denken erfordert, das die umgebende Wirklichkeit zutreffend erfassen will, die an jedem Ort ja stets eine andere ist.

Sarmiento hielt sich folglich an die »Barbarei« der lateinamerikanischen Kultur, die ihm geeignet schien, seine These von der »Zivilisation« zu stützen. Er empfahl, die angelsächsische, insbesondere die nordamerikanische Kultur zu imitieren, was nicht nur von Martí entschieden abgelehnt wurde, sondern auch von dem Uruguayer José Enrique Rodó, der diese »Nordomanie« kritisierte und dem positivistischen Utilitarismus sein arielistisches Denken entgegenhielt, welches besagte: »Die Zivilisation eines Volkes bezieht ihren Charakter nicht durch die Demonstration seines Wohlstands oder seiner materiellen Größe, sondern aus dem höheren Denken und Empfinden, das in ihnen möglich ist.«[12] Derselbe Idealismus beflügelte eine ganze Generation von Denkern, die im Gegensatz zu den xenophilen Positivisten ihre Aufgabe darin sahen, die Vitalität und den eigenständigen und neuartigen Charakter des lateinamerikanischen Kulturlebens herauszustellen.

In demselben kritischen Sinn äußerte sich auch der Chilene Francisco Bilbao, der die europäische Kultur als beherrschend und pragmatisch charakterisierte: »Die Alte Welt hat die Zivilisation des Reichtums, des Wohlergehens, der Stärke, des Erfolgs und des Materialismus ausgerufen. Das ist die Zivilisation, die wir ablehnen. Das ist der Feind, der sich in das amerikanische Denken eingeschlichen hat.«[13] Und weiter sagt er: »Wir haben versucht, den amerikanischen Menschen davor zu bewahren, sich von der Alten Welt anstecken zu lassen.«[14]

Wie man sieht, vertraten die Verfechter der Einzigartigkeit der lateinamerikanischen Kultur, die sie in ihrer eigenen, sich von der europäischen und nordamerikanischen Kultur unterscheidenden Identität zu erhalten suchten, eine sehr eindeutige Haltung.

Diese Geisteshaltung verstärkte sich noch mit dem Antritt einer neuen Generation von Philosophen antipositivistischer Ausrichtung, die aus der theoretischen Perspektive des Irrationalismus heraus die noch unentdeckten Schätze der lateinamerikanischen Welt zu heben hofften. Dieses Unternehmen, das nicht nur in der Philosophie, sondern auch in der Literatur, der darstellenden Kunst, auf dem Gebiet der Anthropologie, der Folklore und so weiter vorangetrieben wurde, war ein Beweis für die Unzufriedenheit mit dem, was man bislang über die lateinamerikanische Kultur wußte.

Ein herausragendes Werk dieser Aufarbeitungsbestrebungen ist das von José Vasconcelos, der den Standpunkt von der Notwendigkeit oder Möglichkeit einer rein lateinamerikanischen Philosophie zwar nicht teilte, da für ihn die Philosophie per Definition »nicht nur eine Kultur, sondern die Universalität der Kultur umfassen muß«[15], und der daher jeden philosophischen Regionalismus vermied, der aber dennoch sein Denken mit dem Anspruch auf Universalität aus spezifisch lateinamerikanischer Sicht entwickeln wollte.

Ungeachtet der reaktionären Verirrungen, die zum Schluß in dem Gedankengut und der Haltung dieses herausragenden mexikanischen Intellektuellen sichtbar wurden, muß man anerkennen, daß in seinem »ästhetischen Monismus« doch der Versuch unternommen wird, ein theoretisches System zu erarbeiten, das jeder philosophischen Doktrin aus Europa ebenbürtig und dennoch auf seine lateinamerikanischen Ursprünge hin ausgerichtet ist. Seine Wunschvorstellung von einer kosmischen Rasse, in der sich alle Völker der Erde mit den Völkern Lateinamerikas vereinigten, damit der Weltgeist durch »unsere Rasse« seinen Ausdruck fände, war nur eine intelligente Formel, um den abstrakten Universalismus Sarmientos ebenso wie den unilateralen Partikularismus von Alberdi zu vermeiden. Dieser wie jener fanden im lateinamerikanischen Denken des 20. Jahrhunderts getreue Nachfolger.

Vasconcelos wollte beide Momente in einer einzigen Philosophie zusammenfließen lassen, die zwar auf Universalität ausgerichtet war, jedoch mit beiden Füßen auf lateinamerikanischem Boden stand, der ihre Grundlage war. Für den mexikanischen Denker könnte die indianische Kultur, Lebensquell der lateinamerikanischen Kultur, niemals ihre frühere Identität zurückgewinnen, indem sie sich kulturellen Außeneinflüssen entzöge. Nach seiner Meinung »kehrt keine Rasse zurück; jede stellt sich ihre Aufgabe, erfüllt sie und tritt ab ... Die Tage der Weißen, der Sieger von heute, sind ebenso gezählt, wie es die ihrer Vorgänger waren. In Erfüllung ihrer Bestimmung, die Welt zu industrialisieren, haben sie selbst unwissentlich die Weichen für eine neue Zeit gestellt, eine Zeit der Fusion und Vermischung aller Völker. Der Indio hat keine andere Tür zur Zukunft als die moderne Kultur, keinen anderen Weg als den, den die lateinische Zivilisation ihm vorgezeichnet hat. Auch der Weiße wird seinen Stolz ablegen und Fortschritt und letztendlich Heil im Herzen seiner Brüder anderer Rassen suchen müssen, wird sich in jeder höheren Varietät seiner Art vervollkommnen«[16]. Dies bedeutet für ihn nicht, die Werte abzulehnen, die die indianische Kultur in sich birgt, sondern sie, mit den Errungenschaften der modernen Kultur in Einklang gebracht, zurückzugewinnen.

Für Vasconcelos lag die Ursache der Schwäche der iberoamerikanischen Kultur gegenüber der angelsächsischen Kultur im Fehlen der Einheit, die andere Völker stark gemacht hat. Seine Kritik richtete sich gegen den glühenden Nationalismus, der es unmöglich gemacht hat, in einer gemeinsamen Front des Denkens anzutreten. Mangel an kreativem Gedankengut und übertriebene Kritiksucht, die auch ein Vermächtnis anderer Kulturen ist, hat die Völker unseres Kontinents in ihre jetzige Lage gebracht. Um diesem Zustand zu entrinnen, verwies er auf die Integration aller Rassen in eine »kosmische Rasse«, die sie alle zusammenfaßte und gleichzeitig verschwinden ließe. Auf lange

Sicht würde die idealistisch geprägte Utopie Vasconcelos zur Auflösung aller Kulturen führen, womit er praktisch in das Fahrwasser des universalistischen Denkens geriete, das er zuvor an den Positivisten kritisiert hatte.

Das Thema der Kultur und speziell der lateinamerikanischen Kultur war auch weiterhin obligater Denkgegenstand sui generis in einer ganzen Gruppe von mexikanischen Intellektuellen wie Antonio Caso, Alfonso Reyes, Samuel Ramos und später Leopoldo Zea, die philosophisches Wissen im Verein mit literarischen Aktivitäten pflegten und in der Regel vom Irrationalismus, vom Fideismus, der Phänomenologie oder dem Historizismus aus an das Problem herangingen, das aber ebenso aus marxistischer Sicht analysiert wurde. Herausragender Vertreter der letztgenannten Richtung war Vicente Lombardo Toledano, der sich in den dreißiger Jahren in seinen Polemiken mit Caso und auch später häufig mit dem Problem seiner nicht philosophischen, sondern ideologischen und politischen Bezüge wegen beschäftigte.

1937 vertrat Lombardo die materialistisch-dialektische Einstellung mit den Worten: »Kultur ist Wirkung und nicht Ursache, sie ist der Ausdruck eines bestimmten Moments; wenn sie aber diesen Namen verdient, ist sie Ausdruck eines schöpferischen Moments zum ewigen Nutzen kommender Generationen.«[17] Damit trat er der in ihrem philosophischen Umfeld so verbreiteten idealistischen Einstellung entgegen, die die Geisteskultur hypostasierte und sie als allein wirkende Kraft historischer Bewegungen ansah.

Die marxistische Kritik an den Positionen von Vasconcelos, Caso und anderen sowie an dem Elitismus, dem Spiritualismus und dem kulturellen Regionalismus Lateinamerikas in jenen Jahren wurde, was die Werte der lateinamerikanischen Kultur anging, nicht immer von einer ausgewogenen Argumentation getragen. Besonders deutlich wurde dies bei José Carlos Mariátegui, der, obschon der Meinung, Amerika müsse sich beständig der westlichen Kultur offenhalten, ohne seine autochthonen Werte zu leugnen, und sich so in einer permanenten organischen

Verbindung zur Universalität halten, die irrige Behauptung aufstellte, es sei »absurd und hochtrabend, von einer eigenen, echt amerikanischen, im Entstehen, in Entwicklung begriffenen Kultur zu sprechen«[18], und zugleich die These vertrat, ein lateinamerikanisches Denken im eigentlichen Sinne existiere nicht, da seiner Meinung nach »die intellektuelle Produktion des Kontinents eigene Züge vermissen läßt«[19]. Solche Fehlschlüsse, die durch den Übereifer zustande kamen, mit dem der Universalcharakter der Kultur herausgestellt und Auswüchse eines kulturellen Chauvinismus bekämpft werden sollten, haben sich für den Ruf der marxistischen Analysen zum spezifisch Lateinamerikanischen nachteilig ausgewirkt.

Glücklicherweise haben nur wenige Marxisten diese Einstellung geteilt, während die meisten von ihnen vor allem den Stellenwert der autochthonen, indigenen, kreolischen und so weiter Elemente – die allerdings auch in den sozioökonomischen und politischen Analysen des großen peruanischen Marxisten ein wichtiger Bestandteil waren – für die lateinamerikanische Kultur und ihren Beitrag zur universalen Kultur zu fixieren suchten. So brachte Diego Rivera zum Beispiel Erkenntnisse der Kunst aus allen Weltgegenden, gleich welchen Ursprungs, in seine Malerei ein, während das Herz seiner Schöpfungen immer die Welt, die Geschichte, der Mensch des lateinamerikanischen Kontinents war. Auf diese Weise gab er auch ihnen den Stellenwert von Universalität, der ihnen gebührte. In seinen Betrachtungen zur Ästhetik aus marxistischer Sicht[20] hat der große mexikanische Moralist gezeigt, wie die Klippen eines europäisierenden Konzepts ebenso wie die eines starr lateinamerikanischen Kulturbegriffs zu umschiffen sind.

Im marxistischen Denken Lateinamerikas ist die These von der Kultur als eine der Hauptursachen, um die alle wichtigen Fragen kreisen, stets aufrechterhalten worden. Der argentinische Intellektuelle Aníbal Ponce definierte das Erbe der bürgerlichen Kultur als einen Humanismus, der durch einen konkreteren und wirklichkeitsnaheren ersetzt werden müsse. Für ihn galt, »wenn Kultur wie ein Privileg genossen wird, dann korrumpiert sie den Menschen ebenso wie das Gold«[21]. Er sah daher in der neuen Kultur, die in der UdSSR entstand, die Geburt einer erfüllteren und wahrhaft menschlichen Kultur. Diese Sicht wurde von seinem Freund Juan Marinello geteilt, der das Studium der Kultur ebenfalls als eine der Aufgaben betrachtete, der sich die kubanischen Marxisten eingehend widmen sollten. In einer Abhandlung von 1932 über das, was er den »universalen Kubanismus« nannte, unterzog er die Wechselbeziehung zwischen dem Universalen und dem Singulären in der Kultur der Völker einer dialektischen Analyse und schrieb: »Kein Werk von bleibender Größe ist je zustande gekommen ohne das saubere, warme Eintauchen in die unübertragbare Intimität des Menschen. Jedoch des Menschen in einem Winkel der Erde und an einem Tag der Geschichte. Das Menschliche hat sich bisher nur dadurch zeigen können, daß es eine Seite der Welt tief verwundet hat. ... Nur die Physiognomie, die der Augenblick gibt, und der Ort kann den transzendenten Menschen faßbar machen. Genialistische Macht ist letztendlich nicht mehr als die Kraft, in einem Medium die Intimität vieler Menschen zu vereinen, ohne das pathetische Blut eines einzelnen dabei zu verlieren. Don Quijote ist wirklicher als Cervantes - wie Miguel de Unamuno hinlänglich bewiesen hat -, weil seine Hispanität Ausdruck der bestimmenden Seinsmerkmale des Spanischen jener Zeit ist, in der er Gestalt angenommen hat. Um einen Platz auf dem schwierigen Feld der Universalität zu erobern, gibt es keinen anderen Weg als den, der uns in die Tiefen unseres kubanischen Seins führt und daraus eine vibrierende Kraft schöpft, die auch den fernen Betrachter erreicht.«[22]

Diese vibrierende Kraft lag in der Poesie von Nicolás Guillén, in den Bildern von Wifredo Lam, dem Ballett von Alicia Alonso und den Werken Alejo Carpentiers.

Das kubanische Denken konnte so, unterstützt von den intellektuellen Errungenschaften des vorigen Jahrhunderts, allmählich ein geistiges Niveau erreichen, das durch den dialektisch-materialistischen Kulturgesichtspunkt ermöglicht wurde. Mit ihm hat sich eine mehr integrierendere und zugleich differenzierendere Vorstellung von der Authentizität und Identität der lateinamerikanischen Kultur gefestigt.

Eine der bedeutendsten Gestalten zeitgenössischer lateinamerikanischer Philosophie ist der Mexikaner Leopoldo Zea, der sein besonderes Interesse der Problematik der Wechselwirkung zwischen dem Besonderen und dem Universalen lateinamerikanischer Philosophie und Kultur gewidmet hat.

Manchmal hat es daher den Anschein, als sei das die Hauptachse, um die sich sein ganzes philosophisches Denken drehe, obwohl in Wahrheit die Probleme des ausgebeuteten Menschen in Lateinamerika und überall in der Welt es sind, die sein philosophisches Werk geprägt haben. Von daher ist Zea auch nicht so sehr der Kulturphilosoph, als den man ihn gelegentlich darstellt, sondern vielmehr ein Humanist der neuen Zeit und einer der Eckpfeiler der lateinamerikanischen Philosophie der Befreiung, der sich in seinem fast ein halbes Jahrhundert währenden philosophischen Wirken in »Unserem Amerika« auf sehr bemerkenswerte Weise zu stets wissenschaftlicheren und zugleich fortschrittlicheren Positionen hin entwickelt hat.[23]

Aus Anlaß der bevorstehenden Feiern zu einem halben Jahrtausend der Begegnung von europäischer und amerikanischer Kultur, die zu so vielen Diskussionen selbst in der Frage der Benennung dieses historischen Ereignisses geführt haben, hat Zea das Problem des Besonderen und des Universalen der lateinamerikanischen Kultur immer wieder zur Sprache gebracht. Vor allem in seinem Buch *América como autodescubrimiento* (1986) beschäftigt er sich besonders eingehend mit dieser Frage. Seiner Meinung nach war das, was damals stattfand, kein Entdecken, sondern ein Verdecken Amerikas[24], da die Europäer, als sie zufällig über Amerika *stolperten,* sich sogleich an die Beseitigung seiner kulturellen Errungenschaften machten, um ihre Herrschaft durchzusetzen und vor der Welt ihre »zivilisatorische« Mission zu rechtfertigen. Die Menschenopfer der Eingeborenen wurden als bestialisch bezeichnet, offenbar weil sie nicht der Liturgie der Scheiterhaufen der Inquisition entsprachen.

In diesem Werk verunsichert uns Zea gelegentlich, da er offenbar von einigen der unrichtigen Annahmen ausgeht, die er in seinen frühen Werken überwunden zu haben schien, wenn er von der Notwendigkeit spricht, mit der Vergangenheit zu brechen, um das Gebäude der Zukunft auf dem Fundament anderer Völker und nicht der eigenen Geschichte zu errichten[25], und zugleich das Thema der Suche nach Ursprünglichkeit und Besonderheit als Weg zu Universalität und Anerkennung der erreichten Unabhängigkeit wieder aufnimmt. Nach seiner Auffassung sucht der lateinamerikanische Mensch aus Ablehnung der ihm aufgezwungenen Knechtschaft nach Ursprünglichkeit. Ursprünglich sein ist für ihn gleichbedeutend mit nicht mehr Sklave, Diener, Abhängiger sein.[26] Offenbar übersieht Zea aber, daß zu einem gegebenen Zeitpunkt in der Geschichte der lateinamerikanischen Völker, wie bei jedem anderen fremdbestimmten Volk, die Zuspitzung der Frage nach Ursprünglichkeit nicht bedeutet, daß sie zuvor nicht die Qualität von Ursprünglichkeit besaßen, auch wenn sie sich ihrer nicht bewußt waren.

In letzter Zeit hebt der mexikanische Philosoph immer stärker seine Ablehnung des abstrakten Universalismus hervor und legt besonderen Nachdruck auf die Pflege des Besonderen als Form der Integration in das Universale, ohne daß letzteres seine Identität an das Besondere verliert. »Der höchste Ausdruck einer Universalität, die diesen Namen verdient, ist Ursprünglichkeit. Sie verbindet sich in solidarischer Wirklichkeit mit anderen Besonderheiten und Ausdrücken der Ursprünglichkeit des Menschen als konkret Seiendem. Nicht das universale und abstrakte Seiende, das nie ein Mensch in seiner Konkretion ist, sondern das Seiende, das, sich selbst erkennend, in anderen Menschen die Rechtfertigung und Möglichkeit seiner eigenen Besonderheit anerkennen kann.«[27]

In einem sehr dialektischen Winkelzug stellt er die reale Notwendigkeit der Anerkennung des Universalen im Besonderen dar, wenn dieses authentisch und nicht bloße Kopie ist.

Zea hat eindeutig festgestellt, daß, so sehr man auch andere Kulturen nachahmen mag, neue menschliche Gemeinschaften jeder materiellen oder geistigen Schöpfung immer einen Stempel von Ursprünglichkeit aufdrücken. Und aus diesen kleinen Unterschieden, die immer größer werden, bilden sich die Elemente des Besonderen, die dazu führen, daß eine Kultur universal anerkannt wird. Aus diesem Grund wünscht sich Zea auch keine Kultur, »die so besonders und anders ist, daß sie kaum noch als menschliche zu erkennen« ist[28], sondern eine, die von jedem Menschen auch als seine eigene erkannt werden kann.

Wie wir gesehen haben, ist Zeas gesamtes philosophisches Werk darauf ausgerichtet, das Maß an Universalität und Identität zu fixieren, das der lateinamerikanischen Kultur ebenso wie jeder anderen Kultur auf der Welt eigen ist, und so jede Art von kulturellen Rassismus, Hegemonismus und Zentrismus zurückzuweisen, die das authentische Bild der Kultur verzerrt.

In der so uneinheitlichen Bewegung, die Philosophie der Befreiung genannt wird - die all jene umfaßt, die sich mit der befreienden Funktion identifizieren, die die Philosophie in Lateinamerika und überall ausüben soll und die deshalb auf der ganzen Welt Anhänger finden kann -, nimmt man sich des Themas des Universalen und des Spezifischen der lateinamerikanischen Kultur auf ganz besondere Weise an.

Da die herkömmliche bürgerliche Philosophie weder ein präzises Begriffsinstrument anbot, noch eine Lösungsperspektive für die Interpretation der Wirklichkeit lateinamerikanischer Kultur erkennen ließ, haben die Anhänger dieser Bewegung im Marxismus eine unersetzliche Stütze gefunden, die ihnen ermöglichte, derartige Überlegungen besonders im Hinblick auf eine Umwandlung zu vertiefen. Antikommunistische Vorbehalte sowie zutreffende Kritik an bestimmten Formen von Dogmatismus und Sektiererei, die in der Geschichte des internationalen Kommunismus immer wieder laut geworden sind und gelegentlich auch gern gegen den Marxismus gerichtet werden, haben sich dabei oft nachteilig ausgewirkt.

Insgesamt war diese Bewegung ständig darum bemüht, die lateinamerikanische Kultur, und speziell die Philosophie, aufzuwerten oder ihre Stellung zu verteidigen. Sie hat in dieser Hinsicht mit ihren Analysen und Argumentationen, die dazu beitragen, den Entfremdungsprozeß, dem der lateinamerikanische Mensch ausgesetzt ist, zu stoppen, viel Lobenswertes geleistet. Ebenso bewunderswert sind ihre tätigen Sympathiebeweise für die ausgebeuteten Klassen und diskriminierten Randgruppen allgemein. Gelegentlich bleibt sie aber auch in den Grenzen bürgerlicher Philanthropie gefangen und findet keine gültige Alternative, die den Philosophen über die bloße Rolle eines Interpreten der Wirklichkeit hinaushebt.

Indem sie sich für die Anerkennung und Konsolidierung der kulturellen Identität Lateinamerikas einsetzt, die sich nicht nur aus der Tatsache ergibt, daß die Völker, die sie bilden, eine gemeinsame Geschichte, sondern mittlerweile auch gemeinsame Feinde haben, trägt sie dazu bei, den Prozeß der Einigung aller fortschrittlichen Kräfte Lateinamerikas zu stärken. Die von ihr propagierten Formen der Auflehnung gegen das Eindringen imperialistischer Ideologie sowie ihre Kritik an jeder Form kultureller Unterwanderung dienen auch dem Bewußtwerdungsprozeß, der für eine Neugestaltung der lateinamerikanischen Wirklichkeit unerläßlich ist.

Es ist zweifellos das humanistische Element, das die meisten Anhänger der lateinamerikanischen Philosophie der Befreiung bewegt, und viele von ihnen benutzen die Philosophie als Mittel zur Aufklärung, das hin und wieder, auch wenn es über die Grenzen der schlichten Propagierung von Ideen nicht hinausreicht, da ihnen oft die praktische Umsetzung in die politische Tat fehlt, vor allem in studentischen Kreisen dazu angetan ist, die Akzeptanz für sehr fortschrittliche Konzeptionen zu erhöhen. In jenen Ländern, in denen die faschistische Unterdrückung alle anderen Formen, die Menschen über soziale Ungerechtigkeiten aufzuklären, verhindert hat, hat diese Bewegung unter den fortschrittlichen Intellektuellen philosophischer Ausrichtung die Glut der Unzufriedenheit mit den bestehenden Verhältnissen am Glimmen halten können. Vielen ihrer Sorgen sind sie mit Diskussionen wie der über das Besondere und das Universale der lateinamerikanischen Kultur auf den Grund gegangen, haben Möglichkeiten geschaffen, über die Unzulänglichkeiten einer reduktionistischen oder apolitischen Herangehensweise an das Thema nachzudenken, und so Einsicht in die Notwendigkeit gewonnen, für ein so strittiges Problem einer weitaus dialektischeren Analyse zu bedürfen.

Von den verschiedensten Positionen aus sind alle möglichen Wege beschritten worden, um zur Authentizität und Identität der lateinamerikanischen Kultur zu finden. Je bewußter sich die lateinamerikanischen Völker der Notwendigkeit ihrer Emanzipation in allen Bereichen geworden sind, desto zielstrebiger sind sie dieses Problem angegangen.

Dachte man einmal, ursprünglich sein hieße, die Nordamerikaner und Europäer nicht nachzuahmen, sondern schlicht man selbst zu sein, so scheint man heutzutage nicht nur die Unmöglichkeit erkannt zu haben, diese Kulturen im eigentlichen Sinne zu imitieren, sondern auch, wie negativ es ist, sie unterschiedlos zu assimilieren, anstatt Aneignenswertes und Verwerfenswertes voneinander zu trennen.

Schon Ende des letzten Jahrhunderts war sich José Martí der Folgen bewußt, die eine solche Assimilierung nach sich ziehen könnte, und zeigte die grundlegenden Kriterien und Maßstäbe auf, an denen die lateinamerikanische Kultur sich orientieren müßte.

Martí war zutiefst von der dialektischen Beziehung zwischen der kulturellen Entwicklung der Völker und ihrem mehr oder minderen Genuß an Freiheit überzeugt und verkündete daher, Kultur sei der Weg zur Erlangung der Freiheit. Keineswegs predigte er jedoch eine sterile, akademische Kultur, wie man das bei vielen anderen Denkern findet, sondern sah, von einem weitaus breiter angelegten Kulturbegriff ausgehend, in dem auch die praktisch-revolutionäre Aktion zur Umgestaltung der kubanischen Wirklichkeit ihren Platz hatte, in der schöpferischen Assimilierung der Errungenschaften anderer Völker einen der wichtigsten Wege zur Befreiung der Menschen. Und zwar Befreiung nicht nur von den Unbegreiflichkeiten der Natur, sondern auch von den von anderen Menschen auferlegten Zwängen.

Die Forderung, sich für die Schaffung einer höheren Kultur fortwährend auf die kulturelle Vorgeschichte Lateinamerikas zu besinnen, hat bestimmt nichts mit Nostalgie zu tun, sondern ist eine soziologische Notwendigkeit, die von allen jenen begriffen wurde, die in verschiedenen Zeiten ihre Aufgabe in der Erweiterung der lateinamerikanischen Kultur durch ihre revolutionäre Umgestaltung gesehen haben, wie im Fall von Martí oder des authentisch lateinamerikanischen Marxismus von Mariátegui[29] oder Ernesto Che Guevara.

Auch das bürgerlich philosophische, ökonomische und soziologische Denken im Lateinamerika der letzten Jahre hat bedenkenswerte Alternativen zur sozialen Entwicklung in Ansatz gebracht[30], die diese Vorgeschichte berücksichtigt und sich um Entwicklungsmodelle bemüht, die sich von denen der fortgeschrittenen Länder unterscheidet. In der Regel sind solche Bemühungen aber auch fast immer von »Überwindungs«bestrebungen sowohl kapitalistischer als auch sozialistischer Prägung begleitet.

Der wachsende Einfluß transnationaler Unternehmen hatte zur Folge, daß sich das »Kulturmodell« der entwickelten kapitalistischen Länder zunehmend durchsetzte und die Strukturen der lateinamerikanischen Länder so deformierte, daß bestimmte Veränderungen nicht mehr rückgängig zu machen waren. Die »kulturelle Universalität« jener Länder zwang die unseren, den vorgezeichneten Weg weiterzugehen oder, falls nicht, auf die für sie abfallenden Brotkrumen dieser »überlegenen Kultur« zu verzichten. Genau das hat die US-Regierung unter Reagan mit der totalen Blockade gegen Nicaragua beabsichtigt, als Sanktion für die Kränkung, sie nicht imitieren zu wollen.[31]

Eine ähnliche Politik haben die nordamerikanischen Regierungen über dreißig Jahre hin gegen Kuba aufrechterhalten. Sie werden es dem kubanischen Volk wohl nie verzeihen, daß es sich gegen ihre Kaugummi- und Coca-Cola-Kultur aufgelehnt hat. Von den Ideologen einer sogenannten »Kubanologie«[32] sind deshalb große Kampagnen aufgezogen worden, um die kubanische Haltung als Verrat an der westlichen Kultur hinzustellen, während das, was sich in Kuba tat, in Wirklichkeit nichts anderes war als eine Neueinschätzung dieser Kultur, ihrer Werte und ihrer Grenzen und zugleich ein Entdecken neuer Horizonte und kultureller Güter, die bis dahin hinter dem sogenannten »eisernen Vorhang« verborgen gewesen waren, ebenso wie die der afrikanischen und asiatischen Völker, die sich jetzt der ihnen vom Neokolonialismus aufgezwungenen Kulturen entledigt und eigenen Werten zugewandt haben. In Kuba ist in den letzten Jahren nicht nur einfach das kulturelle Niveau der Bevölkerung angehoben worden, sondern man hat auch das Authentische vieler anderer, der unserer ähnlichen Kulturen erkannt und hat dadurch, daß man die kulturellen Besonderheiten vieler anderer Völker kennengelernt hat, den universalen Inhalt der Weltkultur besser verstehen können.

Das von Martí schon früh kritisierte Eindringen der imperialistischen Kultur vollzieht sich gegenwärtig in seiner subtilsten Form und ist in seiner schleichenden Bedrohung für die Authentizität und Identität der lateinamerikanischen Kultur wie eine Schlange stets bereit, auch die letzten von kapitalistischer Entfremdung noch nicht verseuchten Reste zu verschlingen. Es ist ausgesprochen peinlich, die Prostituierung der verschiedensten Formen lateinamerikanischer Kultur sowohl in ihrem materiellen als auch in ihrem geistigen Ausdruck mitzuerleben, als handle es sich um eine pragmatisch bestimmte Manövriermasse.

Viele der Verhaltensmuster und Antiwerte, die von Massenkommunikationsmitteln wie Kino, Radio, Fernsehen, Comics und so weiter verbreitet werden, propagieren das Nichtstun, das leichte Leben, den leichten Erfolg, die von

Tausenden von jungen Lateinamerikanern imitiert, zum erstrebenswerten »Modell« all jener werden, die dadurch als auf der Höhe der Zeit und damit zugleich als kultivierte Menschen gelten möchten. Auch in den sozialistischen Ländern werden diese Verhaltensweisen propagiert und stellen sich so dar, als gehörten sie zu jeder Gesellschaft, die kulturell auf sich hält. Um zu einer echten konstruktiven Kultur des neuen Menschen zu gelangen, müssen wir uns jedoch von diesen negativen Werten emanzipieren und eine tatsächliche Neugestaltung aller Werte, wenn auch nicht gerade im Nietzscheschen Sinne, hervorbringen.

Der Prozeß der Selbsterkennung gibt allen Völkern die Chance, nicht in unfruchtbaren Vergleichen mit den Kulturen anderer Völker zu verharren, sondern nützliche Analogien herzustellen, die es ermöglichen, gemeinsame Phänomene zu erkennen und ähnlich gelagerte Probleme zu lösen. In dem Entdecken von Eigenarten, wie sie in bestimmten kulturellen Erscheinungen der lateinamerikanischen Völker fortbestehen, kommt auch die Versöhnung des Besonderen mit dem Universalen zum Ausdruck.

Mit der zunehmenden Internationalisierung gesellschaftlichen Lebens, das zu einem immer besseren Verständnis der Völker untereinander führt, werden die Ähnlichkeiten und Unterschiede zwischen den Kulturen der verschiedensten Regionen immer leichter erkennbar. Selbst in ein und demselben Land stellt sich Kultur gelegentlich in so vielfältiger Weise dar, daß der Begriff der kulturellen Identität ohne weiteres in Abrede gestellt werden könnte.

Geht man von einem abstrakten und ahistorischen Identitätsbegriff aus, wird man sie natürlich nirgends finden. Das ist eines der gebräuchlichsten Argumente, mit dem ja auch eine gemeinsame Strategie der Völker Lateinamerikas zu verhindern gesucht wird. Legt man jedoch ihren konkreten historischen Charakter zugrunde, dann wird diese Identität in ihrem konstanten Werden sehr wohl erfahrbar. Dann wird es leichter, die dialektische Verschachtelung des Besonderen und des Universalen in der Kultur zu begreifen. Ohne dieses Bild der Identität hätten es die Völker unseres

Kontinents nie geschafft, sich im vergangenen Jahrhundert fast einmütig des theoretischen Kolonialismus zu entledigen, und ohne diese Identität wären sie wohl kaum in der Lage, trotz beträchtlicher Differenzen untereinander, die erdrückenden Probleme der heutigen Zeit anzugehen.

Sich in die kulturelle Identität der lateinamerikanischen Völker zu vertiefen, kann und darf weder zu einer bloßen Pflichtübung für Gelehrte werden, noch zu rein akademischen Postulaten führen. Natürlich muß es mit der wissenschaftlichen Ernsthaftigkeit geschehen, die eine solche Arbeit erfordert, ohne jedoch den ideologischen Rückhall zu vergessen, der durch sie nach außen getragen wird.

Die Erforschung der lateinamerikanischen Kultur dient der Suche nach wirksamen Wegen, die unsere Völker der Freiheit näherbringen, und geeigneter Formen, die zur Ausübung einer allumfassenden Selbstbestimmung führen.

---

1 Der vorliegende Beitrag findet sich im zweiten Kapitel des noch unveröffentlichten Buches *Lo universal y lo específico en la cultura* des Autors in Zusammenarbeit mit dem sowjetischen Professor Nikolai Pereliguin.

2 José A. Acosta: »Historia natural y moral de las Indias«, J. Monal: »Las Ideas en América«, Casa de las Américas, Havanna, 1985, t, II. S.103

3 B. Navarro: »Cultura mexicana moderna en el siglo XVIII«, UNAM, México, 1983, S. 27. In Ecuador verfocht auch Eugenio Espejo die Wiederaufwertung der Kultur im Geist der Aufklärung. S. auch *Pensamiento ilustrado* in Ecuador. Einführung u. Auswahl von Carlos Paladines. Bibl. básica del pensamiento ecuadoriano, 1981, S. 162.

4 P. J. Márquez: »Der Philosoph, ein Weltbürger«, in *Humanisten des 18. Jahrhunderts,* UNAM, Mexiko, 1962, S. 133

5 Henríquez Ureña: *Historia de la cultura en la América Hispánica,* FCE, Mexiko, S. 58–59

6 S. Bolívar: »Carta de Jamaica«, in *Ideas en torno de Latinoamérica,* UNAM, Mexiko, 1986, v.I. S. 25

7 A. Bello: »Las repúblicas hispanoamericanas«, in *Ideas en torno de Latinoamérica,* UNAM, Mexiko, 1986, P. Bd. 1, S. 187

8 M. Vitier: *Las ideas y la filosofía en Cuba,* Ed. Ciencias Sociales, Havanna, 1970, S. 191

9 J. Martí, »Nuestra América« in *Páginas Escogidas,* Inst. del Libro, Havanna, 1968, S. 165

10 J. Aberdi: »Ideas para un curso de filosofía contemporánea«, in *Ideas en torno de Latinoamérica,* UNAM, Mexiko, 1986, v.I. S. 146

11 D. F. Sarmiento: *Conflicto y armonía de las razas en América,* Ed. La cultura argentina, Buenos Aires, 1915, S. 442
12 J. E. Rodó: *Ariel,* Ed. Cercantes, Barcelona, 1926, S. 56
13 F. Bilbao: »El evangelio americano«, Ed. América, Buenos Aires, 1943, S. 151
14 Ibid., S. 161
15 J. Vasconcelos: »El pensamiento iberoamericano«, in Indología, Barcelona, 1927, S. 5
16 J. Vasconcelos: »La raza cósmica«, in *Páginas Escogidas,* Ed. Botas, Mexiko, 1940, S. 34
17 L. Toledano: Escritos Filosóficos, s.e. Mexiko, 1937, S. 88
18 J. C. Mariátegui: »La unidad de la América indoespañola«, in *Marxista de América,* Auswahl u. Vorwort Mercedes Santos Moray, Ed. Arte y Literatura, Havanna, 1985, S. 112
19 Ibid., S. 118
20 S. Ramos: *Diego Rivera,* UNAM, Mexiko, 1986, S. 33
21 A. Ponce: Obras, Ed. Casa de las Américas, Havanna, 1975, S. 273
22 J. Marinello: »Cubanismo universal«, in *Marxista en América,* Ed. Arte y Literatura, Havanna, 1985, S. 307 - Hervorzuheben wäre dabei, daß der Kubaner Juan Marinello davon ausging, »ein tiefes Kulturempfinden (sei) nur in einer marxistischen Gesellschaft möglich« (ibid., S. 321), was auf sein Miterleben der kulturellen Entwicklung der Sowjetunion und speziell der Empfänglichkeit und kulturellen Entwicklung der Volksmassen zurückzuführen war. Diese Vorstellung verfestigte sich noch nach dem Sieg der kubanischen Revolution, als er sah, welch ein außergewöhnlicher Sprung nach vorn in allen Bereichen der Kultur damit einherging, zu dem er selbst wesentlich beigetragen hat.
23 P. Guadarrama: »La evolución de las ideas de Leopoldo Zea como antecedente y pilar de la filosofía latinoamericana de la liberación«, Revista Cubana de Ciencias Sociales, Havanna, 1987, Jan.–Apr., Nr. 13, S. 131–149, und H. Cerutti
24 L. Zea: *América como autodescubrimiento,* Publicaciones de la Universidad Central de Bogotá, Bogotá, 1986, S. 48
25 Ibid., S. 182
26 Ibid., S. 84
27 Ibid., S. 85
28 Ibid., S. 92
29 Ohne Zweifel stammen die ersten originären Interpretationen der lateinamerikanischen Wirklichkeit aus marxistischer Sicht von dem Peruaner José Carlos Mariátegui. (S. *Siete ensayos de interpretación de la realidad peruana,* , Casa de las Américas, Havanna, 1960. Das heißt allerdings nicht, daß Mariátegui der einzige war, der in diesem Frühstadium kreativer Marxismusrezeption verwertbare Analysen zu den kulturellen und sozioökonomischen Problemen Lateinamerikas vorgelegt hat, da unter anderen auch Baliño, Racabarren Mella und so weiter viele grundlegende Gedanken beigesteuert haben, ohne vielleicht soviel Gehör und Anerkennung auf dem Kontinent zu finden wie der peruanische Denker.
30 Drei Internationale Kongresse zur Lateinamerikanischen Philosophie an der Universität Santo Tomás in Bogotá, 1981, 1982 und 1984.

J. Mernández u. I. Rojas: *Balance crítico de la sociología latinoamericana actual,* Ed. Ciencias Sociales, Havanna, 1987
A. Rodríguez Pérez: *La economía latinoamericana, Crisis sin solución?,* Ed. Ciencias Sociales, Havanna, 1987
O. Nuñez u. R. Burbach: *Democracia y revolución en las Américas,* Ed. Vanguardia, Managua, 1987
A. Dessan: *Politisch-ideologische Strömungen in Lateinamerika,* Akademie Verlag, Berlin, 1987

31 S. Ramírez: *Las armas del futuro,* Ed. Ciencias Sociales, Havanna, 1987.

32 J. L. Rodríguez: *Crítica de nuestros críticos,* Ed. Ciencias Sociales, Havanna, 1987

Gustavo Gutiérrez

Emanzipation und Identität

Zuerst einmal möchte ich mich für die Einladung zur Teilnahme an dieser Gesprächsrunde bedanken sowie für die Gelegenheit, hier mit Ihnen einige Gedanken anläßlich dieses Datums austauschen zu können, das wie jedes historische Datum einen gewissen Symbolwert hat und uns allen hier auf diesem Kontinent helfen kann, über unsere Identität nachzudenken. Als Volk, als Kontinent und Ansammlung verschiedener Nationen können wir versuchen, unsere Vergangenheit in ihrer Beziehung zur gegenwärtigen Situation zu begreifen, so wie es für dieses Treffen und im Rahmen des großen Themas, unter dem es stattfindet, auch gedacht ist. Wenn wir hier vom 500. Jahrestag der Eroberung sprechen, haben wir schon weit festeren Boden unter den Füßen, als sprächen wir von der Entdekkung, ein Begriff, der eine europäische Sichtweise widerspiegelt.

Ich glaube, daß es sich in der Tat um eine Eroberung handelte, und das ist ein heikler Punkt, denn zusammen mit dieser Eroberung und mit der Gewalt, der Vernichtung von so vielen Menschen, Kulturen und Völkern begann auf diesem Kontinent die Verkündigung des Evangeliums. Wenn wir daher von Kirche sprechen, können wir diese Geschehnisse und diese Verkündigung nicht unerwähnt lassen. Die Ereignisse des 16. Jahrhunderts wirken bis in die Gegenwart hinein; es ist nicht möglich, in der konkreten Geschichte das Verhalten jener, die diesen Kontinent betraten und

---

Referat gehalten auf der I. Peruanischen Begegnung: »Emanzipation u. Identität Lateinamerikas: 1492–1992«, Lima, Peru, November 1988.

sich Christen nannten, von dem derer zu trennen, die sich heute noch als solche bezeichnen, aber dennoch die unmenschlichen, schmachvollen, grausamen und evangeliumswidrigen Lebensbedingungen auf diesem Kontinent zulassen, die sich nicht viel von denen unterscheiden, denen die indianischen Völker des 16. Jahrhunderts unterworfen waren.

Ich glaube, wir sehen die Geschichte der Politik manchmal als eine Art Abfolge von Menschen an der Macht, und in Lateinamerika sind das häufig Militärs gewesen, was Eduardo Galeano dazu führt zu sagen, daß unsere Geschichte als endlose Militärparade daherkommt. Ich fürchte, eine Geschichte der Kirche würde dementsprechend einer endlosen Prozession gleichen, solange wir sie als Aufzählung von Einrichtungen, Krankenhäusern und Menschen guten Willens begreifen wollen. Versuchen wir lieber, Geschichte mit den Augen der von ihr Gedemütigten zu lesen, mit den Augen der Verdammten dieser Erde, wie der Titel eines berühmten Buches sie nennt; denn ich meine, um sie geht es. Ich halte es für äußerst wichtig, zu versuchen, die Geschichte auf andere Weise zu betrachten, als wir es bisher gewohnt sind. Ich will damit nicht sagen, daß das etwas ganz Neues ist, schon gar nicht für die Anwesenden hier, die sich für das Thema interessieren; aber für den Durchschnittslateinamerikaner ist es vielleicht doch eine andere, eine neue Geschichte, die sich von der unterscheidet, die ihm normalerweise beigebracht wird und die viele von uns gelernt haben. Diese andere Geschichte ist genaugenommen - ohne leere Wortspielerei betreiben zu wollen - die Geschichte des Anderen, dessen, der nicht zählt und nie gezählt hat, dessen Stimme aber heute noch dieselbe Wahrheit spricht wie in jener Zeit. Der Andere in dieser Gesellschaft, die nicht für ihn errichtet wurde, der Andere auch in der christlichen Gemeinschaft, die wir Kirche nennen - und deren kulturelle, menschliche und soziale Werte nach wir vor die der Mächtigen dieses Kontinents sind -, dieser Andere war im 16. Jahrhundert eindeutig der Indio. Heute sind es weitaus mehr.

In seinem Buch »Die tiefen Flüsse« sagt José María Arguedas einmal, wenn die mit dem Blut und dem Gold der Indios gegossene und auf den Namen Maria Angola getaufte Glocke läute, öffne sie die Pforten der Erinnerung. Lauschen wir also symbolisch dem Klang dieser Glocke und treten durch das Tor der Erinnerung, das sie uns geöffnet hat, der Erinnerung, die zu den Völkern unseres Kontinents gehört. Obwohl es hier im wesentlichen um uns geht, kann ich doch nicht umhin, auch all die anderen einzubeziehen, die unter Kriegen und Ausbeutung gelitten haben und unter der Theorie die aus alldem entstanden ist.

Es begann gleich am ersten Tag. Bartolomé de Las Casas überliefert uns zum Beispiel einen Brief, den Christoph Kolumbus an die spanischen Könige schrieb und in dem er über die Indios sagt: »Sie lassen sich gut führen und sind willig, zu arbeiten, zu säen und all das andere zu tun, was nötig ist. Sie sollen Dörfer bauen, und man soll sie lehren, Kleidung zu tragen und nach unseren Bräuchen zu leben.« Der Brief von Kolumbus macht es von Anfang an deutlich: Die Menschen, die auf diesem Kontinent leben, werden zutiefst verachtet. Und das war nicht nur eine Theorie, sondern drückte sich im konkreten Verhalten aus. Las Casas fügt seinem Bericht hinzu, dies sei der Ursprung der den Indios zugeschriebenen menschlichen Minderwertigkeit.

Einige Jahrzehnte später schrieb ein spanischer Denker, der nie einen Fuß in unsere Länder gesetzt hat – es ist alte europäische Sitte, von dort aus über unseren Kontinent zu urteilen –, über die Indios folgendes: »Mit vollem Recht üben die Spanier ihre Herrschaft über diese Barbaren der Neuen Welt und der angrenzenden Inseln aus, die in Geist und Verstand, in allen menschlichen Tugenden und Empfindungen den Spaniern so unterlegen sind wie die Kinder den Erwachsenen, wie die Frauen den Männern. Dies ist ein ganz respektabler Vergleich – die Unmenschlichen und Grausamen den ausgesprochen Sanftmütigen, die übertrieben Maßlosen den Zurückhaltenden und letztlich Gemäßigten –, und ich wäre fast geneigt, zu sagen, wie kleine Kinder erwachsenen Männern.« Diese Worte schrieb Ginés de

Sepúlveda mehrere Jahrzehnte nach den Zeilen des Kolumbus. Diese Art des Verstehens – wenn man das so nennen kann – der Menschen unseres Kontinents rechtfertigte die Unterwerfungskriege, und es gab sogar Theologen, die diese Kriege als Instrument ausgerechnet der Evangelisierung guthießen.

Ein Franziskaner, der in Mexiko den indianischen Namen Motolinia angenommen hatte, schrieb in einem Brief an den König von Spanien, in dem er von den Kriegen gegen die Indios als Mittel der Evangelisierung sprach, den Satz, der uns allen wohlbekannt ist: »Das Wort geht ein mit Blut.«

Die Lebensbedingungen der Indios zu jener Zeit veranlaßten Männer wie Las Casas zu Sätzen wie: Die Indios »trugen ihre Armut auf dem Rücken«, denn das war alles, was sie hatten. Weiterhin sagte er einmal sehr deutlich und sehr sinnfällig, »die Indios sterben vor der Zeit«; ungerechter und frühzeitiger Tod trifft ehrlich gesagt auch heute noch die Armen dieses Kontinents, denn sie sterben immer noch vor der Zeit. Bei uns hat das zu Zeugnisberichten wie denen des Guamán Poma de Ayala geführt, der nach seinen eigenen Worten als »urteilender Richter und sehenden Auges« geschrieben hat. Er verstand sich als Zeitzeuge und als Christ, und als solcher bereiste er das alte Tahuantinayo, »auf der Suche nach den Armen im Herrn«. Wir alle kennen heute die Texte und die Zeichnungen, mit denen Guamán Poma die grausamen Lebensumstände – eines ungerechten und zu frühen Todes im Sinne von Las Casas – der damaligen peruanischen Indios zum Ausdruck brachte.

Welche Rechnung man auch immer aufmachen will über den sogenannten demographischen Zusammenbruch auf diesem Kontinent und speziell in Peru (es ist schwierig, genau Angaben darüber zu machen); es handelte sich zweifellos um eine Katastrophe. Wir sprechen dabei von physisch Toten, aber auch von toten Kulturen, von vernichteten Zivilisationen und somit auch Sprachen und Formen, ein menschliches Wesen mit mannigfaltigen Ausdrucksmöglichkeiten zu sein. Sich dieses Ausmaß von Tod vorzustellen, ist entsetzlich. Mir scheint, das 16. Jahrhundert ist kennzeichnend für den Zustand unseres Kontinents und kennzeichnend auch für das, was für einen Christen – und als solchen bezeichne ich mich – die Verkündigung des Evangeliums bedeutet und des Herzens dessen, was wir Reich des Lebens, des Friedens, der Gerechtigkeit und Freiheit nennen. Damals stellte sich uns Christen zum erstenmal die Frage, die immer noch nicht beantwortet ist: Wie kann man in einer Situation, die von Unrecht und Tod gekennzeichnet ist, das Leben, das Reich des Lebens verkünden?

Als Grund für diesen Zustand des Todes wurde schon im 16. Jahrhundert das bezeichnet, was Las Casas in seinem alten Spanisch »das Hecheln nach Gold« nannte, das heißt, die Hoffnung, Gold zu finden; und das wird auch im Tagebuch des Kolumbus bestätigt, in dem auf fast jeder Seite zu lesen ist: »Wir haben kein Gold gefunden«, »man sagte uns, ein wenig weiter gäbe es Gold«, »wir haben etwas gefunden, aber nur wenig«; woraus klar hervorgeht, wozu man eigentlich gekommen war.

Das ging so weit, daß einige Indiostämme glaubten, das Gold sei der Gott derer, die in ihr Land gekommen waren. Sie suchten so sehr danach, daß sie glaubten, es sei ihr Gott. Es gibt eine schreckliche Anekdote aus einem Brief von franziskanischen und dominikanischen Missionaren, die von einem Kaziken berichtet, der sein Volk zusammenruft, als er von den begangenen Greueltaten erfährt und sagt: »Tragen wir all unser Gold zusammen und versenken wir es im Meer, und wenn jene dann kommen, werden sie uns nichts tun, denn ihr Gott ist das Gold, und was sie suchen, ist ihr Gott; damit sie uns also nicht belästigen, schaffen wir den Gott fort, der das Gold ist.« In der Tat eine schreckliche Anekdote, nennt sie doch den wahren Grund für die Anwesenheit der Eroberer.

In unserem Land kennen wir eine Geschichte, ein wenig extrem zugegebenermaßen, aber doch existent und daher aufschlußreich, die bis vor wenigen Jahren einem »Anonymus von Yucay« zugeschrieben wurde (was jetzt nicht mehr der Fall ist, da wir den Autor mittlerweile kennen). Sie erinnern sich, daß der Autor eine Art Parabel benutzt, um zu erklären, was seiner Meinung nach bisher noch niemand getan hat, nämlich den Grund für das Vorhandensein der Gold- und Silberminen in Amerika. Es ist eine antilascasianische Schrift, in der der Autor Las Casas vorwirft, die Indios ermuntert zu haben, den Spaniern nicht zu verraten, wo sich diese Minen befinden. Er erzählt folgende Parabel: Es war einmal ein reicher Mann, der hatte zwei Töchter, eine schöne und eine häßliche, die er verheiraten wollte. Er brauchte nur bekanntzugeben, daß er seine schöne Tochter verheiraten wollte, da standen die Bewerber schon Schlange. Um die häßliche Tochter an den Mann zu bringen, dachte er, das einzige, was er tun könne, sei, eine gute Mitgift auszuloben, was zwar keinen Ansturm von Bewerbern auslösen würde, aber der eine oder andere werde sich schon interessiert zeigen.

Mit dieser Geschichte will der Autor unsere Lage beschreiben. Europa ist die schöne Tochter, die schnell mit jenen verheiratet war, die das Evangelium brachten; die Bewerber liefen ihr zu, ohne daß man ihnen große Versprechungen machen mußte. Die häßliche Tochter ist natürlich unser Amerika, dem eine reiche Mitgift - Gold- und Silberminen - mitgegeben werden mußte, weil sonst niemand gekommen wäre, ihm das Evangelium zu bringen. In dieser Geschichte steht auch der unglaubliche Satz: »Dorthin, wo das Gold ist, eilt das Evangelium auf Flügeln.« Für den Autor ist dies ein Stück aus der Geschichte geschöpfte Theologie; er versucht Geschichte ausgehend von dem zu verstehen, was er für eine Reflexion über den Glauben hält. Las Casas hat aber vollkommen recht, wenn er dem mit entschlossenem Nachdruck entgegenhält, daß die Spanier zwar die Indios als Götzendiener betrachteten, die wirklichen Götzendiener jedoch die angeblichen Christen waren, die das Gold anbeteten. Das ist eine biblische Wahrheit.

In der Bibel, genauer gesagt, im Evangelium, heißt es, man könne nicht zwei Herren, Gott und dem Geld, dienen. Der wahre Götzendiener, sagt Las Casas - und deswegen hat man ihn seinerzeit angefeindet - ist der, der das Gold anbetet und sein Leben und alles dem Gold unterordnet, ein solcher ist der wahre Götzendiener, und nicht der Indio, der seine Bräuche und Traditionen hat. Das macht Las Casas häufig, daß er die Dinge umdreht: In der gewöhnlichen Geschichtsschreibung sind Götzendiener diejenigen, die keine Christen sind; Las Casas sagt nun, es ist vielmehr der wirkliche Götzendiener, der hinter dem Gold her ist, auch wenn er sich Christ nennt - das heißt, er versucht, die Dinge von der anderen Seite der Geschichte zu sehen, aus der geschichtlichen Sicht des Anderen.

Wir alle kennen - und daher genügt eine kurze Erwähnung - die Geschichte von Valverde und Atahualpa. Valverde ist vielleicht eine weitaus komplexere Persönlichkeit, als man gemeinhin annimmt, doch das gehört nicht hierher; wovon wir wohl ausgehen können, ist, daß er Atahualpa ein Schriftstück vorlas, das als Requisition bezeichnet wurde, das heißt, es requirierte die Indios im Namen Gottes, des Papstes und des Königs von Spanien und unterwarf sie damit denen, die es verlasen. Diese Requisition ist ein unglaubliches Schreibwerk, das seltsamer- und paradoxerweise von Leuten verfaßt wurde, die damit gegen die Übergriffe auf die Indios protestieren wollten. Es wurde 1513 als Protest gegen das Verhalten der ersten Ankömmlinge aus der alten Welt geschrieben. Daß daraus später eine Art formale Rechtfertigung abgeleitet wurde, kann nur als absolut paradox bezeichnet werden. Um noch einmal Las Casas zu zitieren, er sagt, daß man nicht weiß, ob man über diesen Text lachen oder weinen soll. Lachen, weil es einfach lächerlich war, Völkern mit einer ganz anderen Sprache einen spanischen Text vorzulesen und zu erwarten, daß sie daraufhin andere Verhaltensweisen annehmen würden, oder weinen um das, was dann geschah. Ich glaube, als eine der ersten christlichen Aussagen, mit denen wir in Berührung kamen, ist diese Requisition eine unglaubliche Verhöhnung aller, die wir uns als Christen fühlen und wirklich von dem großen menschlichen Wert und Ausmaß des christlichen Glaubens überzeugt sind.

Neunzehn Jahre nach der Ankunft der ersten Europäer auf diesem Kontinent vernimmt man auf der Insel, die damals Hispaniola genannt wurde (heute Dominikanische Republik), einen Aufschrei. Es ist der Aufschrei des Missionars Antón de Montesinos, der als erster seine Stimme gegen das erhebt, was im indianischen Amerika vor sich geht. Er erreicht damit, daß sich viele Dinge zumindest ansatzweise ändern; natürlich ist das sich zu jener Zeit etablierende System viel zu übermächtig, als daß eine Handvoll Missionare es aufhalten können, aber sie machen sich bemerkbar und gehen dabei auf die wahren Ursprünge des Evangeliums zurück. So sagt Las Casas, der hier nochmals zitiert werden soll, ein heidnischer, aber lebendiger Indio sei mehr wert als ein bekehrter, aber toter Indio. Dem König schreibt er daher, es sei vergebene Mühe, die Indios um den Preis ihres Todes zu christianisieren, da seien sie besser keine Christen, aber noch am Leben. Ein Satz wie dieser ist zweifellos aus dem Schmerz dessen geboren, was er unter den Indios mitansehen mußte (und womit er hart ins Gericht ging), wie er auch wörtlich verstandenes Evangelium ist, denn dieser sehr kritische Absatz endet mit den Worten: »Unser Glaube sagt eindeutig, daß dort, wo der Arme ist, auch Jesus Christus ist, und wo Gott ist, ist Gerechtigkeit.« Das ist die Stimme eines anderen Christen, eine ganz andere Perspektive, die sich einige wenige Missionare zueigen machten, um auf irgendeine – und offensichtlich begrenzte – Weise Zugang zur indianischen Welt zu finden, in der sie nicht so sehr den Nichtchristen als den Armen zu sehen versuchten.

Die Perspektive, aus der man den Indio als Nichtchristen sieht, ist eine religiöse Sichtweise, die – besonders damals – die Menschen in Christen und Nichtchristen einteilt. Im Indio den Armen zu sehen, rückt die Dinge in ein anderes Licht, und das ist – so scheint mir – der bedeutendste Beitrag von Männern wie Las Casas, Guamán Poma und anderen auf unserem Kontinent. Im Indio den Armen zu sehen heißt, ihn nicht aus religiösen Gründen – Christ oder Nichtchrist – von anderen zu unterscheiden, sondern den Armen, den Unterdrückten, wie Las Casas ihn auch nennt, gegenüber dem Ausbeuter zu sehen, der ihm alles nimmt. Im Indio den Armen zu sehen, ist ein Bild, das mehr dem Evangelium entspricht, das aber auch in einem gewissen Maß politischer ist, als damals üblich, und von der Erkenntnis kündet, daß, wie Guamán Poma sagt, »dort, wo Gott ist, auch Gerechtigkeit sein muß«.

Ich glaube, daß die Auseinandersetzungen um die Art, wie der Wert des Lebens (oder das Fehlen dieses Wertes) zu verstehen ist, und auch die Art, wie das Evangelium zu verstehen ist, etwas ist, das wir im 16. Jahrhundert durch das Aufeinandertreffen von Wirklichkeiten vorfinden, die heute noch existieren. In der kurzen Zeit eines Redebeitrags kann das unmöglich näher erläutert werden, aber es ist doch offensichtlich, daß wir uns heute ähnlichen Herausforderungen gegenübersehen. Heute trägt die große Mehrheit der Bevölkerung dieses Kontinents und dieses Landes doch immer noch die schwere Last der Armut. Und ich glaube, auch heute noch ist das Evangelium in der Lage, ein Gefühl der Verantwortung für die Armen und der Solidarität mit ihnen zu wecken. Andere Faktoren und andere Elemente könnten bei anders ausgerichteten Menschen natürlich zweifellos ähnliches bewirken, und ebenso dient heutzutage in Peru und in ganz Lateinamerika Religion leider immer noch dazu, die herrschende soziale Ungerechtigkeit zu rechtfertigen. In diese Konfrontation sehen wir uns gestellt, die wir uns Christen nennen. Wir leiden darunter, aber wir spüren auch die Wichtigkeit, unseren Beitrag zu leisten als einen Aspekt des Kampfes für Gerechtigkeit unter den Völkern. Wenn im 16. Jahrhundert Las Casas in dem Indio instinktiv eher den Armen als den Ungläubigen sah, glaube ich, daß als Mensch und Christ sich zu begreifen auch heute noch heißt, die Geschehnisse in unserem Land aus der Sicht der Ärmsten zu sehen. Ich glaube, die Geschichte des Anderen in dieser Gesellschaft, die errichtet wurde, um die Privilegien einiger weniger zu sichern, ist immer noch eine Schande und eine Herausforderung für alle.

Die Armen dieses Landes und dieses Kontinents sind heutzutage nicht mehr nur die Indios, auch anderes Blut hat sich der armen Bevölkerung Lateinamerikas angeschlossen, zum Beispiel das schwarze Blut - wie Don Ricardo Palma sagt: »Wer in diesem Land nicht vom Inka hat, der hat vom Mandingo.« Der Arme von heute ist oft auch der Mestize. Wenn wir heute sagen, ein Kriterium für die Errichtung einer anderen Gesellschaft und auch für die Verkündigung des Evangeliums müsse das Dasein der Kirche für den Ärmsten der Armen sein, denke ich an die Vielfalt der heutigen, zum großen Teil indianischen, Armenbevölkerung des Kontinents.

Aber nicht nur das. Wie ich schon gesagt habe, wirken da noch andere Elemente und Faktoren mit; wenn ich von unseren Ärmsten spreche, muß ich aufrichtig sagen - und ich wollte eigentlich um Entschuldigung bitten, daß ich das sage, aber jetzt entschuldige ich mich dafür, daß ich daran gedacht habe, dafür um Entschuldigung zu bitten -, daß es nicht die Ärmsten unserer Länder sind, die Geschichte oder Theologie machen oder an Gesprächsrunden wie dieser teilnehmen, und wenn wir von ihnen sprechen, sprechen wir gewissermaßen immer noch von jemand anderem. Was nicht heißen soll, daß das, was wir sagen, lernen und erarbeiten können, nicht aus der Perspektive einer großen Solidarität mit ihnen heraus geschieht. Für mich ist dies eine Zeit, und daran glaube ich fest, in der wir versuchen müssen - auch diejenigen von uns, in deren Adern indianisches Blut fließt -, die Dinge aus der komplexen Sicht der heutigen Armen zu sehen.

Vor etwas mehr als zwanzig Jahren fand in der kolumbianischen Stadt Medellin ein Treffen statt, das für die Kirche Lateinamerikas von großer Bedeutung war. Dort wurde mit allem Nachdruck festgestellt, daß nur die Solidarität mit den Ärmsten unseres Kontinents der lateinamerikanischen Gesellschaft und der Kirche, die in ihr lebt, einen Sinn geben kann. Ich weiß sehr wohl, daß es mit dem Ausarbeiten von Schriftstücken nicht getan ist, aber ich weiß auch, daß solche Schriftstücke Erfahrungen zum Ausdruck bringen und neue Erfahrungen bewirken. Und auch Widerstand. Heute gibt es in einem Bereich der lateinamerikanischen Gesellschaft und selbst in christlichen Kreisen erheblichen Widerstand dagegen, wie in Medellín die Aufgabe des Evangeliums interpretiert worden ist, was hierzulande ein großes Echo gefunden hat. Dies ist nicht der rechte Zeitpunkt, um uns Texte oder Handlungsweisen in Erinnerung zu rufen, aber ich glaube, daß die Perspektive, die in Medellín aufgezeigt worden ist, die der Solidarität mit den Armen, für viele hier in unserem Vaterland noch immer volle Gültigkeit hat. Sie hat allerdings auch große Widerstände hervorgerufen, denn das wirklich Neue, das sich in den letzten zwanzig oder dreißig Jahren in Lateinamerika ergeben hat, ist die neue Präsenz, die die Armen auf unserem Kontinent und in der Kirche gewonnen haben. Diese Tatsache nennen wir, im Rahmen der Theologie der Befreiung, den Durchbruch der Armen.

Diese Präsenz ist neu, weil die Armen in unseren Ländern zwar physisch existent, jedoch für die Art und Weise, Geschichte zu verstehen, bis dahin nicht vorhanden waren. Heutzutage rücken sie sich wieder ins Bewußtsein, und ich glaube, das ist eine große Herausforderung, denn die, die lange Zeit unsere Geschichte geschrieben haben, waren die physischen oder kulturellen Nachkommen der Herrschenden. Eine neue Präsenz des klassischen Nichtvorhandenen ergibt sich, wenn seine Sichtweisen Bestandteil des Geschichtsverständnisses dieses Kontinents, des Verständnisses von der Geschichte der Verkündigung des Evangeliums in unseren Ländern und des Bewußtseins beim Ausbau der heutigen Gesellschaft werden.

Die derzeitige Lage in Peru ist von einem enormen Verfall der alltäglichen und ganz konkreten Lebensbedingungen der Armen gekennzeichnet. Verständlicherweise wird uns das, was wir heute erleben, mit einem Blick zurück in die Geschichte. In der Geschichte zu verharren, bringt uns allerdings nicht weiter. Nostalgisches Verharren in der Vergangenheit führt zu nichts. Wenn wir gegen das, was auf diesem Kontinent geschehen ist, deutlich unser Wort erheben, dann deshalb, weil wir glauben, daß es heute immer noch geschieht.

James Petras

Soziale Bewegungen und politische Führungsschichten in Lateinamerika

In den letzten dreißig Jahren haben soziale Bewegungen zweifellos eine entscheidende Rolle im politischen Geschehen gespielt – indem sie für neue Ziele im Prozeß des sozialen Wandels und für neue Formen der politischen Einflußnahme eingetreten sind, aber auch, weil sie in beispielloser Weise gewaltsam bekämpft werden. Es ist die dynamische Kraft dieser Bewegungen, ihre Fähigkeit, riesige Netzwerke in Gang zu halten, die ihnen die Gegnerschaft, die erbitterte Feindschaft der herrschenden Klassen eingetragen hat. So erklärt sich der bemerkenswerte Gegensatz, den wir heute in Lateinamerika erleben: Die Teilnahme der Bevölkerung an demokratischen Prozessen hat sich ausgeweitet und gefestigt wie nie zuvor, aber auch die systematische staatliche Repression erreicht das größte Ausmaß seit der Eroberung des Kontinents.

Das ist kein Zufall. Die zivil-militärische politische Führungsschicht sieht ihre Vorherrschaft bedroht, denn der Aufstieg der basisdemokratischen Bewegungen geht einher mit einem deutlichen Machtverfall der Bourgeoisie. In der Neubegründung einer zivilen Gesellschaft und ihrer Behauptung gegen den Staat nimmt die Politik der Bewegungen ihren Anfang. Es geht darum, gegen die vertikalen Kräfte des Marktes die horizontalen Strukturen der gesellschaftlichen Solidarität zu stärken. Durch Formen der direkten politischen Vertretung, durch Diskussionen in einer Sprache, die jeder versteht, wird ein Gegengewicht geschaffen zum System der indirekten Repräsentanz durch eine elitäre Schicht von Berufspolitikern und zu einem politischen Stil, einem oberflächlichen Diskurs, der bestenfalls als vermittelnd und schlimmstenfalls als manipulativ gelten kann. An der dauerhaften Loyalität der Anhängerschaft ist zu erkennen, daß die Politik der Sozialbewegungen bei den Armen Anklang findet. Den Interessen der Eliten läuft diese Politik in vielfacher Hinsicht fundamental zuwider - deshalb die krankhaft gewaltsamen Abwehrreaktionen.

Im Verlauf der letzten dreißig Jahre sind überall auf dem Kontinent immer wieder soziale Bewegungen entstanden. Dagegen vermochten auch die härtesten Repressionsmaßnahmen nichts auszurichten. Den Bewegungen ist es immer wieder gelungen, Kollektivbewußtsein zu schaffen, sie haben gezeigt, daß sie sich auf gesellschaftliche Erfahrungen gründen und in der lateinamerikanischen Kultur tief verwurzelt sind. Die Politik der Bewegungen entwickelt sich nicht geradlinig, es gibt natürlich immer auch politische Einflüsse von außen - vor allem von Liberaldemokraten, Sozialdemokraten und aus dem populistischen Lager. Im Auf und Ab der Entwicklung sind eine Menge Erfahrungen gesammelt worden. Trotz aller politischen Kursänderungen blieben doch immer die Führungspersönlichkeiten und das kollektive Bewußtsein, um neue Basisaktivitäten zu beginnen. In der Geschichte einer Bewegung geht es nicht immer nur vor- und aufwärts, aber es ist den politischen Führungsschichten und den zivilen und militärischen Machthabern nie gelungen, die Bewegungen dauerhaft zu unterdrücken. Auch haben es weder die Populisten noch die Liberalen geschafft, Wähler und Aktivisten aus der Bewegung auf Dauer in ihr Lager zu ziehen. Allenfalls in Krisenzeiten kamen die Bewegungen und die politische Elite zusammen. Dieses Verhältnis war stets spannungsreich, von wechselseitigen Forderungen gekennzeichnet, und es endete bald in politischen Divergenzen und Spaltungen.

Betrachtet man die wichtigsten gesellschaftlichen Umwälzungen der letzten dreißig Jahre in Lateinamerika, dann steht außer Frage, daß, direkt oder indirekt, die sozialpolitischen Bewegungen die entscheidende Rolle gespielt haben. Es gab in dieser Zeit nur zwei soziale Revolutionen - in Kuba und in Nicaragua - und in beiden Fällen waren es nicht Parteien oder führende Politiker der traditionellen Wählerschicht, die den Umsturz bewirkten, sondern Bewegungen: die »Bewegung des 26. Juli« und die »Sandinistische Nationale Befreiungsfront«. Auch die wichtigsten Landreformen in Lateinamerika (in Peru und unter den Regierungen Frei und Allende in Chile) waren nur möglich, weil zuvor von außerparlamentarischen Bewegungen die nötigen Voraussetzungen geschaffen worden waren - durch direkte Aktionen und eine Mobilisierung der Massen in ungeahntem Ausmaß. Am Sturz von Militärregierungen hatten die Massenbewegungen ebenfalls maßgeblichen Anteil: Die Volksaufstände von 1969 bis 1973 in Argentinien, die in Córdoba begannen; die Kämpfe der Massen in Brasilien, Anfang der achtziger Jahre; die Serie von Generalstreiks in Peru, von Mitte bis Ende der siebziger Jahre. Vor allem den sozialen Bewegungen ist es zu verdanken, daß neue gesellschaftliche Organisationen entstanden sind, die sich der Politisierung und Organisierung jener armen Schichten widmen, die bislang keine Vertretung hatten. In etwa nehmen in Kolumbien 65 Prozent der Wahlberechtigten nicht an den Parlamentswahren teil, aber die sozialen Bewegungen haben ein dichtes Netz von lokalen Organisationen geschaffen, denen viele dieser Nichtwähler angehören. Auch in Guatemala und El Salvador sind Bauern und Indianer, die von der politischen Führungsschicht übergangen oder ausgeschlossen werden, sehr aktiv in der Bewegung.

Durch die sozialen Bewegungen ist eine selbständige politische Kultur entstanden, in der verschiedene Traditionen zusammenkommen: Theologie der Befreiung, Marxismus und Theorien der klassischen Demokratie. Trotz aller Bemühungen ist es den Eliten kaum gelungen, korporative Strukturen durchzusetzen. Ihre Pläne wurden immer wieder durchkreuzt, weil demokratische Massenbewegungen entstanden sind, die neben den autoritären Institutionen des Dirigismus bestehen und diese irgendwann ablösen werden.

Die Demokratisierung der Gesellschaft ist in Lateinamerika viel weiter fortgeschritten als die Demokratisierung des

Staates. Aktionen und Organisationen der verschiedenen Bewegungen haben eine zivile Gesellschaft entstehen lassen, eine Tradition der Teilnahme der Bevölkerung an Versammlungen und Wahlen, die frei ist von den Beschränkungen, autoritären Zügen und elitären Bündnissen, die typisch sind für die Übergabe der Macht an die gewählten Regime. Diese Regierungen, die im Rahmen autoritärer staatlicher Strukturen durch Wahl an die Macht kamen, haben sich zumeist gegen die Bewegungen gestellt. In bestimmten Situationen ließen sie sich durch nachdrückliche Forderungen zu Zugeständnissen bewegen, doch ihre Absichten deckten sich nur selten mit den langfristigen Zielen der Bewegungen.

Der Übergang zur parlamentarischen Demokratie, der in einigen Ländern Lateinamerikas in jüngster Zeit stattgefunden hat, ist eine begrenzte und vermutlich »vorübergehende« Erscheinung. Wenn man die Klassenbindung der gewählten Führungen bedenkt, ihre Verpflichtung gegenüber ausländischen Banken und den Reichen im Lande, dann ist ihre enge Zusammenarbeit mit den Militärs nicht überraschend. Dieser wahlpolitisch aktiven Schicht schien die Militarisierung der Politik das rechte Mittel gegen den wachsenden Einfluß der sozialen Bewegungen - eine Radikalisierung der politischen Auseinandersetzungen war die Folge. Den wirtschaftlichen Niedergang und die zunehmende Polarisierung der Gesellschaft konnten weder die neoliberalen noch die nationalistisch-reformistischen Strategien abwenden. Es ist den gewählten Führungen nicht gelungen, die Macht zu konsolidieren und die Vorherrschaft über die Zivilgesellschaft zu sichern.

Zugleich steht außer Frage, daß die Niederlagen, die die sozialen Bewegungen in den letzten zehn Jahren hinnehmen mußten, nur zeitweilige Rückschläge waren, keine historische Wende. Die Bewegungen sind weder um Jahrzehnte zurückgeworfen worden, noch wurde die Volksmacht zerschlagen. Seit Ende der achtziger Jahre geht es mit den sozialen Bewegungen überall wieder aufwärts, allerdings ist die Entwicklung uneinheitlich, ihr Tempo hängt von den unterschiedlichen polit-ökonomischen Voraussetzungen ab.

In Chile und in Mexiko sind die Bewegungen gegen Militär- und Parteidiktatur angetreten, sie fordern politische und soziale Demokratisierung. Es waren Erfolge der Massenmobilisierung der Bewegungen, daß Pinochet bei der Volksabstimmung eine schwere Niederlage erlebte und daß Cardenas in Mexiko seinen Wahlsieg nur durch Betrug sichern konnte. Auf nationaler Ebene sind die Bewegungen nicht so stark wie an der Basis, deshalb gelingen der politischen Führungsschicht in bestimmten Situationen immer noch Manipulationen. Weder von den ehemaligen PRI-Führern um Cardenas noch von den chilenischen Christdemokraten ist eine Politik zu erwarten, die günstige Bedingungen für die Konsolidierung der Bewegungen bietet. Aber der Einfluß der Bewegungen ist nicht zu unterschätzen: Sie untergraben die bestehenden politischen Monopole und dürften unter den neuentstandenen parlamentarischen Bedingungen gute Chancen haben, ihren sozio-ökonomischen Forderungen an die traditionelle politische Führung Nachdruck zu verleihen.

In Argentinien, Kolumbien, Guatemala und Bolivien spielen inzwischen die Arbeiter- und Bürgerbewegungen, verschiedentlich auch die Bauernorganisationen wieder eine wichtige Rolle. Sie haben sich auf den »ökonomischen Abwehrkampf« eingerichtet: Sie treten an gegen sinkenden Lebensstandard, Privatisierung von Industriebetrieben und Schließung staatlicher Unternehmen, gegen die Menschenrechtsverletzungen von seiten des Staates.

In Brasilien sind die Sozialbewegungen bereits in die Offensive gegangen. Sie kämpfen gegen die Machtstellung und die Vorrechte der Regierungspartei und unterstützen die radikale politische Opposition (»PT« und »PTB«), von der sie mehr Verständnis für die Forderung nach sozialökonomischen Veränderungen erwarten. Wenn man sich allerdings die Wahlkandidaten dieser Parteien ansieht, die nur zu bereit sind, sich als »Krisenmanager« einsetzen zu lassen, dann muß man den Bewegungen anraten, sich in ihrer

»offensiven« Politik nicht auf die parlamentarische Ebene zu beschränken. Es könnte ihnen sonst passieren, daß sie sich bald wieder im Abwehrkampf befinden - und zwar gegen »ihre« gewählten Vertreter.

In El Salvador und in Peru sind die Volksbewegungen eindeutig in der Offensive. Durch die militärische Stärke und die politische Unterstützung der FMLN hat sich eine Doppelherrschaft etabliert, die für die Militärregierung und die christdemokratischen Führer eine wirkliche Bedrohung und Herausforderung bedeutet. In Peru beherrschen die Sozialbewegungen alle wichtigen Bereiche der Gesellschaft, die städtischen Geschäftsstraßen und großen Plätze sind in ihrer Hand, überall in den Slums der Städte und in den Dörfern sind sie fest verwurzelt. Auch die Guerillabewegungen gewinnen an Stärke, sie sind inzwischen auch in den wichtigsten Städten organisiert und nehmen ganz offen an den großen Demonstratioen teil: Staat und Regime befinden sich in einer Art Belagerungszustand. Die Situation in El Salvador wie in Peru läßt den Griff der Volksbewegungen nach der Staatsmacht denkbar erscheinen - aber auch drastische und blutige konterrevolutionäre Aktionen von seiten des Militärs und der herrschenden Klassen.

Den Bewegungen ist gemeinsam, daß sie eine zentrale Rolle im Demokratisierungsprozeß spielen - mehr noch: Sie leiten eine Neubestimmung des Verhältnisses von Staat und Gesellschaft ein. Ihre Aktivitäten haben neue Formen politischer Erfahrung ermöglicht und eine neue Tradition politischer Praxis gestiftet, die mit dem postmodernen »Diskurs« nicht das geringste gemein hat. Nicht das Ende der Ideologien steht auf der Tagesordnung, sondern eine Ideologie, die der Basisdemokratie verpflichtet ist. Die Klassenpolitik ist nicht etwa von der »Modernität« abgelöst worden, sondern sie hat neue Kraft gewonnen, neue Formen der Auseinandersetzung gefunden. Aus der Sicht der Bevölkerung muß der politische Diskurs der postmodernen Ideologien wie ein Alptraum wirken: Die Idee der *»concertation social«,* des »sozialen Paktes«, wird von den liberalen parlamentarischen Regimes als Formel für die Einbindung der

Arbeiterbewegung in ihre neo-liberalen Wirtschaftsstrategien benutzt. Nachdem das Ergebnis dieser Burgfriedenspolitik wiederholt so aussah, daß die Löhne eingefroren wurden, während die Preisspirale sich weiter nach oben drehte, verloren die Bewegungen allmählich den Glauben an die Beteuerungen der Regime, daß »alle gleichermaßen Opfer bringen müssen, um die Demokratie zu konsolidieren«.

Inzwischen sind die postmodernen Vorstellungen von einer demokratischen klassenlosen Gesellschaft schon kein Thema mehr. Die Sparprogramme, die nur einer Klasse nützen, der großangelegte Devisentransfer zu ausländischen Banken, die verstärkte Zusammenarbeit zwischen den liberalen Regierungen und dem Militär - all das hat bei den Aktivisten an der Basis die letzten Illusionen über das postmoderne Gerede zerstört. Heute beginnt in Lateinamerika jede Diskussion über politische Strategien und soziale Mobilisierung mit der Frage nach der Klassenbasis der parlamentarischen Führungsschicht.

Die Vertreter der postmodernen Ideologie haben sich bemüht, eine neue Synthese aus Liberalismus und demokratischem Sozialismus zu fabrizieren, die getragen sein sollte von neo-liberaler Wirtschaftspolitik, Parlamentarismus und der Beschwörung einer »zivilen Gesellschaft«. Das hat nicht funktioniert, weil die Marktgesetze eine Polarisierung der »zivilen Gesellschaft« bewirkt haben. Die politische Führungsschicht hält sich an die kapitalistischen demokratischen Spielregeln, und das muß zum Konflikt mit den sozialen Bewegungen führen, die sich nach den Bedürfnissen ihrer verarmten Anhängerschaft richten. So konnte diese harmonisierende Politik keinen Bestand haben, die von den postmodernen Ideologien als realistische Möglichkeit einer Konsolidierung der Demokratie propagiert wurde: zu drastisch war der Widerspruch zwischen der Konzentration und Zentralisierung im Bereich von Finanzkapital und Außenhandelswirtschaft und dem Lohnverfall und der fortschreitenden Verarmung der Arbeiterklasse. Nachträglich wird klar, daß gerade die Postmodernisten für den

Niedergang der parlamentarischen Regime verantwortlich waren: Sie haben sich bereit gefunden, auf Kosten der Demokratie einen Pakt mit dem abdankenden Militär zu schließen, sie haben die Zahlungsverpflichtungen und das neo-liberale Konzept der Exportorientierung akzeptiert. Nur unter diesen Voraussetzungen konnte es zu einer so tiefgreifenden gesellschaftlichen Zerrüttung kommen.

In der politischen Praxis der sozialen Bewegungen hat die postmoderne Ideologie ausgespielt, aber die Intellektuellen in Lateinamerika, die in Amt und Würden sind, haben solche Vorstellungen noch nicht aufgegeben. Nach wie vor sind sie dem polit-ökonomischen Wertsystem ihrer ausländischen Geldgeber verpflichtet, sie versuchen, zwischen den sozialen Bewegungen und der politischen Führungsschicht zu vermitteln, den Widerspruch zwischen der Einstellung der Schuldenzahlungen und dem Fortbestehen finanzieller Bindungen an das Ausland (darunter ihre eigenen) auszugleichen. Daß gelegentlich eine Art Arbeitsbeziehung hergestellt wird und Gelder für Forschungs- und Bildungszwcke an die Bewegungen gehen, kann nicht über die grundlegenden Divergenzen zwischen den sozialen Bewegungen und den Intellektuellen in den Institutionen hinwegtäuschen. Paradoxerweise könnte der Aufstieg der Bewegungen und der Niedergang der parlamentarischen Regime dazu führen, daß den Instituten in Lateinamerika wieder mehr Fremdmittel zufließen, weil die ausländischen Geldgeber sich zunehmend für die möglichen Revolutionen interessieren, die ihre langfristigen Interessen bedrohen könnten. In diesem Zusammenhang könnten die Experten und Berater in den Institutionen nützlich sein, wenn es ihnen gelänge, die Bewegungen vom »demokratischen Klassenkampf« zu überzeugen, sie dazu zu bringen, ihren Kampf nur im Rahmen des parlamentarischen Systems zu führen.

Mit all den intellektuellen, wahlpolitischen oder gar militärischen Mitteln wird aber das Wiedererstarken der Massenbewegungen letztlich nicht zu verhindern sein. Die objektiven Bedingungen für eine Wiederkehr revolutionärer Politik wachsen. Die große Frage ist, ob sich die Kräfte und Personen finden werden, denen es gelingt, die lokalen basisdemokratischen Forderungen in ein politisches Projekt auf nationaler Ebene umzusetzen und die Macht zu ergreifen. Kann die Vielzahl verschiedener Bewegungen geeint werden zu einer Kraft, die nicht nur in der Lage ist, reaktionäre Machthaber - ob Militärs oder parlamentarische Regime - zu stürzen, sondern auch eine Führung einzusetzen, die von der Bewegung kontrolliert wird? Werden die Bewegungen eine wirksame Strategie gegen die zunehmend militärische Repressionspolitik der Wahlregimes entwickeln? Können Volksbewegungen und Guerilla eine gemeinsame Aktionsbasis finden, die eine basisdemokratische Lenkung militärischer Operationen einschließt? Und wird es den Bewegungen gelingen, aus den Institutionen und Versammlungen der Volksmacht neue Formen der direkten Repräsentanz auf nationaler Ebene zu entwickeln?

Im Verlauf dieses »verlorenen Jahrzehnts« haben die Mißstände immer stärker zugenommen - nun wird bald eine neue große Auseinandersetzung fällig sein. Mit dem Anwachsen der Volksbewegungen stellt sich die Frage nach der Macht im Staate. Wird die Linke ihre historischen Chancen nutzen?

Elena Poniatowska

Erinnerung und Identität

Anmerkungen zur Geschichte und Kultur Lateinamerikas

Welches sind die Erkennungsmerkmale eines Menschen? Seine unveränderlichen Kennzeichen, sein Geschlecht, sein Alter, die Farbe seiner Augen, die Höhe in Zentimetern, die er sich über den Erdboden erhebt, die eine oder andere Narbe, eine Brille, ein Muttermal an der Lippe vielleicht. Solche Merkmale finden sich in einem Reisepaß, einem Personal- oder Studentenausweis, der Anerkennung einer Existenz auf Erden, der verbrieften Daseinsberechtigung. Wie viele Menschen in Lateinamerika haben solch ein Dokument? Die Armen natürlich nicht, und die Campesinos, die mit Zapata »Land und Freiheit« gerufen haben, halten die vergilbten Urkunden, die ihnen das geheiligte Recht auf das Land ihrer Väter verbriefen, in gleicher Verehrung wie das Bildnis der Jungfrau von Guadalupe. Wohlverwahrt im Schulterbeutel haben sie es ungezählte Male in die Hauptstadt getragen, das verbriefte Landrecht, das die gesegnete Revolution ihnen beschert hat, das vom Ministerium für Landreform jedoch als Eigentumsnachweis nicht anerkannt wird, da man in Mexiko das Land nach Schichten verteilt, die bis in den innersten Kreis der Hölle reichen. Längst haben Regierungsbeamte es unter sich und ihre Vettern aufgeteilt, und wir erinnern uns an die Regierungszeit des Präsidenten López Portillo, in der es Mode war, ihm nicht nur Reitpferde zu schenken, sondern gleich ganze Landgüter dazu, auf denen sie weiden konnten.

Welches sind die Erkennungsmerkmale eines Landes? Der Raum, den es auf der Erde einnimmt, sein Alter, gerechnet von dem Augenblick, in dem es entdeckt wurde und seinen Namen erhielt (Lateinamerika ist da noch ein junger Löwe, der 1992 erst fünfhundert Jahre alt wird), seine Entwicklungsgeschichte, das heißt sein im Verlauf der Weltgeschichte zurückgelegter Weg, seine individuelle Geschichte von Eroberung, Besetzung, Gewalt und Unterdrückung, Verlust der Selbstbestimmung, Zerschlagung seiner Werte, schrittweise Befreiung und Herausbildung von Eigentümlichkeiten (ein Wort, das mir nicht gefällt, weshalb ich lieber von Charakter spreche, von der besonderen Art, zu sein, die sich die Menschen dieses Landes bewahrt haben, obwohl der koloniale Terror ihre Götter und Altäre zerstört hat). Ihren Geist hat er dennoch nicht zerstören können, und Tonantzín ist unsere Mutter in der Jungfrau Maria, die aus Spanien kam; und auch unsere innere Kraft oder die sublime Gleichgültigkeit nicht, die uns am Rande der Tragödie am Leben hält oder in jenem Zwischenraum, der den Unschuldigen vorbehalten ist und der den Namen Vorhölle trägt.

Könnten wir von einem Raumfahrzeug aus auf die Entwicklung und die Umwälzungen herunterschauen, die der Amerika genannte Kontinent erlebt hat, seit Christoph Kolumbus 1492 über ihn stolperte, als er eigentlich ein anderes Land suchte, dann sähen wir, wie unvorhersehbar und daher ungleich unsere Länder untereinander sind, und wir kämen zu dem Schluß, daß das einzige, was uns wirklich miteinander verbindet, die Sprache ist, die Ausbeutung und das Elend. Entdeckung zu nennen, was nicht nur längst entdeckt, sondern auch bewohnt war und über eine ältere Kultur als die der christlichen verfügte, ist nichts weiter als europäischer Größenwahn. Für die Rothaut, für den Azteken, den Inka, den Purépecha, den patagonischen Riesen war das nur eine Begegnung mit neuen Dingen wie dem Schießpulver und dem Rad, dem Pferd, das den Eroberer zu einem Zentauren machte, einer anderen Art zu schreiben und einer Herrschsucht von bisher unbekanntem Ausmaß, einem anderen Gott, der gleichwohl dem erwarteten Quetzalcoatl glich, und verlorenen Kriegen.

Die Kartographen jener Zeit (natürlich Europäer) wußten so gut wie nichts über den Kontinent, den sie Stück für

Stück auf ihre Landkarten brachten, indem sie Inseln zeichneten, wo Festland war, den Kontinent fortsetzten, wo Inseln waren, das Meer wogen ließen, wo Flüsse flossen, und den Seefahrer in die Irre lockten, indem sie ihn durch Meerengen führten, die sich als Buchten ohne Ausweg erwiesen, alles ein gigantisches und nicht zusammenpassendes Puzzle. Dieses von den Himmeln aufgeschüttete Land mit seinen quälenden Bildern von Seekühen und Schneckenmuscheln unter den störrischen Wellen verschlungener Flüsse, von Bergrücken, die wie Knotenschnüre zum Trocknen in der Sonne hängen, dem Flickwerk der Grenzen, das jederzeit zu zerreißen droht, seinen Wäldchen und Pflanzungen, hingeschmiegt in den unzugänglichsten Regionen, hat die Konfusion dieser anfänglichen Kartographie offenbar unterstützt, und so flattern die Enden der Länder im Wind, die Flüsse fließen, wo sie nicht dürfen, und die Fälle des Iguazú stürzen auf Portugiesisch in die Tiefe, und ihr nationalistisches Brausen ist längst ohne Sinn, da die Augen der Staunenden sie als Besitztum der Menschheit betrachten. Unter diesen Voraussetzungen oder Verstümmelungen der Kartographen haben wir immer gelitten; und heute sind es die Vereinigten Staaten, die sich unsere Isolation und Schwäche zunutze machen und mit dem Rotstift der Verschuldung auf uns herumkritzeln, deren gewaltige, erdrückende Last uns den Atem nimmt. Denn das große Joch Lateinamerikas ist seine Verschuldung. Unsere Schwierigkeiten sind weniger politischer als wirtschaftlicher Art. Der bestimmende Faktor ist der Wirtschaftsfaktor, und seine Allmacht paralysiert uns. Wie können wir mit der Wirtschaft der Vereinigten Staaten, Japans oder der Europäischen Gemeinschaft konkurrieren? Bis heute sind wir immer nur billige Arbeitskraft, Kanonenfutter und Manövriermasse in den Montagehallen der anderen gewesen.

Heute wissen wir in Lateinamerika mehr voneinander, als die kolonialistischen Länder wußten. Wir wissen, daß es keinen wirklichen Unterschied gibt zwischen Mexiko und Peru, wie es auch keinen wirklichen Unterschied zwischen einem bolivianischen und einem mexikanischen Bergarbeiter und einem salvadorianischen, einem guatemaltekischen oder honduranischen Landarbeiter gibt. Eine Quesadillaverkäuferin in Pachuca unterscheidet sich nicht von einer Salteñaverkäuferin in La Paz, und unsere schlitzäugigen Kinder sehen überall verblüffend gleich aus. Rigoberta Menchú unterscheidet sich von einer Mazahua, die auf einer Straßenkreuzung *chiclets* verkauft, nur durch ihre aufrechte Haltung, die die Selbstachtung ihr verleiht und die Kraft ihres Kampfes für Guatemala. Dasselbe gilt für Domitila, die Frau des bolivianischen Minenarbeiters, die sich erlaubt hat, zu der Welt zu sprechen. Die Welt kennt jetzt ihre Lebensumstände, aber sonst unterscheidet sie nichts von einer kräftig-resoluten Fabrikarbeiterin aus Tlanepantla. Der Chamula Juan Pérez Jolote hätte ebensogut in Guatemala wie in Chiapas geboren sein können, und die salvadorianischen Soldaten gleichen unseren khakifarbenen, braunhäutigen Juans aufs Haar. Wir sind uns sehr nah, aber wir wissen es nicht. Früher waren wir uns ähnlicher, das stimmt, die Ähnlichkeit war unübersehbar und ist es auch heute noch; nur wird – damit wir es nicht merken – der Blick dafür durch die Vordergründigkeit nationaler Eigenarten verstellt, durch sprachliche Besonderheiten, typische Trachten, andere Nationalgerichte und die Überfremdung unserer Kulturen.

Das Wortspiel »von Guatemala nach Guatepeor gehen« – was im übertragenen Sinn »vom Regen in die Traufe kommen« heißt, sobald man eine Landesgrenze überschreitet – zeigt, daß wir noch immer nicht gelernt haben, auf unsere lateinamerikanische Identität stolz zu sein. Die armen Verwandten werden herablassend behandelt, und solches Verhalten ist ein Indiz für den Stand unseres Bewußtseins von lateinamerikanischer Identität. Schließlich leben wir alle in ständiger Erwartung der Katastrophe, die uns vernichten wird. Unsere Geschichte ist eine magische Geschichte, eine Geschichte des Elends und der Einsamkeit, und kein Philosoph hat uns je eine wirkliche Definition unseres Selbst gegeben, kein Philosoph hat uns gelehrt, stolz auf uns zu sein. Unsere Präsidenten sind nur daran gewöhnt, mit den

Vereinigten Staaten zu verhandeln, und zu ihnen unterhalten sie ihre wichtigsten Beziehungen. Trotzdem lassen die Länder Lateinamerikas, die sich untereinander recht ungezwungen geben, im Umgang mit den Vereinigten Staaten größte Vorsicht walten, da sie ihnen gegenüber stets im Nachteil gewesen sind. Der salvadorianische Dichter Roque Dalton hat das sehr treffend beschrieben:

> »Der Präsident meines Landes
> heißt jetzt und heute Oberst Fidel Sánchez Hernández.
> Aber General Somoza, der Präsident von Nicaragua,
> ist auch Präsident meines Landes.
> Und General Stroessner, der Präsident von Paraguay,
> ist auch ein bißchen Präsident meines Landes,
> wenn auch weniger als der Präsident von Honduras.
> ...
> Und der Präsident der Vereinigten Staaten
> ist mehr Präsident meines Landes
> als der Präsident meines Landes.«

Jetzt und heute vergeht viel Zeit, bis wir einer vom anderen etwas erfahren. Wir sind zwar informiert, aber es fehlt die Kontinuität, und vor allem findet Informationsaustausch nur in unserer gemeinsamen Eigenschaft als Schuldnerländer statt. Die Verschuldung ist unser Joch, unsere Verdammnis. Der bolivarische Traum bleibt, was er immer war: ein großer Traum. Er würzt die vaterländischen Reden und hält sich ansonsten fern, fern am Horizont, den niemand erreichen kann, und ist nur eine Bereicherung in unserer ohnehin schon blumigen lateinamerikanischen Sprache. José Enrique Rodó schrieb 1910: »Ich habe es immer für unmöglich gehalten, unser Amerika als eine Vielzahl von Vaterländern zu sehen, sondern habe es stets als ein einziges großes Vaterland betrachtet.« Kehrte Rodó heute zurück, würde er sich wundern, wie die unabdingbare Einheit umformuliert worden und einer systematischen Vereinzelung gewichen ist. Wir sind zwar nahe daran, aber wir wollen es noch nicht wahrhaben. »Vaterland ist für die Hispanoamerikaner das

Spanische Amerika«, fügt Rodó hinzu, und er verfocht sein Leben lang den Gedanken des Spanischen Amerika, das als eine große, unvergängliche Einheit begriffen werden sollte, als ein erhabenes, gewaltiges Vaterland mit seinen Helden, seinen Lehrern und seinen Tribunen: vom mexikanischen Golf bis zum ewigen Eis des Südens. Er entwarf das Gebilde dieses großen Vaterlandes am Beispiel der Schriftsteller und Denker: »Sarmiento, Bilbao, Martí, Bello und Montalvo sind nicht die Schriftsteller dieses oder jenes Teils von Amerika, sondern sind Bürger des amerikanischen Denkens.«

Die Lateinamerikanisten José Carlos Mariátegui (Peru), José Enrique Rodó (Uruguay), José Martí (Kuba), José Vasconcelos (Mexikos) und José María Morelos (Mexiko) - wie viele Josés, alles Josés! - und wo bleibt die Jungfrau, und vor allem das Kind, dessen Vater sie werden wollten und das Amerika-einiges-Vaterland hätte heißen könnten? - waren die Urheber dieses Vaterlands, dem man auf verschiedene Art und Weise angehört, jedoch mit einer Intensität, die durch Tyrannei und Unterdrückung, durch die Sicherheit der Sprache und durch gemeinsame Feinde bei allen gleich ausgeprägt ist. Trotz dieser Intensität haben wir die lateinamerikanische Integration dennoch nie als eine Sache des Überlebens begriffen. Jedes Land steckt bis zum Hals in eigenen Schwierigkeiten, wir leben fast ständig im Ausnahmezustand, am Rande der Katastrophe, sowohl der Natur als auch der unserer Wirtschaft. Kehrten sie heute auf die Erde zurück, die unseren Kontinent in einem einzigen Atemzug vereinten, sie würden alles beim alten finden: Ob kleines Land oder großes Land, obschon ein und demselben Kontinent angehörend, steht jeder für sich allein, die Zwistigkeiten erneuern sich mit jeder Mannschaft, die das nationale Ganze zu repräsentieren vorgibt. Weder El Salvador noch Honduras haßt Nicaragua, aber die internationalen Presseagenturen und die von den herrschenden Klassen gestiftete Verwirrung lassen den Eindruck von nationalen Unvereinbarkeiten entstehen. Folgen wir der Landkarte von Norden nach Süden, streiten sich El Salvador und Nicaragua, wird Panama vom Kanal durchtrennt oder besser gesagt verstümmelt, ficht Bolivien seinen historischen Kampf um einen Zugang zum Meer durch die Atacamawüste, Argentinien und Paraguay bekriegen sich wegen der Chacogrenze, und von den Grenzkriegen bis zum »Fußballkrieg« wird offenbar ununterbrochen alles darangesetzt, um Trennendes hervorzuheben und auf ewig zu besiegeln.

Die anfänglich von den Spaniern nach den Cortes von Cádiz vorgenommene Einteilung in Vizekönigreiche während der »Kolonie« bis Mitte des 19. Jahrhunderts entfacht unter den neuen Republiken offenen Streit um einige Gebiete, deren Grenzen ziemlich diffus sind, wie in den trotz internationaler Vermittlung heute noch immer nicht ganz geklärten Fällen, deretwegen sich Mexiko und das Vereinigte Königreich in den Haaren liegen. Was für uns Belize ist, ist für das Vereinigte Königreich Britisch Honduras, und Guatemala reklamiert es als eigenes Staatsgebiet, wie übrigens auch eine zweifelhafte Region weiter südlich am Rio Suchiate. Mehrere Jahrzehnte gaben das Gebiet des Soconusco sowie die Annektierung von Chiapas durch Mexiko Anlaß zu internationalen Kontroversen. Dieselben Streitigkeiten gibt es heute immer noch, nur sind es keine Konflikte zwischen Völkern mehr, sondern zwischen Eliten. Argentinien hält ein Auge auf das perfide Albion und auf die Falklandhexe, Frau Thatcher; und Mexiko, das zu Zeiten seines Präsidenten Echeverría der große Führer des Kontinents zu werden hoffte, muß sich damit begnügen, die verlorene Hälfte seines Territoriums durch die Heerscharen der Arbeitsemigranten zurückzugewinnen. Welche Massen von Mexikanern leben heute in den Vereinigten Staaten! Wie viele Lateinamerikaner kommen vom Süden herauf, auf der Suche nach Arbeit, die ihre Länder ihnen zum großen Teil deshalb nicht geben können, weil die Vereinigten Staaten, das reichste und fortgeschrittenste Land der Welt, die Spielregeln bestimmen!

Bernardo Quintana, der mexikanische Bauingenieur, der das beste Bauunternehmen Lateinamerikas gegründet und zahlreiche Wettbewerbe für berühmte Bauwerke gewonnen hat, sagte einmal, es sei schwierig für ihn, in Mittelamerika zu arbeiten, denn ein Staudamm, in Hondoras begonnen, ende bei seiner Fertigstellung plötzlich in El Salvador, so daß, weil man sich sonst fühle wie bei der Reise nach Jerusalem, wenn man mit einer Gesäßhälfte auf dem Stuhl des Nachbarn lande, die Verträge am besten gleich mit beiden Ländern abgeschlossen würden. Und er fügte ein wenig herablassend hinzu: »Warum tun sich all diese Ländchen nicht einfach zusammen?«

Es stimmt, im Lauf unseres fünfhundertjährigen Lebens (1992 feiern wir den Geburtstag), und die Geschichte bestätigt das, ist der Kulturaustausch mit den Ländern Europas, denselben, die uns kolonisiert und unsere Bräuche zerstört und ihre eigenen durchgesetzt haben, weiter fortgeschritten als der unter uns selbst. Heute, im 20. Jahrhundert, suchen wir ihn mehr mit den Vereinigten Staaten und ihren bewunderten technologischen Errungenschaften als mit irgendwem sonst, denn, wie Jesusa Palancares zu ihrem Mann Pedro Aguilar im »Allem zum Trotz...« sagt: »Wenn Sie mich schon betrügen, dann suchen Sie sich wenigstens was Besseres, 'ne kleine Blonde, die's wert ist, und keine, die genauso eine dunkelhäutige India ist, wie ich.« Wir sind der natürliche Markt der Vereinigten Staaten, ihre Bananenrepubliken, ihre American Smelting, Ocean Pacific und United Fruit, sind ihre nicht regenerierbaren natürlichen Ressourcen, ihre unterbezahlten und stets verfügbaren Arbeitskräfte, ihre »brownies« und ihre »mexican little jumping beans«, wir machen für sie den Affen, und das Schlimmste ist, daß wir untereinander so tun, als kennten wir uns nicht. Klar, wir sprechen die gleiche Sprache, und wir haben mehr oder weniger die gleichen handwerklichen Fähigkeiten, weil der armen Länder gemeinsamer Nenner die Volkskunst ist, das Produkt von Einfallsreichtum und Selbstlosigkeit, aber die Unterschiede, die Grenzstreitigkeiten sind immer noch da, bestehen weiter, und das »lateinamerikanische Ideal« sieht sich genau wie zu Beginn des Jahrhunderts mit den von lokalen Oligarchien angeführten Nationalismen konfrontiert. Unsere kulturelle Versorgung suchen wir jenseits dieser Grenzen, aber nicht in Venezuela, Peru oder Guatemala, sondern in den Universitäten Nordamerikas mit ihren überaus aktiven Abteilungen für Spanisch und Portugiesisch (Julio Cortázar sagte, von zwei Monaten Unterricht in den USA habe er ein ganzes Jahr lang ohne Arbeit in Paris leben können), und die letzten Weihen erhalten wir immer noch in Europa oder den Vereinigten Staten und nicht in Brasilien oder Argentinien. Aber trotz allem lebt die lateinamerikanische Einheit weiter. Wie das Volk aller unserer Länder ist sie von einer erstaunlichen Widerstandskraft.

Spanien hatte zwar den größten Teil unseres Kontinents okkupiert, aber niemals eine Einheit erreicht, denn sowohl die ersten englischen Niederlassungen, aus denen die Vereinigten Staaten hervorgegangen sind, als auch Länder wie Portugal, Holland und Frankreich haben zu irgendeiner Zeit Inseln und Festlandteile beherrscht, wie es von der Südspitze des Kontinents - mit den Falklandinseln - über all die Guayanas, Belizes, Guadaloupes, Martiniques, Haitis, Puerto Ricos, die großen und kleinen Caymans bis zum Nordatlantik - mit den Bermudas - heute noch der Fall ist. Kann man da von einer demographischen Einheit sprechen? Von einer geographisch-politischen Einheit? Ja. Weil die große lateinamerikanische Einheit trotz allem weiterbesteht.

Schon die Eroberer fanden auf unserem Kontinent unterschiedliche oder verwandte Volksgruppen vor, sich ähnelnde oder unterscheidende Religionen, verschiedene Sprachen, Literaturen wie die der Nahuatl, Philosophen wie die der Maya und Quechua und mathematische sowie astronomische Wissenschaften ebenfalls bei den Mayas. Die Eroberer gaben uns unsere heutige lateinamerikanische Identität, indem sie uns ihre Sprache aufzwangen, ihr Ideal von der Kleinfamilie, ihren Glauben, ihren Machismo (denn von einem indianischen Machismo ist nichts bekannt); und die Philosophie der Nahuatl bescherte uns Gedichte von Blumen und Gesängen, Lebenslust und Einsicht in die Vergänglichkeit unseres Daseins auf Erden, in dem auch die Frauen Blumen sind, weshalb, um nicht zu welken, groß die Sorgfalt sein müsse, die die Jungfrau ihrem Leib und ihrer Ehre angedeihen lasse, ihrem Körper, der ihre Ehre ist, ihr Geschenk aus dem Jenseits, Kollier von edlen Steinen, wie der Vater sie nennt, wenn er sie im Wissen des Lebens unterrichtend auf seinem Schoße wiegt: mein Märchen, mein Mädchen, meine Quetzalfeder, mein Töchterchen, mein einziger Schatz.

Obwohl die Mannigfaltigkeit der Sprachen sich langsam verliert, erleiden wir heutzutage gewissermaßen einen neuen Verlust; unser Sprachreichtum schmilzt durch Assimilation dahin und wird durch die Massenmedien zerstört. Zugleich gewinnen wir aber die idiomatische Einheit. Fernsehserien wie »El Chavo del ocho« und »Chapulín Colorado« haben die Sprache der Kinder in Peru, Kolumbien, Guatemala und Mexiko vereinheitlicht. Was »El Caló« trennt, fügt die »telenovela« zusammen. Es gibt aber einen tiefsitzenden sprachlichen Widerstand, den die Medien nie werden brechen können. Cervantes wird stets von größerer Bedeutung sein als Raúl Velasco, und die alte Stimme der Araukarie wird auch in Zukunft das Rennen machen. Lesen ist die Grundlage unseres kulturellen Widerstands, und die archaische Sprache der Völker ist ein Teil ihrer Seele, sozusagen ihr Geist. Ein in Mexikanisch geschriebener Roman wie *Pedro Páramo* hinterläßt tiefere Spuren als alle »telenovelas« mit Lucia Méndez oder Verónica Castro zusammen. Lust an der Sprache zu wecken, ist unser wichtigster Beitrag. Rulfo in Mexikanisch, Cabrera Infante in Kubanisch und Cortázar mit seinen Geschichten und Rayuelas in der Mundart des Rio-de-la-Plata-Beckens. *Der schönste Tango der Welt* von Manuel Puig spricht die Sprache der argentinischen Mittelklasse und funktioniert in ganz Lateinamerika. Luis Rafael Sánchez' Roman *La Guaracha del Macho Camacho* ist praktisch ein einziger puertoricanischer Gesang und findet in ganz Lateinamerika begeisterte Leser. Für unser amerikanisches Spanisch oder Kastilisch wird man bald ein Wörterbuch benötigen, wenn die Entwicklung dessen fortschreitet, was in Zukunft einmal Mexikanisch, Argentinisch, Kubanisch oder Salvadorianisch heißen wird; denn in El Salvador sagt man zu Kindern »guagüitas«, und in Kuba sind die »guaguas« Autos, und weil mit der »concha«, die in Mexiko ein rundes, süßes und knuspriges Weißbrot ist, in den anderen Ländern unseres Kontinents nichts anderes als das weibliche Geschlecht - das mithin dieselben Merkmale aufweisen kann - bezeichnet wird; und zwar in allen nur denkbaren Tonarten: poetischen und anderen.

Die Bemühungen, zumindest die Außenpolitik unserer Länder zu vereinheitlichen oder sie zu einem einheitlichen Auftreten dem Rest der Welt gegenüber zu bewegen, bilden eine lange Kette von Fehlschlägen. Man braucht nur an die OAS zu denken und wie sie blockiert und unterlaufen wird, je nach dem, welcher Großmacht sie nützt oder schadet. Die Bemühungen von Contadora, die initiiert zu haben Mexiko sich rühmen darf, haben die Spannungen zwischen Nord und Süd nicht abgebaut. Immerhin haben sie, obwohl der nordamerikanische Imperialismus durch nichts zu überzeugen war (weil ein Imperialismus durch nichts und nie zu überzeugen ist), viele Tote vermieden. Amerika, das sind wir alle; die im Süden und die im Norden, und der Astronom Guillermo Haro, der gewohnt ist, die Erde aus der Höhe des Alls zu sehen, ärgerte sich zu recht, daß die Vereinigten Staaten sich als »die Amerikaner« bezeichnen, obwohl sie doch nur Nordamerikaner sind, denn die anderen, das heißt die Mehrheit, sind wir, die Latinos, die Bewohner von Mittel- und Südamerika.

Abgesehen von den Einwanderern, die heute aus dem Osten nach Amerika kommen, scheint die massenhafte Abwanderung von Europa nach Lateinamerika, das auch nicht mehr das Land der Verheißung ist, das es vor allem nach dem Zweiten Weltkrieg einmal war, spürbar nachgelassen zu haben. Heute käme es keinem Europäer mehr in den Sinn, »nach Amerika zu gehen« und sich mit einem Stück Brot, einem Käse und einer Flasche Öl im Bündel im Laderaum eines Frachters über den Ozean schaukeln zu lassen, um dann in Ellis Island oder auf der Triscornia-Insel in Quarantäne gesetzt zu werden. Diese Zeiten sind vorbei, und außer Hunger gibt es in Lateinamerika ja auch noch Revolutionen, Revolten und Massaker. Heute geht die Emigration vom Süden des Kontinents nach Norden, weil das uneinige Lateinamerika seinen Bewohnern nichts mehr geben kann und die Sonne da oben strahlt und grün ist und mehr wert ist als all die ärmlichen Münzen, die einem da unten in die Hand gedrückt werden. Der seligen ALALC (Asociación Latinoamericana de Libre Comercio) war nur ein kurzes Leben beschieden. Der Handelsumschlag der Barlovento-Flotte oder der Warenverkehr zwischen Mexiko und den Philippinen zu Zeiten der Kolonie war im Verhältnis zur damaligen Bevölkerungsdichte wesentlich bedeutender und das gesamte Handelsvolumen höher als der Warenaustausch zwischen den lateinamerikanischen Ländern heute. Das Ausland bezieht heute von uns Kaffee, Zucker, Zinn, Kupfer, Silber, Gold, Vanille, Sisal, Erdöl und manch andere Produkte zu einem Preis, der von den internationalen Abnehmern diktiert wird.

Allein in bezug auf seinen Ausspruch von den Bürgern des amerikanischen Denkens dürfte José Enrique Rodó von Lateinamerika nicht enttäuscht sein, denn den Namen Sarmiento, Bilbao, Martí, Bello und Montalvo können wir noch die von Gallegos, José Eustasio Rivera, Güiraldes, López Velarde, Vallejo, Neruda, Miguel Angel Asturias, Alejo Carpentier, Borges, Paz, Fuentes, García Márquez, del Paso, Luis Cardoza y Aragón und vielen anderen hinzufügen, die ich mir aber erspare, um nicht den Eindruck entstehen zu lassen, ich schriebe ein Telefonbuch; Schriftsteller vom Zuschnitt eines Lezama Lima, Juan Carlos Onetti und anderen, die das Wort erobert haben, den Traum des Befreiers, das bolivarische Ideal, und damit eine moralische Einheit geschaffen haben, die über alle Zwistigkeiten und Nationalismen unseres Kontinents erhaben ist. Nicht umsonst war Juan Rulfo der beste Kenner der brasilianischen Literatur in Mexiko, und man mußte ihn nur einmal über Guimaraes Rosa, Mario de Andrade, Rubem Fonseca, Clarice Lispector, Lygia Fagundes Telles und Jorge Amado sprechen hören! Nicht umsonst sind die Romane ein Spiegelbild der lateinamerikanischen Wirklichkeit und ihres Schreckens mithin, wie bei Eduardo Galeano, Ernesto Sábato, Marta Traba, Luisa Valenzuela, Miguel Bonasso und Elvira Orphee, die sehr genau wissen, was Verfolgung, Gefängnis und Folter bedeuten.

Mit Bolívar scheiterte der mächtigste Anlauf, den die Helden unserer Unabhängigkeiten (so, im Plural), deren Ideal leuchtend wie Kristall und ebenso zerbrechlich und verführerisches Trugbild war, je auf die Einheit der Länder unternommen hatten. Die nach Bolívar kamen, waren Diktatoren oder Wegbereiter unserer ersten Diktaturen. Die unabhängigen Länder Amerikas haben nicht einmal die gleiche Rechtsstaatlichkeit, gleiche Regierungssysteme, den gleichen Grad an Unabhängigkeit. Es gibt Diktaturen, zentralistische Republiken, föderalistische Republiken, mehr oder weniger sozialistische Regierungen. Die meisten entschieden sich für das föderalistische System in Nachahmung der nordamerikanischen Föderation, die authentisch war, da sie einem Bündnispakt der ersten voneinander unabhängigen Kolonien entsprang, deren Bewohner unterschiedlicher Herkunft waren und verschiedenen Religionen, Sprachen und Gebräuchen anhingen. Der Zentralismus, der vierhundert Jahre lang in Hispanoamerika regiert hatte, verwandelte sich durch Unterzeichnung von Unabhängigkeitsurkunden in föderalistische Republiken, die nach wie vor dem Zentrum der Macht gehorchten. Attraktivstes Beispiel hierfür, rein literarisch gesehen, ist wohl die Figur eines wahrhaft mythischen Diktators: Antonio López de Santa Anna, von 1833 bis 1855 elfmal Präsident von Mexiko, ordnet für sein im Kampf verlorenes linkes Bein ein Ehrenbegräbnis an (was weitaus origineller ist, als daß Caligula sein Pferd zum Konsul ernennt), und die tatsächlich vollzogene Grablegung geht in die Geschichte ein. Und obwohl man Alvaro Obregón, den dritten mexikanischen Präsidenten nach der Revolution, eigentlich nicht als Diktator bezeichnen kann, wird seine in einer Schlacht verlorene linke Hand im Alvaro-Obregón-Monument in Chimalistac aufbewahrt, direkt neben meinem Haus, das auch Ihr Haus ist, und meine Kleinen baten mich kürzlich, ihnen zur Belohnung für gute Noten die Hand von Obregón zu zeigen, die unterm bleiernen Mausoleum ruht. Peron ließ Evita einbalsamieren, und ihre aufgebahrte Leiche, an der mehr Menschen vorbeidefilierten als an Stalin, weil sie schöner war, verschwand zwanzig Jahre spurlos, um erst 1975 wieder aufzutauchen. Luis Cardoza y Aragón erinnert an General Jorge Ubico, den 1944 gestürzten Diktator von Guatemala. Er setzte seine Generäle in ein zahnärztliches Behandlungszimmer, das er sich im Regierungspalast hatte einrichten lassen, und zog seinen uniformierten Gorillas die Backenzähne ohne Betäubung, um sich an ihren Schmerzensschreien zu weiden. Derselbe General Ubico besaß auch ein Schlagzeug, und er pflegte klassische Musik auf seinem Grammophon abzuspielen und dagegen anzutrommeln, um Chopin, Bach oder Vivaldi zu ärgern. Sie sehen, daß man fast gar keine Romane braucht, denn unsere erstaunliche politische Wirklichkeit übertrifft die Fiktion bei weitem. An diesen Dingen merken wir, daß der Surrealismus bei uns an der Tagesordnung ist. Oder wenn in unseren Ländern das Wunderbar-Wirkliche Alejo Carpentiers und der Diktatorenroman entsteht (ein Diktator für alle: Juan Manuel de Rosas für Porfiro Díaz für Juan Vicente Gómez für Doktor Francia für Guzmán Blanco für Trujillo für Somoza, jeder mit seinen eigenen Exzentrizitäten), der *Der Herbst des Patriarchen* heißt, *Die Methode der Macht, Ich, der Allmächtige* und *Nichts als das Leben,* die Geschichte der großen Einsamen in ihren Palästen, die einmal Revolutionäre waren und deren Schicksale nun den großen Diktatorenroman bilden, der alles umfassen soll, Produkt der Arbeit von Alejo Carpentier und García Márquez, Augusto Roa Bastos und Carlos Fuentes, die mit ihrer Literatur ihre allumfassende Sicht in Worte gefaßt haben – und es wäre gut möglich, daß sie gemeinschaftlich dabei sind, den großen fliegenden Teppich zu weben, den Mantel auf den Schultern des bolivarischen Traums, einen Umhang, der vom Norden bis zum Süden reicht. Eine gigantische Darstellung der Diktatur als Biographie, Geschichte und Wahnsinnsrausch zugleich, denn nichts ist grotesker als unsere größenwahnsinnigen tropischen Diktatoren, die Eiffeltürme, kleine Versailles, Schönbrunns und Puertas del Sol aus Europa herbeischaffen lassen, und das alles unter den Klängen von Kürbisrasseln und Rumbakugeln, den sinnlichsten Musikinstrumenten auf Erden. Die Geschichte Amerikas ist mit keiner anderen zu vergleichen; sie ist magisch und faustisch, schwarz und weiß, wunderbar und schrecklich, wirklich und unwirklich, tatsächlich und unglaublich, und was für uns alltäglich ist, gilt dem Angelsachsen als schlicht unbegreiflich und absurd, obwohl er als Kind »Alice im Wunderland« gelesen hat. Auf der anderen Seite, das muß der Gerechtigkeit halber auch gesagt werden, geht uns nicht in den Kopf, wie ein drittklassiger Schauspieler zweimal Präsident der Vereinigten Staaten werden kann.

Unsere Wahrnehmung der Welt hat nur wenig mit der europäischen und der nordamerikanischen gemein, die ja wiederum hauptsächlich von europäischen Einwanderern geprägt ist. Daß dem so ist, wird erst heute allmählich begriffen, da die Chicanos, die alten Mexikaner, denen einmal das Land nördlich des Rio Bravo gehörte, sich auch kulturell ins Bewußtsein rücken und all die »wetbacks«, die »hispanics« unseres Kontinents, die Maultiertreiber sind und stets unterwegs, in den Vereinigten Staaten ankommen und nicht daran denken, in ihre Heimatländer zurückzukehren; erst jetzt macht man sich daran, dieses Phänomen zu untersuchen, das uns Latinität einmal auf seine Weise definieren wird. Ein anderes lateinamerikanisches Phänomen ist das des Exils, der Schriftsteller, die vor den Diktaturen in ihren Ländern fliehen mußten und wie Onetti, Benedetti, Galeano, Cristina Peri Rossi, David Viñas und José Donoso beispielsweise in Spanien gelebt haben. Uruguay mit seinen drei Millionen Einwohnern hat sechshunderttausend verloren, und siebenhunderttausend Argentinier leben außerhalb von Buenos Aires (Mexiko hat Tausende von Flüchtlingen aufgenommen und war das erste Land, das den Chilenen nach Allende seine Tore geöffnet hat; Argentinier, Uruguayer, Salvadorianer und Guatemalteken haben bei uns Unterhalt und Arbeit gefunden, und seit Jahren lebt der Dichter und Kunstkritiker Luis Cardoza y Aragón bei uns, der nicht nach Guatemela zurückkehren kann, weil man ihn da ermorden würde, wie man Alaide Foppa ermordet hat). All dies kennzeichnet Latinität, kennzeichnet jene, die ihr Land aus politischen Gründen verlassen müssen, wie viele andere es aus Not verlassen; einer Not, die gleichbedeutend ist mit Hunger, aber auch mit politischem Scheitern, da sie letzten Endes auch politische Flüchtlinge sind, weil ihre Regierung ihnen nichts gegeben hat, keine Landreform, keine Arbeit, keine Menschenrechte.

Worin besteht also unser lateinamerikanisches Sein? Am deutlichsten erkennbar wird es in dem Blick der anderen, der Europäer in erster Linie, der uns von ihnen unterscheidet und denen anzugehören – dabei beziehe ich mich natürlich auf die Literatur – dennoch unser Bestreben während der ganzen erste Hälfte dieses Jahrhunderts war, von dem wir uns nun glücklicherweise gelöst haben. Jetzt und heute erkennen wir uns mit unseren eigenen Augen, wenn unser Blick auf Hunger, Elend und Unterdrückung fällt, auf unseren Militarismus, auf unsere Ideologien und die neue, spezifisch lateinamerikanische Form des Terrors, das Verschwindenlassen, das uns vom Angesicht der Erde auslöscht, wie es die Argentinier Haroldo Conti und Rodolfo Walsh ausgelöscht hat.

Von der allumfassenden Bedeutung, die unsere Schriftsteller für uns haben – ganz gleich, ob im Bereich des Wunderbar-Wirklichen oder des Wirklich-Fürchterlichen –, kündet auch die Tatsache, daß große Schriftsteller in öffentliche Ämter berufen werden. Rómulo Gallegos und Juan Bosch waren Präsidenten ihrer Länder, Ernesto Cardenal war Kultusminister von Nicaragua, und Gabriel García Márquez ist mehrmals die Präsidentschaft seines Landes angetragen worden, die er, in seiner Guayabera, in der er sich so wohlfühlt und die er auch bei der Entgegennahme des Nobelpreises trug, ebenso oft abgelehnt hat. Mehrere Regierungen meines Landes haben Octavio Paz ein öffentliches Amt angeboten, und sein Name stand wie der von Carlos Fuentes auf der Liste unserer Botschafter und damit in der lateinamerikanischen Tradition von Schriftstellerdiplomaten wie Alfonso Reyes, Pablo Neruda, Enrique González Martínez und Miguel Angel Asturias. Mario Vargas Llosa hat erst kürzlich versucht, Präsident der Republik Peru zu werden, und siegte die cardenistische Bewegung heute in Mexiko, würde Carlos Monsiváis mit Sicherheit Innenminister oder Polizeichef. Ist das nun wunderbar-wirklich oder wirklich-fürchterlich?

Das Wort hat Lateinamerika von Rio Bravo bis Feuerland vereint, das Wort hat uns die Erinnerung bewahrt, das Wort war unsere Waffe, und es hat uns Lachen gelehrt, es hat sich gegen das Schweigen erhoben und gegen das Leid. Das Liebenswerteste, das ich von Lateinamerika kenne, kenne ich durch seine Schriftsteller, seine Filmregisseure, seine Fotografen, seine Maler, seine Bildhauer, seine Musiker, seine Choreographen, seine Tänzer. Das entmutigendste durch seine Politiker und Präsidenten.

Um mein Lied anzustimmen, möchte ich zuerst um Erlaubnis bitten und dann um Entschuldigung für meine Anmerkungen, die ich nach dem Bild Lateinamerikas wahllos ausgestreut habe, wie der Kontinent sein Leid in den Wind streut (so zumindest heißt es in dem Lied). Noch bildet unser Denken keinen einheitlichen Block, aber ich glaube, wir sind auf einem Weg der Literatur in Lateinamerika, in der nicht mehr Enrique Molina das Leben der Camila O'Gorman und ihres Geliebten, des Priesters Ladislaus Gutiérrez, erzählt, der auf Befehl des Diktators Rosas erschossen wurde, sondern die Nonnen und Priester der Theologie der Befreiung selbst es erzählen; in der nicht mehr José María Arguedas die Sache der Indios in seinen Erzählungen vertritt, sondern die Indios selbst das Wort ergreifen, ohne eines Ricardo Pozas zu bedürfen, der sie durch seinen Juan Pérez Jolote sprechen läßt. Nicht Manuel Scorza wird sie rächen, sondern sie sich selbst, indem sie das, was in Lateinamerika geschieht, beim Namen nennen; jedoch nicht, um von Europa anerkannt zu werden, sondern als eine Bestandsaufnahme für uns alle. Sábato und Galeano bauen die Brücken. Marta Traba gehört in ihrer *Homérica Latina* bereits den Massen, und durch ihren Mund spricht ein ganzes Volk, spricht die unförmige, plumpe Menge, auf die alles Unglück und alle Segnungen des Papstes niedergehen, das Kanonenfutter der Geschichte. Darum ist heute die Chronik, zumindest in Mexiko, die wirksamste Kraft, weil in ihr Carlos Monsiváis, José Joaquín Blanco, Hermann Bellinghausen, Saborit und Zaíd, Krauze, Pérez Gay und Héctor Aguilar Camín jeder Stimme Gehör verschaffen. Jede Stimme birgt eine erzählerische Substanz, die nicht nur unser Land dokumentiert, sondern uns auch Erinnerung gibt, denn ein Volk ohne Erinnerung kann nichts dazulernen und wiederholt unvermeidlich die Fehler der Vergangenheit.

Die Landkarte Lateinamerikas, die längst nicht mehr die der spanischen Kartographen ist, birgt immer noch eine Vielzahl unentdeckter Gebiete. Es ist an uns, sie zu erkennen; an uns, sie zu benennen; an uns, sie zu kultivieren; an uns, sie ihrer Einsamkeit zu entreißen und zu integrieren. Wir haben große Pioniere gehabt, wie Artigas, Gallegos und José Eustasio Rivera, die die unermeßlichen Weiten des Kontinents durchritten haben, doch auch Essayisten wie Henríquez Ureña, Angel Rama und Jean Franco sind Entdecker gewesen.

Jetzt und heute sind in Lateinamerika Millionen und Abermillionen von Lateinamerikanern zwar noch immer der Gewaltherrschaft derer unterworfen, die sie ihrer Naturschätze berauben, aber sie sind auf der Suche nach einem neuen Weg; dem Weg der Einheit. Sie suchen die Einheit, um nicht spurlos zu verschwinden, um nicht endlos ausgebeutet zu werden, um sich auf sich selbst und ihre ungeheuren Möglichkeiten zu verlassen, um ihre enormen Naturschätze selbst auszubeuten und ihre Gebrauchsgüter selbst herzustellen. Die Befreiung ist das gemeinsame Bestreben aller. Wir wollen keine Völker ohne Erinnerung sein. Die große Einheit entwertet uns nicht, beraubt uns nicht unserer Individualität, sondern löst vielmehr unsere wirtschaftlichen Probleme und die der technologischen Rückständigkeit. Sie ist der Dünger für unseren Garten, den gemeinsamen Garten, den großen Garten Amerika, der dann erblühen wird.

Die Literatur hat uns den Weg gewiesen, denn durch García Márquez und sein Macondo ergreifen unsere Völker das Wort durch den Mund eines einzigen Mannes, und Liebe und Rache und Treulosigkeit, Geburten und Tod werden zu einem Heldengesang, in dem wir alle Protagonisten sind; die Frauen, die sich im Einklang mit sich selbst auf einem Leinentuch in die Lüfte erheben, und die Männer, die aus Gold kleine Fischlein formen, bevor sie in den Kampf ziehen. Gemeinsam weben wir unsere Einheit, den gewaltigen Mantel Simón Bolívars, den Mantel, der auf unseren eigenen Schultern ruht.

Augusto Roa Bastos
Eine konkrete Utopie
Die iberoamerikanische Einheit

Es gibt Skeptiker auf beiden Seiten des Ozeans, und es sind nicht die abwegigsten, die die lateinamerikanische Vereinigung für eine Schimäre halten. »So ein Hirngespinst, so eine Utopie«, sagen sie nicht ohne eine gewisse Berechtigung, die sich aus historischem Unrecht herleitet. Für solche von methodischer Ungewißheit heimgesuchten Geister würde die lateinamerikanische Einheit - die ja trotz jahrhundertealter Zersplitterung und Balkanisierung potentiell besteht - zu einem Fabelungeheuer, wie es der üblichen Definition des Schimärischen entspricht, bestenfalls zu einem falschen Mythos, einer Illusion. Und tatsächlich wirkt Lateinamerika - in seinem heutigen Zustand - wie eine nicht schimärische, sondern sehr reale Ungeheuerlichkeit. Ein Mosaik von rückständig gehaltenen Ländern, unterdrückt von despotischen, im Überfluß lebenden Eliten, die dem ehemaligen kreolischen Kazikentum entstammen, von alten und neuen Oligarchien, die bekanntermaßen die treuesten und zuverlässigsten Statthalter dieses ganzen neokolonialen Chaos sind.

Doch wenn diese Skeptiker die lateinamerikanische Vereinigung für eine nur schwer, wenn nicht gar unmöglich zu verwirklichende Ausgeburt der Phantasie halten, um wieviel trügerischer noch und utopischer muß ihnen dann die iberoamerikanische Integration erscheinen: der große Plan der ebenfalls trügerischen oder utopischen Vereinigung der spanischen Halbinsel mit den lateinamerikanischen Ländern zu einer organischen Gemeinschaft der Nationen. Auch darin kann man ihnen, eingedenk der herrschenden Tatsachen, nicht ganz Unrecht geben.

Ich möchte jedoch - die Manen des Herrn Thomas Morus mögen mir verzeihen - von anderen Utopien sprechen. Nicht von solchen, die etwas versponnen oder wirklichkeitsfremd daherkommen, sondern von denjenigen, die als radioaktive Energie dem Kern des Wirklichen innewohnen, die in der Natur der Dinge selbst liegen. Diese Utopien sind seit jeher im Feingefüge der Geschichte vorhanden, obwohl alles auf ihre Nichtexistenz hinzudeuten scheint. In der Geschichte liegt ihre Verheißung und ihre Wirklichkeit, in ihr schaffen sie sich ihren eigenen Raum der Reife und der Fülle. Es sind dies die *konkreten Utopien*, die in der komplexen Dialektik der Historie verwirklicht werden. Zu dieser Art Utopien gehört die Entdeckung Amerikas: ein in den Annalen dieses Jahrtausends einzigartiges Ereignis, das die bis dahin gültige Weltanschauung auf unserem Erdkreis radikal veränderte und die Richtigkeit der konkreten - in eben dem Jahrhundert der Entdeckung entstandenen - kopernikanischen »Utopie« bewies, was die alten Kosmologien gegenstandslos machte.

Eine Entdeckung, die nicht entdeckt wurde

Die visionäre Utopie des Christoph Kolumbus, den kürzesten Seeweg nach Indien zu entdecken, wurde in einer anderen, für ihn gänzlich unerwarteten Utopie verwirklicht: der zufälligen Entdeckung der Neuen Welt, die nicht einmal seinen Namen trägt. Wir sind Kinder dieser Utopie. Wie könnten wir sie leugnen, ohne uns selbst zu verleugnen? Natürlich war die Welt, die Kolumbus »entdeckte«, ohne zu wissen, daß er sie entdeckte, nur für die Europäer neu. In dieser Welt gab es bereits alte Zivilisationen und Kulturen, von denen einige auf einem sehr fortgeschrittenen Entwicklungsstand waren; Völker mit eigener Identität und einer eigenen Weltanschauung, die anfangs selbst die Entdecker verblüfften.

In unserer Eigenschaft als Wesen einer teils realen, teils konkreten Utopie warten wir seit fünfhundert Jahren darauf, diese Vereinigung zu vollenden, die durch unsere vielrassige und multikulturelle Identität vorgegeben, jedoch aufgrund widriger Umstände systematisch verweigert worden ist. Dennoch hat diese Identität oder Gemeinsamkeit auf der Kraftlinie einer Bestimmung, die eine gemeinsame sein sollte, wechselseitige Bande und Verbindlichkeiten geschaffen. Und nun treten wir in ein neues Jahrtausend, in welchem der iberoamerikanischen Vereinigung - wenn sie sich im Rahmen dessen, was rechtens und notwendig ist, konkretisiert und festigt - die herausragende Rolle eines neuen Pols, eines dritten Wegs zum Frieden zugedacht ist - jenseits und über alle Hegemonien hinaus, die unmenschlich sind, jenseits und über alle Dogmatismen hinaus, die undemokratisch sind, zweihundert Jahre nach der ach so genialen Erfindung der aufstrebenden Bourgeoisie.

Die zwei Amerikas

Die Eingliederung Amerikas in das westliche System und die spätere Zweiteilung des Kontinents in das angelsächsische und das iberisch-katholische Amerika waren Ereignisse, die jedem dieser Amerikas eine ganz besondere und unterschiedliche Prägung gegeben haben. Was die iberoamerikanische Welt betrifft, so geschah dies nicht ohne enorme Schwierigkeiten und Rückschläge. Zusammenprall der Zivilisationen und Kulturen wäre dafür ein treffenderer Ausdruck als die gefällige und euphemistische »Begegnung der Kulturen« oder »Begegnung zweier Welten«. Formeln, hinter denen sich - alles muß gesagt werden - eine gewisse Scham verbirgt, die Dinge bei ihrem Namen zu nennen. Ein solch idyllisches Miteinander hat es nie gegeben und konnte es nie geben. Gegeben hat es furchtbare Kriege, in denen eigenständige Kulturen zerstört und die Träger dieser Kulturen unterworfen oder vernichtet wurden - wie immer in Eroberungskriegen, wie immer in langandauernden und chaotischen Kolonialreichen.

Wie alle großen Unternehmungen der Menschheit hat auch die Eroberung und Kolonisierung ihre dunklen Seiten. Völkermord, Sklaverei und Ausplünderung gereichen ihr nicht gerade zur Ehre. Andererseits können diese Stigmen, die jeden Kolonialisierungsprozeß überschatten, die positive Bilanz der Geschichte weder verheimlichen noch negieren. Wir dürfen nicht vergessen, daß die spanische Kolonisation der einzige Fall in der Geschichte der westlichen Imperien ist, in dessen Folge sich als Gegenreaktion mächtige Stimmen erhoben, die den Eroberungskrieg verdammten, und ein wahrhaft antikoloniales Bewußtsein entstanden ist, das im Denken und Wirken seiner bedeutendsten Vertreter eine Moral- und Rechtsphilosophie begründet und eine tief verwurzelte Tradition im kulturellen Leben Spaniens herausgebildet hat, welche mit der erasmischen Lehre verwandt ist. Denken wir nur an Bartolomé de Las Casas, Francisco Vitoria, Francisco Suárez und an Cervantes, dessen urbildlicher Roman zweifellos eine parodische und satirische Lektüre der neuen »fahrenden Ritter« zuläßt, die mit Feuer und Schwert durch Amerika zogen. Es ist diese in kritisches Bewußtsein umgeschlagene moralische Leidenschaft, die in dantesker Trauer das antikolonialistische Denken Spaniens der Gegenreform und der Inquisition in den beiden antagonistischen Strömungen von Absolutismus und Humanismus gegenüberstellte, welche in Amerika von der Eroberung bis zur Befreiung, und selbst noch danach, miteinander wetteiferten.

Indessen können wir nicht vergessen, daß zwar nach der biologischen und kulturellen Mestizisierung, die nach der Eroberung einsetzte, die Rebellen und Befreier aus den Reihen der Kreolen, *Landjunker* und Mestizen kamen, andererseits aber auch die blutrünstigen Kaziken und Tyrannen, unter deren Nachkommenschaft unser Amerika heute noch leidet. Mit ihr hat sich der »entwicklungsgeschichtliche Totalitarismus« vollzogen, von dem Rafael Sánchez Ferlosio in seiner großartigen Chronik oder Schmähschrift *Esas Indias equivocadas y malditas* spricht, die in der spanischen Tageszeitung *El País* vom 3. Juli 1988 veröffentlicht worden ist; ein ebenso leidenschaftlicher wie kritischer Text, der sich perfekt in die Tradition des antikolonialen Denkens Spaniens einfügt, dieser in kritisches Bewußtsein umgeschlagenen moralischen Leidenschaft, die keine Übertreibung scheut, um den Dingen auf den Grund zu kommen: Die

Wahrheit ist nie übertrieben; nur das Belanglose ist übertrieben. Was lebt und in die Zukunft hineinwirkt, ist diese »antikoloniale Utopie« der lateinamerikanischen Völker, die materiell wie kulturell noch immer den verschiedensten Formen der Kolonisation unterworfen sind.

Der Sinn der Vereinigung

So gesehen wird mit dem Jahrestag der Entdeckung wohl kaum der opfervolle Teil des Dramas gefeiert werden. Auch sollen die begangenen Greueltaten nicht unter einer glanzvollen Maske zugedeckt werden. Doch ohne die finstersten, unaussprechlichsten Seiten jenes blutigen Opfergangs der präkolumbischen Völker, der Zerstörung ihrer Kulturen, ihrer Religionen, ihrer Mythen, ihrer Städte und Reichtümer unerwähnt zu lassen oder zu vergessen, kann der wahre Sinn eines solchen Gedenkens nur in der symbolischen Zukunftsorientierung dieses Ereignisses liegen, das ein Erbe der gesamten Menschheitsgeschichte ist. Die einzig legitime Art, dieser historischen Vorgänge zu gedenken, ist die auf Zukunft hin gelebte Geschichte; auf eine Zukunft hin, in der die positiven Ströme jener denk- und erinnerungswürdigen Ereignisse zusammenlaufen und ineinandergreifen, deren schmerzhafte Lektion noch nicht vergessen ist.

In der heutigen Zeit, in der wir einen Endpunkt erreicht haben, kann der Geschichtsgedanke nicht nur Wissen sein, und er ist es auch nicht mehr. Er ist vor allem eine Ethik der geschichtlichen Kenntnis. Als solche verlangt diese rechtschaffenes, solidarisches Verhalten von den Mitgliedern einer großen Gemeinschaft, die im Schmelztiegel einer ihnen ebenfalls gemeinsamen Geschichte entstanden ist. Die einzelnen Gemeinschaften wiederum müssen zusammenstehen und unter Aufbietung ihrer besten Kräfte oder Fähigkeiten gemeinsam handeln, um ihre mittelnde und versöhnende Präsenz in einer Welt spürbar werden zu lassen, die durch die Existenz gegensätzlicher Machtblöcke zur Gewalt verurteilt scheint.

Die Vergangenheit aus der Gegenwart heraus zu begreifen und auf die Zukunft hin zu orientieren, ist somit die einzig denkbare Lesart von Geschichte, mit der sich ein pluridimensionales Projekt verwirklichen läßt. Diese Lesart bedingt die Erlangung eines kritischen Bewußtseins nicht nur der kulturellen Minderheiten, einzelner Staaten und Regierungen, sondern auch und vor allem der Millionen von Menschen aller kulturellen und gesellschaftlichen Schichten dieses gewaltigen Teils der Menschheit, der die iberoamerikanische Welt bildet. Es muß ein allgemeines und föderatives Bewußtsein von der Vereinigung geschaffen werden.

Die Feiern des Jahrestages verbinden sich daher mit der Aufklärung - in ihrer doppelten Bedeutung von Erklärung und Veredelung - dieses mißhandelten und verfälschten Begriffs der Einheit als Gemeinschaft von Völkern desselben kulturellen Horizonts. Die schmerzliche Fehlinterpretation offenbart sich in gegenseitigem geschichtlichen Unwissen, das voll ist von Irrtümern und Zwiespältigkeiten, die die Kolonisation pflanzte. Geschichte ist aber nicht nur die von der Geschichtsschreibung mehr oder weniger gelehrsam »dokumentarisierte« Vergangenheit. Historische Ereignisse finden sich nicht nur aufgezeichnet in Dokumenten oder in der interpretierten Wahrhaftigkeit der Hermeneutik. Die fundamentalen Ereignisse leben vor allem in der kollektiven Erinnerung, sind genetische Codes von Identitäten, die sich in deren Verhalten widerspiegeln.

Die wahre Identität der Völker kann nicht abstrakt definiert werden; sie offenbart sich nur in Augenblicken der Krise oder Fülle, im Kampf gegen Ungemach und Schicksalsschläge, in der Suche nach ihrem wahren individuellen und kollektiven Ausdruck und manchmal in der Suche nach ihrem eigenen Überleben. Diese Momente des Kampfes, der Krise, des drohenden Untergangs bringen unfehlbar die großen Führernaturen hervor, die moralisches Gewicht, visionären Willen und pragmatisches Denken in sich vereinigen, die das Wesen ihrer Volksgemeinschaften in sich verkörpern und durchdrungen sind von der dynamischen Kraft ihrer geschichtlichen Bestimmung. Bolívar, San Martín, Artigas, Juárez und Martí sind Beispiele, die dieses Wesen in Lateinamerika verkörpern, die die Völker durch ihre Taten mitgerissen haben, auch wenn ihre Befreiungsfeldzüge nicht immer von Erfolg gekrönt waren. Zumindest nicht unmittelbar.

Die Gedenkfeiern zum 500. Jahrestag der Entdeckung sind daher zwangsläufig an eine kritische Bewußtwerdung der großen gemeinsamen Probleme gebunden, an die Einsicht in die Notwendigkeit einer ebenso behutsamen wie konsequenten Politik, die auf die Lösung dieser Probleme hinarbeitet. Das Projekt Vereinigung wird, je länger es sich hinzieht, zunehmend mit Schwierigkeiten und Hindernissen gespickt sein, die es bis ans Ende aller Tage hinausschieben können. Man kann nicht zwei verschiedene Größen oder solche, die sich in unterschiedlichen Entwicklungsstadien befinden, zueinander in Beziehung setzen oder integrieren. Genau dies ist aber die Situation zwischem dem heutigen Spanien und den hispanoamerikanischen Ländern. Offensichtlich läßt sich die Vorstellung eines demokratischen Spanien als Partner der amerikanischen Länder auf der Basis von Gleichberechtigung und in einer organischen Gemeinschaft der Nationen noch nicht verwirklichen; von unilateralen oder Teilbereiche umfassenden und daher fast immer vorübergehenden und nicht sehr wirksamen Kooperations- und Hilfsprogrammen einmal abgesehen. Die Institutionen in den meisten lateinamerikanischen Ländern sind noch immer wirkungslos, da sie sich unter der schrecklichen Geißel der Auslandsverschuldung, despotischer Regime, politischer Instabilität und wirtschaftlichen Verfalls - den offenkundigen Anzeichen ihrer Abhängigkeit von den Weltmächten - nicht entfalten können.

Ein herausragender lateinamerikanischer Politiker definierte diese Situation vor einigen Jahren folgendermaßen: »Die erste Tatsache, die wir zu berücksichtigen haben, ist die, daß in unseren Ländern große Unterschiede bestehen zwischen denen, die dabei sind, inmitten enormer Schwierigkeiten ihre Organisations- und Regierungsformen im Rahmen der Demokratie zu festigen, und jenen, die noch immer nicht die autokratischen und oligarchischen

Zustände überwunden haben, die dem wirtschaftlichen Unabhängigkeitsprozeß entgegenwirken und die Garanten für Unterentwicklung, Rückschritt oder Stagnation sind. Wir bilden nicht nur keine politische Einheit mit all den gemeinsamen Merkmalen, die erforderlich sind, um erfolgreich gemeinsame Projekte durchzuführen, sondern haben darüber hinaus auch interne Konflikte zwischen unseren Ländern nicht ausräumen können, die uns immer wieder an den Rand kriegerischer Auseinandersetzungen bringen und zu Rüstungswettläufen in Gesellschaften führen, die oftmals, in einigen Bereichen zumindest, nicht einmal menschenwürdiges Subsistenzniveau erreicht haben.«

Dies ist einer der problematischen Aspekte der iberoamerikanischen Integration in ihrer Gesamtheit, nicht nur was die Länder Lateinamerikas unter sich betrifft. Der oben erwähnte demokratische Politiker sagte weiter: »In einem Kontinent, in dem Demokratie und wirtschaftliche Unabhängigkeit zu den Seltenheiten gehören, kann technische Zusammenarbeit leicht zu reiner Kooperation zwischen den Niederlassungen transnationaler Unternehmen verkommen, die natürlich von auswärtigen Entscheidungszentren gesteuert wird. Und auf der politischen Ebene dient, was weitaus schlimmer ist, eine wirkungsvolle Koordination zwischen volks- und demokratiefeindlichen Regierungen der Festigung eherner Herrschaftsstrukturen der jeweiligen Oligarchien im Dienste imperialer Interessen unter dem Deckmantel der sogenannten Theorie der nationalen Sicherheit.« Diese Worte sprach Dr. Raúl Alfonsín vor seiner Amtseinführung als Präsident der Republik Argentinien anläßlich der II. Begegnung in der Demokratie (ICI, Madrid, 1985). Alfonsín sah die Gefahr deutlich vor sich. Er hat sie nicht bannen können. Als Staatschef hat er wichtige Taten vollbracht (darunter das berühmte Gerichtsverfahren gegen die Generäle des »schmutzigen Krieges«, das erste seiner Art in Lateinamerika, das von der Justiz des neuen Rechtsstaats bis zu seinem unvollständigen Ende betrieben und durch das »Punkt und Schluß« der Regierung unterlaufen wurde), aber er hat es nicht geschafft, die Ursachen der astronomischen Auslandsverschuldung auf die Anklagebank zu bringen und während seiner Amtszeit sein Wahlversprechen einzulösen, das Land aus dem wirtschaftlichen, gesellschaftlichen und moralischen Sumpf zu ziehen, in den seine Henker es gestürzt hatten.

Organisationen auf lateinamerikanischer Ebene, Verträge und Abkommen zwischen den einzelnen Ländern sind natürlich als Versuche eines immer wieder aufflackernden Vereinigungswillens anzusehen, aber sie sind nicht von Bestand, und ihnen fehlt die Kraft einer multilateralen Übereinkunft, denn meist handelt es sich bei ihnen um unzusammenhängende Initiativen von Staaten und Regierungen ohne ein ausreichendes Nationalbewußtsein, das ihnen als dauerhafter Ausdruck von Unabhängigkeit und Souveränität den Rücken stärken könnte. Auch die Lateinamerikanische Freihandelsassoziation (ALALC, 1960), das Lateinamerikanische Wirtschaftssystem (SELA), der Gemeinsame Mittelamerikanische Markt, das Lateinamerikanische Parlament und die aufeinanderfolgenden interregionalen Pakte, sogar der Andenpakt (1970), die bis zu ihrem Niedergang ausgefeilteste und aktivste Organisation von allen, konnten ihre anfänglich vielversprechenden Erfolge nicht ausbauen. Der Andenpakt stieß zum Beispiel mit seinem Beschluß Nr. 24 (der einheitliche Behandlungsrichtlinien für ausländische Investitionen vorsah) auf den unerbittlichen Widerstand der multinationalen Konzerne, die regionalen Integrationsprozessen immer feindlich gesonnen sind. Das bestätigen uns die so arbeitsintensiven wie fruchtlosen Bemühungen der Contadora-Gruppe im Falle Nicaraguas, der Unterstützungsgruppe und des Konsensus von Cartagena (dessen zentrales Thema die Gleichbehandlung der Auslandsschulden ist), immer unter den direkten oder indirekten Pressalien, Mahnungen und Einschüchterungen des großen nordamerikanischen Bruders, der stets bereit ist, regionale Gemeinschaftsbestrebungen zu vereiteln.

So gesehen waren – trotz anfänglicher Rückschläge – die mittelamerikanischen Friedensverhandlungen erfolgreicher, die mit dem immer noch laufenden Arias-Plan für den Frieden in Zentralamerika zum Abkommen von Esquipulas 2 führten, das zu seiner Zeit die unmittelbar drohende US-Intervention in Nicaragua - ein weiteres Glied in der endlosen Kette der nordamerikanischen *Big-stick*-Politik - zwar nicht endgültig bannen, aber doch aufschieben und ablenken und die rechtlichen und politischen Grundlagen für ein neues Verständnis der mittelamerikanischen Länder untereinander legen konnte.

Vereinigung und Integration

Die zahlreichen Versuche gemeinsamer Abkommen sind trotz ihrer relativen Wirkungslosigkeit dennoch Marksteine, die unregelmäßig den Weg der lateinamerikanischen Vereinigungsbemühungen kennzeichnen - Indizien einer alten kollektiven Sehnsucht. Vorläufige Gesten, wenn man so will, aber nicht zu leugnende. Ein Prozeß, der vor den Bemühungen um eine Intergration mit Spanien und Portugal in Gang gekommen ist, jetzt jedoch simultan dazu verläuft. Er muß sich, wie der Volksmund sagt, auf einmal, aber nach und nach vollziehen. Die Vereinigung muß als Wille zum Konsens und zur Tat nicht nur der Staaten und ihrer Regierungen, sondern vor allem der Volksmassen entstehen, ohne deren Entscheidung nichts möglich ist, und die die Parteien, die sich demokratisch nennen, nicht immer zu würdigen und weniger noch zu lenken wissen. Der demokratische Wechsel ist selbst in pluralistischen Regimen nicht immer eine Gewähr für Kontinuität und Perfektibilität des bislang Erreichten. Ohne den konsensorientierten Volksentscheid, der nur in Demokratien möglich ist, trotz ihrer Mängel als Organisationssystem und politische Philosophie, wird der Vereinigungsprozeß immer dazu verurteilt sein, nur vorübergehende Erfolge zu erzielen und, schlimmerenfalls, von nationalen oder ausländischen Oligarchien sabotiert zu werden, die ihre Privilegien nicht aufgeben wollen. Oder aber er wird der noch größeren Gefahr von revolutionären oder nicht revolutionären Aufständen ausgesetzt sein, die stets in Rückständigkeit und Elend glimmt wie der

Feueratem von Millionen und Abermillionen von ausgesaugten und ausgeplünderten Menschenwesen. Der Terrorismus von unten ist nur die Kehrseite der Medaille des Terrorismus von oben, und beide zehren aus der Nährlösung der verdeckten oder offenen Gewalt, die jede aus dem Gleichgewicht geratene Gesellschaft aufgrund eben dieses Ungleichgewichts in sich birgt.

Mangels permanenter Konzertierungsspielräume hat Lateinamerika keine europäische Politik, so wenig, wie hier überhaupt eine kohärente Politik ohne Demagogie fehlt, die die Ketten der Abhängigkeit und Fremdbestimmung sprengen könnte, deren Vektoren in erster Linie die Transmissionsriemen des Wirtschafts- und Finanzimperialismus sind. Deutlichstes Beispiel hierfür ist die Tatsache, daß es bisher nicht gelungen ist, multilaterale Abkommen zu treffen, mit deren Hilfe die betroffenen Länder das drängende Problem der Auslandsverschuldung angehen und lösen und ein für allemal den verhängnisvollen, jedoch unsichtbaren Mechanismus durchbrechen könnten, der die Schulden in einem offenbar unwiderruflichen Teufelskreis von Gläubigern und ergebenen Schuldnerregierungen stets erneuert und in die Höhe treibt. Ihr unerbittliches Anwachsen macht sie nicht nur zu einer unerträglichen Hypothek, mehr noch zu einem gewaltigen Mühlstein am Hals unserer Länder, armer wie reicher, der ihnen die Luft abschnürt und sie in einer langen Agonie dahinsiechen läßt.

Die Europäische Gemeinschaft (zur Zeit des Europa der Zehn) begann sich erst nach dem Falklandkrieg (1982) für Iberoamerika zu interessieren. Der Falklandkrieg, an den sich die schon schwankende Militärdikatur Argentiniens wie an den trügerischen Rettungsring – oder die Pseudolegitimation – eines »nationalen Feldzugs« klammerte, um von den Grausamkeiten des »schmutzigen Krieges« im eigenen Land abzulenken, sowie die schlagende Antwort der angelsächsischen Imperialmacht waren eine wichtige Lektion für ganz Lateinamerika. Mit Sicherheit wird dieses Ereignis dauerhafte, vielleicht heute noch nicht vorhersehbare Folgen für das gesamte Beziehungssystem der westlichen Welt haben. Das Warnsignal der Falklands hat die europäische Sensibilität für die regionalen Konflikte Lateinamerikas geschärft. Spürbar wurde dies auf den Interregionalkonferenzen von San José (1984) und Luxemburg (1985), aus denen ein lebendiger politischer Dialog und ein Projekt wirtschaftlicher Zusammenarbeit zwischen der Europäischen Gemeinschaft und Mittelamerika hervorgegangen sind. Hier wurde ein unter rechtlichen und demokratischen Gesichtspunkten gangbarer Weg der Suche nach möglichen Lösungen beschritten.

In diesem Zusammenhang ist auch der demokratische Sieg des chilenischen Volkes über fünfzehn Jahre finsterster Militärdiktatur ein Sieg der demokratischen Länder allgemein und unseres ganzen Amerika im besonderen. Schon in der ersten Phase des Siegeszuges der Demokratie in Chile - der politischen und moralischen Demontage des Diktators - war abzusehen, daß sie unaufhaltsam voranschreiten würde, welche Hindernisse und Stolpersteine auch immer das an den Wahlurnen besiegte Regime dem demokratiewilligen chilenischen Volk noch in den Weg legen mag. Der Sieg über die Diktatur wird zweifellos auch zum Niedergang anderer ähnlicher Regimes beitragen, wie zum Beispiel dem der Militärdiktatur in Paraguay, der ältesten und perversesten dieser Art in Amerika. Ebenso vorhersehbar ist, daß dieser Sieg der Demokratie, der durch unentwegte Streitbarkeit, zivilen Ungehorsam und den unerschütterlichen Glauben eines Volkes errungen wurde, das in seiner Wachsamkeit nie nachgelassen hat, positive Auswirkungen auf andere Länder des *cono sur* wie Argentinien, Brasilien und Uruguay haben wird, in denen der Übergang zu pluralistischer Demokratie und Rechtsstaatlichkeit von reaktionären Kräften blockiert wird, die sich in den Labyrinthen der Macht verkrochen haben und dort auf eine neue Chance lauern.

Die Knüppel des »großen Bruders«

Die seit mehr als einem Jahrhundert durch den Neuen Kolonialpakt zuerst mit dem Britischen Empire und seit der Zeit zwischen den beiden Weltkriegen mit dem nordamerikanischen Imperialismus und den europäischen Mächten geknechteten Länder Lateinamerikas und der Karibik haben sich nicht nur nicht integrieren können, sondern sind in ihrer Mehrheit stets der politischen, wirtschaftlichen und sozialen Desintegration unterworfen gewesen. Sollten dafür noch Beispiele erforderlich sein, so wäre als erstes die Monroe-Doktrin (die Vorläuferin der Doktrin der Nationalen Sicherheit) zu nennen, die ihren anfänglichen Charakter einer Bürgschaft für die Emanzipation der lateinamerikanischen Länder gegenüber Europa bald dahingehend veränderte, daß sie zu einer Richtschnur für die »begrenzte Souveränität« dieser Länder und danach zu einem unbestreitbaren Unterdrückungsstatut wurde. Es folgen die Interventionen der Vereinigten Staaten, über tausend insgesamt, von der Entsendung von Kanonenbooten über verschiedenartigste Formen von Strafexpeditionen bis hin zu direkten militärischen Invasionen. Vom Raub mehr als der Hälfte des mexikanischen Hoheitsgebietes Mitte des vorigen Jahrhunderts über die Einverleibung Puerto Ricos, der Invasion auf Kuba, die in der Schweinebucht an der Standhaftigkeit der Revolutionäre scheiterte, bis hin zur Invasion in Grenada ist das erpresserische Verhalten der Vereinigten Staaten von einer rigorosen Kontinuität. Zu diesem historischen Werdegang, der denkbar ungeeignet ist für die Eigenschaft einer demokratischen Großmacht als Haupt der sogenannten freien Welt, gesellt sich noch die logistische, diplomatische und finanzielle Unterstützung Großbritanniens im Falklandkrieg, die Stationierung von US-Truppen in Honduras, die Blockade und Hetze gegen Nicaragua – mit dem Damoklesschwert der militärischen Intervention –, ihre unerschöpfliche Militär- und Wirtschaftshilfe an konterrevolutionäre Kräfte sowie die vorrangige Beteiligung dieses Landes – mittels des Finanzbumerangs der Kreditvergabe – an der Verschuldung der lateinamerikanischen Länder. Die Liste wäre noch lange fortzusetzen, aber langweilig, da bekannt.

Auf der zweiten *Begegnung in der Demokratie: Europa-Iberoamerika* (ICI, Madrid, 1985) konnte man diesbezüglich sehr anschauliche Meinungen hören. Zum Beispiel von Sergio Spoerer, der Grabendorf zitierte, als er zugab, daß es einen »Konsens in der Anerkennung der Tatsache gibt, daß in beiden Regionen der größte gemeinsame Nenner die Verletzlichkeit gegenüber den Vereinigten Staaten ist, die im interamerikanischen System für Amerika ebenso gilt wie im atlantischen System für Europa. Beide Regionen haben, aus sehr unterschiedlichen historischen Gründen, letztlich die Rolle des Juniorpartners der Vereinigten Staaten übernommen«. Diese Äußerung hört sich an wie eine *boutade,* was sie aber keineswegs ist. Das Schlimme an ihr ist, daß sie ernst gemeint und traurig real ist. Und bedeutet nicht die Tatsache, daß sowohl Europa als auch Lateinamerika ihre Verwundbarkeit gegenüber den USA als größten gemeinsamen Nenner beider Regionen anerkennen (und das in einem selbstverständlichen und unbeirrbaren »Konsens«), daß sie schlicht und einfach die westliche Supermacht als Herrn akzeptieren, der seinen Willen aufzwingen, einschüchtern und jede Abweichung oder Übertretung seiner kleineren Verbündeten ohne Einspruchsmöglichkeit bestrafen kann? Heißt das nicht, in einer bewußten und resignierten Verzichtshaltung die Existenz der freien Welt leugnen, zu deren Verteidigung sich die Allianzen eigentlich zusammengeschlossen haben?

Geschichte zukunftsorientiert leben

In dem angedeuteten Kontext von sich überschneidenden Strömungen und Zwängen tendiert kritisches Bewußtsein über das Projekt der iberoamerikanischen Vereinigung nicht zu einer abstrakten oder anachronistischen Behandlung dieser komplexen Fragen. Es geht weder darum, ein weiteres Commonwealth nach britischem Vorbild zu schaffen, noch unverzüglich eine »schimärische« Union Iberoamerikanischer Staaten nach herkömmlichen Mustern zu proklamieren. Visionäre, revolutionäre Projekte sind aufgrund ihrer gemessenen, pragmatischen Dynamik visionär und revolutionär. Nur auf diese Weise kann Utopie Wirklichkeit werden.

Das vielfältige Gemisch von Rassen, Kulturen, legitimen Interessen und Motivationen, die Notwendigkeit engerer und gewachsener Beziehungen, eines besseren und tieferen Verständnisses füreinander, frei von geschichtlichen Schwarz- und Weißbüchern, das alles ist der kosmische Nebel einer im Entstehen begriffenen Welt, die inmitten enormer Schwierigkeiten, einschließlich der Alibis und Ausflüchte einer Realpolitik, die vor lauter Bäumen den Wald nicht mehr sieht, ihre Gestalt sucht. Es gilt nun, die Möglichkeiten abzuschätzen und auf der Basis unserer Identitäten, Ähnlichkeiten und Verschiedenheiten eine gemeinsame Gesellschaft zu errichten und zu organisieren, eine Vereinigung herzustellen, die in ihren Wechselbeziehungen die Souveränität und Selbständigkeit der Völker und Nationen nicht aufhebt, sondern stärkt. Dies kann nur über wechselseitige Beziehungen zwischen den sich der Demokratie öffnenden Ländern Lateinamerikas und dem demokratischen Spanien erreicht werden. Einem Spanien in seiner Einheit mit Europa, seiner geographischen Europazugehörigkeit, aber auch in seiner wesenseigenen Zugehörigkeit zu Iberoamerika. Ich meine damit Einheit Spaniens mit Europa, dem es angehört, und Einheit Spaniens mit Lateinamerika, mit dem es eine eigene Welt bildet.

Für die Länder Lateinamerikas stellt der Beitritt Spaniens und Portugals zur Europäischen Wirtschaftsgemeinschaft natürlich eine wichtige Veränderung im normativen Bereich ihrer Beziehungen (Rechts-, Handels-, Wirtschafts- und Finanzbeziehungen und so weiter) zur Halbinsel dar; Beziehungen, die für alle von Vorteil wären, wenn Spanien die schwierige und auch utopische Rolle der »Brücke zwischen den Kontinenten« ausfüllen könnte, was hieße, die Restriktionen und Unvereinbarkeiten zu überwinden, wie sie die Organisationsstrukturen der Wirtschaftsgemeinschaft und des neuen Konzepts eines Europa mit sich bringen, dessen »Start« in dasselbe Jahr fällt wie der 500. Jahrestag – möglicherweise eine bedeutsame Übereinstimmung. Seitens Spaniens ist fürs erste der Prozeß der Entwicklungshilfe für Lateinamerika und Zusammenarbeit in Gang gesetzt worden; eine Zusammenarbeit, die in Übereinstimmung mit den Reformen der spanischen Außenpolitik durch die Achse Europa-Iberoamerika definiert ist.

Noch wissen wir nicht, in welche Richtung sich die mit den Römischen Verträgen ins Leben gerufene Neugestalt der Europäischen Gemeinschaft einmal bewegen wird. Große Unternehmungen entstehen fast immer aus bescheidenen Anfängen, doch nicht immer entwickeln sie sich so wie vorausgeplant. Das politische Konstrukt weist immer noch deutliche Schwächen auf, vor allem angesichts der zahlreichen Interessen, die auf dem Spiel stehen. Soll ein neuer Block geschaffen werden? Was man von diesem in Etappen voranschreitenden Prozeß sieht, der einstweilen nur einen Teil Osteuropas miteinbezieht, kann sich mit einem solch eingeschränkten Europabegriff nicht zufrieden geben. Dadurch würde nur wieder ein seltsam anmutendes, antihistorisches Ghetto für eine exklusive Vereinigung erst- und sogar zweitrangiger Länder geschaffen, deren Aufgabe es wäre, eine Art neue westliche »Ökumene« zu regieren, zu verwalten und mit Gesetzen zu versehen (und auch autonome Verteidigungssysteme zu unterhalten), die nur den dritten Teil eines eben durch die Blockpolitik zersplitterten und zerrissenen Europas umfaßte. Schließlich hat die neuere Geschichte nicht in Jalta begonnen; das war nur ein Dreh am Rad der Geschichte seitens der »Großen« und kein kopernikanischer Neubeginn der Weltgeschichte.

Was auch immer dabei herauskommen mag, hier findet sich der Ansatz für eine neue konkrete Utopie: die eines vereinten Gesamteuropas, das trotz aller künstlichen Trennungen, die es im Laufe seiner langen Geschichte, vor allem nach den beiden Weltkriegen, zerschnitten haben, durch die gewachsene Kraft seiner historischen Zusammengehörigkeit überdauert hat. Man muß hoffen und erwarten können, daß das Neue Europa, das ja mehr von theoretisch geschulten Politologen und Politikern der Praxis entworfen wurde als von Soziologen, Humanisten und den Völkern, die davon betroffen sein werden, nicht nur Ausdruck von Marktinteressen ist und auch nicht nur eine präventive Allianz gegen die überschäumende Expansion und Infiltration der »neuen Ordnung« aus dem asiatischen Raum, die die Auguren der politischen Kosmologie als »Pazifik-Ära« ausmalen. Geisterseherei und Konkurrenzangst zwischen den technokratischen Supermächten. Ein neuer »Kalter Krieg« mit seinem Arsenal von Computern und Satelliten der industriellen Umstellung, seinen Informationen speichernden und verarbeitenden Wertpapierbörsen, im Mahlstrom der Marktwirtschaft, ein letztes Aufbäumen des Kapitalismus. Sein Sieg würde nur das Chaos perfektionieren, aber sein Scheitern kann die stolze, überfließende Erste Welt so tief stürzen lassen, daß sie bestenfalls noch ein Anhängsel der Dritten Welt wäre. Dennoch heißt es, für Veränderungen offen und in vernünftigem Maße optimistisch zu sein, ohne dem naiven Weltoptimismus zu verfallen, den Voltaire verspottet und den die Menschheit selbst längst verschlissen hat.

Auf der anderen Seite können wir Lateinamerikaner uns, wenn auch nur auf lange Sicht, der Gewißheit hingeben, den uns zustehenden Platz an der Seite unserer heutigen Verbündeten irgendwann einnehmen zu können. Das können selbstverständlich nur Spanien und Portugal sein. Darin liegt ihr zukünftiges Schicksal. Diese Interessen- und Schicksalsgemeinschaft erfordert zuerst einmal eine iberoamerikanische Allianz kultureller, politischer und wirtschaftlicher Art in einer nicht völlig enthumanisierten Welt. Eine solche Allianz hätte den enormen Vorteil – wie Mario Bunge in dem bereits erwähnten Kolloquium hervorhob –, das erste System vereinter Nationen zu sein, das weder von einer Großmacht dominiert würde, noch ein anderes Volk unterdrücken könnte. »Es besteht nicht die Gefahr«, sagt Bunge, »daß es zu einem aggressiven Block werden könnte, da keines seiner Mitglieder genügend Macht besitzt, die anderen zu unterjochen, und jedes von ihnen seine Erfahrungen mit ausländischer Unterdrückung gemacht hat und im Miteinander seine Selbständigkeit bewahren will.«

So würden die sich aus den militärischen Allianzen innerhalb des westlichen Blocks ergebenden Verpflichtungen ausgeglichen durch den neutralistischen Pakt der Mitgliedsstaaten der von der Natur der Gemeinschaft selbst bestimmten iberoamerikanischen Allianz. Die Ziele dieser Allianz sind, natürlich in fortgeschrittteneren Stadien, Neutralität, Entnuklearisierung der ihr zugehörigen Regionen, Aufrüstungsstopp und Begrenzung der Rüstungsetats auf das für den Zivilschutz und die Landesverteidigung strikt Notwendige. Flotten und Armeen kehren wieder zu ihren rein institutionellen Funktionen zurück und hören auf, im zivilen Leben die Rolle des Schiedsrichters zu spielen oder, wie häufig genug, die der Unterdrücker und Henker ihrer Völker. Die genannten Punkte würden in einem zusammenhängenden demokratischen Rechtssystem breite Zustimmung finden, zumal in Lateinamerika jetzt schon deutliche Bestrebungen in dieser Richtung erkennbar sind und in einigen Ländern sogar Abmachungen bestehen, die sie als das angestrebte, wünschenswerte Ziel festgeschrieben haben. Unter den Voraussetzungen, die sich für Lateinamerika und die Karibik einerseits und für Spanien und Portugal andererseits im wesentlichen gleichen, ist für die Verwirklichung eines solchen Projekts eine neue Ordnung unerläßlich, die sowohl die Ost-West- als auch die Nord-Süd-Beziehungen einschließt; eine neue wirtschaftliche, politische und kulturelle Ordnung pluralistischer und föderativer Art, das heißt ein ncuer Staatenbund als notwendige Antwort auf die Europäische Gemeinschaft. Solch ein realistisches und zugleich visionäres Projekt läßt sich nur objektivieren, wenn es im Kern die globale Entwicklung eines Bundes freier und unabhängiger Nationen in sich birgt, die nicht von weiterentwickelten Ländern diskriminiert werden und solche nicht ausschließen, die sich immer noch im Zustand von Unterentwicklung oder Rückständigkeit befinden, was bei den meisten Ländern unseres Kontinents der Fall ist. Natürlich ist Demokratie kein Ziel in sich - nicht einmal in vollkommen offenen und pluralistischen Systemen - und schon gar kein universelles Allheilmittel. Sie ist nur Medium, kein gänzlich unfehlbares, wie man gesehen hat, aber immerhin ein tauglicher Weg zu Frieden und

Fortschritt, erreichbar und ausbaufähig in dieser Zeit und in diesem Teil der Welt, in dem wir dazu ausersehen sind, die »fortschreitende Verdunkelung der Geschichte« zu erleben und zu erleiden.

Was uns Hispanoamerikaner betrifft, so geht es nicht mehr um ein endloses Begleichen von Rechnungen mit dem imperialen Spanien, welches ja auch schon längst nicht mehr existiert. Es wäre nicht ehrenhaft, allein dem demokratischen Spanien die abnorme Last unserer gesamten Vergangenheit zuschieben zu wollen, und weniger noch, die nicht weniger abnorme Last des heutigen Neokolonialismus, dessen Walzwerkfunktion uns ja bekannt ist und auch, auf welchen Schienen er läuft, in bezug auf den aber eine merkwürdige sprachliche Zurückhaltung herrscht, und man es vorzieht zu schweigen und die Dinge nicht beim Namen zu nennen. Was übrigens sehr an die sprichwörtliche Rücksichtnahme erinnert, im Haus des Erhängten nicht vom Strick zu sprechen. Dieses ausweichende Verhalten offenbart wohl einmal mehr das schlechte Gewissen der mestizischen Eliten, die sich dadurch ihrer historischen Verantwortlichkeit in der Vereitelung oder zumindest in der endlosen Vertagung der Befreiung des gesamten Lateinamerika in seiner ganzen Solidarität zu entziehen suchen. Diese noch nicht verwirklichte Welt der iberoamerikanischen Vereinigung gilt es jetzt zu entdecken. Wir wissen, daß sie existiert, und wir müssen dazu beitragen, ihre Wirklichkeit zu konkretisieren. Dabei zählt nicht die chronologische Zeit, sondern die Zeit der Generationen und Völker, deren Kraft das Eisen der konkreten Utopien schmiedet. Zwischen dem Utopischen und dem Möglichen ist das eine historische Herausforderung. Oder, was dasselbe ist, ein Wettstreit mit der Zukunft.

Gregorio Selser

Amerika: Entdeckung, Begegnung, Erfindung, Zufallsfund? Nominalistische Querele?

»Gold ist etwas ganz Vortreffliches: Mit Gold werden Schätze angehäuft, und wer es besitzt, macht, was er will in der Welt, und die Seelen befördert es ins Paradies.«

Aus dem Sendschreiben des Christoph Kolumbus an die Spanischen Könige Fernando und Isabel vom 7. Juli 1503 aus der Verbannung in Jamaica

»Sie (die Katholischen Könige) waren nicht bereit, die Kosten dafür (für die »Entdeckung«) zu tragen, und bis auf ein Handgeld, das sie mir gaben, mußte ich für alles selbst aufkommen.«

Aus dem Testament des Christoph Kolumbus

Um die Feiern zum Gedenken an »das da«, was sich am 12. Oktober 1492 auf einer winzigen Insel in der damals noch unbekannten Karibik ereignete, ist heute ein Streit entbrannt, der nicht so aussieht, als würde er bald beigelegt werden. Darf diese Episode und alles, was mit ihr zusammenhängt, so benannt, so beschrieben, bewertet, charakterisiert, verzerrt und sogar computerisiert werden, wie es ein halbes Jahrtausend lang offiziell Tradition war, oder muß eine neue Bezeichnung dafür gefunden werden? Was war es? Entdeckung, Begegnung, Erfindung, Zufallsfund? Oder was? Welchen Sinn oder welche Bedeutung hätte die Suche nach einem neuen Namen? Und wer hätte etwas davon, sich eine solche Arbeit zu machen?

Der erste Sturm brach los, als in Mexiko eine offene Ausschreibung für Beiträge zum »500. Jahrestag der Entdeckung und Eroberung Amerikas« angekündigt wurde. Sie sollte einen Gegenpol zu den Feiern in Spanien bilden und der ehrenamtliche Organisationsausschuß aus iberoamerikanischen Intellektuellen bestehen. Der Streit begann damit, daß einige Mitglieder das Wort »Entdeckung« beanstandeten, und endete, als die tragenden Organisationen sich auf die Bezeichnung »500. Jahrestag der Eroberung Amerikas« einigten.

Daß es sich bei diesem Streit um mehr als nur eine nominalistische Querele handelt, zeigt das zunehmende Echo, das diese Kontroverse in der Presse der westlichen Welt findet. Und obwohl sie zwar auch in akademischen Kreisen weitergeführt wird, ist sie längst nicht mehr alleiniges Vorrecht von Historikern und Anthropologen. Aus Gründen, die mit den sozialen und politischen Auswirkungen jenes Ereignisses vom Oktober des Jahres 1492 auf unsere Gegenwart zu tun haben, beteiligen sich daran jetzt auch viele indianische Organisationen, Menschenrechtsgruppen und politische Parteien.

Was die Soziologen »Demonstrationseffekt« nennen, hat dazu geführt, daß die Eroberung und Kolonialisierung durch Spanien, Frankreich, England und Holland mittlerweile auch in den USA und Kanada thematisiert wird, wenn auch nicht mit derselben Leidenschaft, mit der man in Iberoamerika die Rolle dieser Länder und Portugals bei ähnlichen Unternehmen in anderen Teilen der Welt diskutiert. Und dabei wird das heutige Spanien wegen des Aufwands, den es betreibt, um jenes Ereignis zu feiern, ebenso kritisiert wie Portugal, weil es das *nicht* tut. Es ist absehbar, daß sich diese Diskussion weiter verschärfen wird, je näher 1992 rückt; und wir sind gemeinsam mit anderen der Meinung, daß es gut ist, wenn das auf beiden Seiten des Atlantiks geschieht.

Denselben Standpunkt vertritt auch der Mexikaner Miguel León-Portilla, einer der anerkanntesten Erforscher prähispanischer Kultur in Mexiko und Botschafter seines

Landes bei der UNESCO. León-Portilla, der das Náhuatl, eine praktisch ausgestorbene Eingeborenensprache, perfekt spricht, liest und schreibt, hat bei Antritt seines Amtes verkündet, er werde dem spanischen Repräsentanten Federico Mayor vorschlagen, daß sich die UNESCO an den Gedenkfeierlichkeiten zum »500. Jahrestag« beteilige. »500. Jahrestag von was?« fragte ihn daraufhin ein Journalist, der genau wußte, daß der Befragte seit Jahren einen glühenden Meinungsstreit mit seinem Kollegen, dem Historiker und Philosophen Edmundo O'Gorman ausficht, der die Meinung vertritt, daß es »weder eine Entdeckung, noch eine Begegnung« gab. León-Portilla antworetete auf diese Frage:

»Seit dem ersten Treffen, auf dem das Thema zur Sprache kam, haben wir Mexikaner vorgeschlagen, nicht den rein eurozentristischen Begriff Entdeckung zu verwenden, sondern zu berücksichtigen, daß es in der Neuen Welt bereits Eingeborenenkulturen gab und heute immer noch gibt. Diese Eingeborenen waren die Entdecker; als die Spanier kamen, waren sie bereits da. Daher kam uns die Idee von der Begegnung zweier Welten, der alten und der neuen, was zu manchen Meinungsverschiedenheiten mit Spanien geführt hat. Die eurozentristische Ausrichtung ist mittlerweile unmöglich geworden, wir müssen den anderen als gleichberechtigt akzeptieren.

Vor beinah fünfhundert Jahren hat die Menschheit begonnen, Dinge global zu sehen und sich ein Bewußtsein von der Welt, in der wir leben, anzueignen. Das führte zu Zusammenstößen und Vermischungen; einige wenige, wie Pater Las Casas, haben sich für die Rechte der Eingeborenen eingesetzt (...) die Indios würden nie akzeptieren, daß man ihre *Entdeckung,* Unterwerfung und Eroberung feiert.«

In der mexikanischen Tageszeitung *Novedades* schrieb León-Portilla am 11. April 1985 einen Artikel über »das, was am 12. Oktober 1492 geschah«, über die Landung des Christoph Kolumbus auf einer Insel der Antillen, das, was im Laufe der Jahre gemeinhin als der Amerikanische Kontinent bezeichnet werden sollte. Diese Einlassung bewog O'Gorman zu einer scharfen Kritik in *La Jornada* vom

19. Mai. O'Gorman, Autor zweier klassischer Werke zu diesem Thema *(La idea del descubrimiento de América* und *La invención de América),* warf León-Portilla vor, »ein Meisterwerk der Zweideutigkeit« verfaßt zu haben und, anstatt »sich offen gegen eine Feier des Jahrestages zu stellen«, ihn unter dem Vorwand begehen zu wollen, »dem Ereignis auf andere Weise zu Ruhm zu verhelfen, das heißt, ihm einen anderen Sinn zu geben«.

Er stellt beispielhaft weitere Formulierungen León-Portillas vor wie »was am 12. Oktober 1492 begann« und »das ist die gemeinsame Wurzel aller spanisch- und portugiesischsprachigen Völker«, aus der die »ursprüngliche Begegnung« hervorgegangen sei, eine »Begegnung«, deren Folge »nicht nur die biologische, sondern auch kulturelle Vermischung« war, »wie es sich im Wesen Mexikos und eines Großteils von Amerika zeigt« und die nicht ohne Gewalt und ohne die Unterjochung der eingeborenen Völker zustande kam. Solche Formulierungen kritisiert O'Gorman als »Euphemismen, die dazu dienen, die Wirklichkeit der Eroberungskriege, der Unterwerfung und Ausbeutung der Urbevölkerung und die Vernichtung ihrer Kulturen (...) nicht beim Namen nennen zu müssen«.

Unter dem Eindruck dieser Polemik stand vielleicht auch der Leitartikel in *El País* vom 31. Juli 1985 zum »500. Jahrestag der Ankunft der von Christoph Kolumbus angeführten Expedition auf amerikanischem Boden«, der der auf dieser Seite des Atlantiks angefachten Polemik »um die adäquateste Bezeichnung« für dieses Datum mit folgenden Worten die Spitze zu nehmen suchte: »Entdeckung oder Begegnung zweier Kulturen bezeichnet aus sich ergänzenden und in Einklang zu bringenden Blickwinkeln ein und dasselbe Phänomen«. Aber das war genau das, was O'Gorman, dokumentarisch belegt, ausgiebig bestritt: *El País* fügte hinzu, die Diskussion dürfe »nicht mit Vorurteilen geführt werden«, und erklärte, gerade »1992 könnte eine ausgezeichnete Gelegenheit sein, um die Sicht der Sieger, aus der Spanien häufig die amerikanische Vergangenheit betrachtet, dem anzugleichen, was der berühmte mexikanische Anthropologe die Sicht der Besiegten, die *Visión de los vencidos,* genannt hat«.

Das vor mehreren Jahrzehnten erschienene Buch *Visión de los vencidos* ist eine Anthologie indianischer Texte über den Eroberungskrieg, dessen Opfer die Indios waren, über ihre Unterwerfung und die Vernichtung ihrer Kultur. Es ist mittlerweile ein Klassiker, und die Texte zusammengestellt und aus den Landessprachen übersetzt hat León-Portilla, der nach wie vor die Meinung vertritt, »Entdeckung« sei ein eurozentristischer Begriff, der »wie in den Vereinten Nationen ganz richtig gesagt wurde«, als Spanien dort vorschlug, das Ereignis in internationalem Rahmen zu feiern, »nach abgestandenem Kolonialismus riecht«.

Rodolfo Stavenhagen, ebenfalls ein führender Anthropologe und Soziologe in Mexiko, hat die Grundzüge dieser Polemik in einer Chronik zusammengefaßt, die er »Die Begegnung zweier Welten« nannte, und hinzugefügt (*La Jornada,* 10. Juli 1985):

»Überhaupt nicht einbezogen in die Diskussion um den berühmten ›Zufallsfund‹ des Kolumbus (wie Dr. Leopoldo Zea ihn genannt hat) wurden die Leidtragenden dieses weltbewegenden Ereignisses, die Indios, deren Zivilisation zerstört, deren Dörfer gebrandschatzt, die versklavt und vernichtet und deren Kulturen zertreten worden sind. Für die indianische Bevölkerung Amerikas war die ›Entdekkung‹ der einen oder die ›Begegnung‹ der anderen nichts als eine Invasion, deren Folgen sie heute noch spüren und mit der für sie eine lange, finstere Zeit der Unterdrückung und Ausbeutung begann, von der sie bis heute nicht befreit sind.

Über alle diplomatischen Aktivitäten des spanischen Königs und gelehrte Thesen der Wissenschaftler hinaus, sollte der 500. Jahrestag Anlaß geben, die indianischen Kulturen auf unserem Kontinent (die viel lebendiger und dynamischer sind, als gemeinhin angenommen) zu rehabilitieren und den Indios den Platz in der Geschichte Amerikas und den heutigen Gesellschaften zuzugestehen, der ihnen von Rechts wegen gebührt.«

Eine aufmerksame Lektüre der Berichte und Kommentare, die in Zeitungen und Zeitschriften diesseits und jenseits des Ozeans zum Thema erscheinen, macht klar, daß die Unterschiede der jeweiligen Standpunkte nicht nur semantischer Natur sind und über nominalistische Byzantinismen, Unrechtsvorhaltungen und fast fünfhundertjährige Selbstgefälligkeit hinausgehen. Wer sich in diesem Teil der westlichen Halbkugel, die José Martí im 19. Jahrhundert als »Unser Amerika« bezeichnet hat (um es von dem verallgemeinernden »Amerika« zu unterscheiden, das die Vereinigten Staaten seit Thomas Jefferson *pro domo sua* in Anspruch nehmen), mündlich oder schriftlich zu Wort meldet, tut es oft in dem alten Ton der Verbitterung und des Vorwurfs. Dies ist besonders auffällig in Ländern mit überwiegend indianischer Bevölkerung, ungeachtet der Größe des jeweiligen mestizischen Anteils, wie zum Beispiel in Mexiko, Mittelamerika, Bolivien, Peru, Ecuador und Kolumbien.

Am 1. Juli 1987 schloß die fünfte Konferenz des Weltrats Indianischer Völker, die in Lima, Peru, getagt hatte und zu der Vertreter von sechshundert amerikanischen Indio-Organisationen gekommen waren, nach einwöchigem Meinungsaustausch mit einer Resolution, in der der »Festcharakter« des Gedenktages zurückgewiesen und dafür eingetreten wurde, »die zerstörerischen – und selbstzerstörerischen – Auswirkungen hervorzuheben, die die angebliche Entdeckung verursacht hat«. Bei dieser Gelegenheit erklärte der Koordinator des Südamerikanischen Indiorats (CISA), Asunción Untiveros (der in dem Film »Die Mission« des US-Regisseurs Roland Joffe die Rolle des Anführers der aufständigen Guaraní-Indios spielte): »Die meisten Delegationen lehnen die Initiative der spanischen Regierung, die sogenannte Entdeckung Amerikas zu feiern, ab, weil wir sie als den Beginn des Völkermords betrachten, dem die indianischen Völker Amerikas selbst heute noch ausgesetzt sind.«

Untiveros kündigte seitens der indianischen Organisationen eine Reihe von Aktivitäten an, die die Regierungen zur

Abschaffung von Gesetzen bewegen sollen, in denen der 12. Oktober unter der Bezeichnung »Tag der Rasse«, »Tag der Entdeckung« oder »Tag des Kolumbus« zum Feiertag erklärt wird. Er sagte weiter: »Wir hoffen auch, daß das spanische Volk die Existenz unserer Völker entdeckt und anerkennt und daß unsere Geschichte und unsere kulturellen Werte zu einem festen Bestandteil der Weltgeschichte werden.« Aus dieser Einstellung heraus rügte der Weltrat Indianischer Völker, der als nichtamtliche Organisation bei den Vereinten Nationen akkreditiert ist, auch den Entschluß der peruanischen Regierung unter Alan García, sich den Gedenkfeiern von 1992 anzuschließen, und entschied: »Die systematischen Bemühungen, jene Vorkommnisse, die zur teilweisen Ausrottung ganzer Völker und zu fünf Jahrhunderten fortgesetzter Aggression geführt haben, als positive Weltereignisse zu feiern, stellen eine Entwürdigung unserer Völker und unseres Kontinents dar.«

Und das offizielle Organ der CISA, die Monatszeitschrift *Pueblo Indio,* verkündete in einem Leitartikel: »Die indianische Welt wird 1992 nicht die spanische Invasion (sic!) feiern, sondern die Ankunft des Pachacutti, die Wende zur Wiedererlangung unserer Formen kollektiver Gemeinwesen; wir haben uns in Bewegung gesetzt, wir organisieren uns, wir beginnen wieder, wir selbst zu sein; aber wir sind keine Revanchisten, und wir brechen über unsere Vergangenheit auch nicht in Tränen aus.« Spanien ist jedoch nicht das einzige Land, das gegeißelt wird. In Brasilien ist der Zorn auf Portugal und Holland, seine Hauptkolonisatoren, genauso groß. Und was, mit gebührendem Abstand von Zeit und Ausführung, die Vereinigten Staaten angeht, so halten die Eingeborenenforscher innerhalb und außerhalb der Grenzen der USA auch nicht mit ihrer Kritik hinter dem Berg, wie der Artikel »Kapitalismus und Völkermord« von Andrés Ortiz in der Zeitschrift des Mexikanischen Nationalinstituts für Eingeborenenfragen *México Indígena* veranschaulicht.

Ortiz belegt den nördlich und südlich des Rio Bravo (den die Nordamerikaner Rio Grande nennen) begangenen Völkermord mit Zahlen: »Anfang des 16. Jahrhunderts zählte der amerikanische Kontinent von Alaska bis Feuerland an die hundert Millionen Einwohner, von denen zehn oder zwölf Millionen auf dem Gebiet der heutigen Vereinigten Staaten lebten. Von diesen zehn oder zwölf Millionen sind nach der Volkszählung von 1980 zweihundertdreißigtausend übriggeblieben. Es braucht wohl nicht erwähnt zu werden, daß im Unterschied zur spanischen Mestizisierung in Nordamerika nie eine Kreuzung zwischen indogermanischen und indianischen Rassen stattgefunden hat. Als daher in Chicago Festlichkeiten zur Feier der ›Entdeckung‹ angekündigt wurden, gingen indianische Gruppierungen auf die Straße und protestierten unter dem Motto: Sollen wir unsere eigene Ausrottung feiern?«

Jorge Luis Borges gehörte zu denen, die sich immer gern über die »Entdeckung« des Kolumbus amüsiert haben. In seiner ersten wissenschaftlichen Abhandlung, die er, seine notorische Schüchternheit überwindend, der Öffentlichkeit vorlegte, damals, 1947 war das, in den Kellerräumen der Buchhandlung Juan Cristóbal in Buenos Aires, benannte er den Norweger Leif Erikson als »wahren Entdecker« Amerikas, wozu er unerschöpfliche Hinweise aus isländischen Sagen anführte, bezüglich derer er sich als »bescheidenen Glossator« bezeichnete, um schließlich Kolumbus zu bescheinigen, daß er immerhin »über den größten Fund seines Lebens gestolpert und obendrein noch um den Ruhm für diesen Zufallsfund gebracht worden ist«.

Borges bezieht sich auf den Teil des berühmten Kolumbus-Zitats, in dem vom Gold die Rede ist, das den Seelen die Pforten des Paradieses öffnen kann, wenn er mit spöttischer Ironie feststellt, daß »dem genuesischen Idealisten, falls er kein mallorquinischer Jude war, der sich als andalusischer Seefahrer verkleidete, um der von Fernando und seiner angetrauten Isabella befohlenen Vertreibung zu entgehen«, ohnehin der Sinn weit mehr danach stand, »die sagenhafte Berge goldenen Metalls in Cathay und Cipango einzusammeln« als den Ruhm und Ruf des Entdeckers neuer Welten; so besessen war er davon, daß er in dem bewußten Sendschreiben das magische Wort nicht weniger als achtzigmal erwähnt.

Kolumbus blieb nicht der einzige, der sich sein Hirn darüber zermarterte, wie auf schnellstem Wege an die größte Menge Gold zu kommen sei, und er war auch nicht der einzige, der voller Eifer den Hochgesang auf die Vorzüge des edlen Metalls anstimmte. Alle zeitgenössischen und auch die späteren Schriften sind voll davon. Die *Historia general de las cosas de la Nueva España* des Franziskanerpaters Bernardino de Sahagún ist nicht nur eine Auflistung der Taten des Eroberers von Mexiko, sondern zugleich, und ohne daß dieser dafür moderne Computer zur Verfügung gehabt hätte, eine von der Verwendungshäufigkeit des prekären Wortes:

»Und dann schickt Motecuhzoma und stellt ihn (Hernán Cortés) einigen seiner Hauptleute vor (...) Sie trafen ihn in der Gegend um den Popocatépetl (...)

Sie gaben den Spaniern Fahnen aus *Gold,* Fahnen, aus Quetzalfedern gemacht, und Ketten aus *Gold.* Und als sie ihnen dieses gegeben hatten, strahlten ihre Gesichter, sie freuten sich sehr und ergötzten sich. Als wären sie Affen, hoben sie das *Gold* in die Höhe, als erquicke es sie und erleuchte ihr Herz.

Wie hungrige Erdschweine gierten sie nach dem *Gold.*

Und gierig entreißen sie ihnen die Fahnen aus *Gold,* schütteln sie von einer Seite zur anderen Seite, sehen sie von hier und von dort an. Sie stammeln wie Wilde in ihrer Sprache, alles, was sie sagen, ist wie wildes Gestammel.« (Buch XII, Kap. XII)

Der Bericht folgt den *Entdeckern* bei ihrer Ankunft in Tenochtitlan.

»Und dann geht Montecuhzoma ihnen voran. Sie umkreisten ihn, drängten sich an ihn (...) ihn an sich gedrückt, nehmen sie ihn in ihre Mitte.

Und als sie an das Schatzhaus, genannt Teucalco, gelangt waren, holten sie alle die aus Quetzalfedern geflochtenen Dinge heraus (...) feine Schilde, Scheiben aus *Gold,* die

Halsketten mit kleinen Göttern, die Nasenhalbmonde aus *Gold* gemacht, in *Gold* gestochene Bilder, Armreifen aus *Gold,* Diademe aus *Gold.*

Ohne Verzug wurde er seiner *goldenen* Schildwappen entledigt und all seiner Insignien. Und dann errichteten sie einen großen Haufen aus *Gold* und legten Feuer, zündeten es an, übergaben alles den Flammen, selbst Dinge von größtem Wert: und alles brannte.

Und was das *Gold* betraf, so schmolzen die Spanier es zu Barren (...).

Sie gingen überall herum, durchsuchten alles, wühlten im Schatzhaus, in den Lagern und nahmen alles an sich, was sie sahen, alles, was ihnen wertvoll erschien.

Sogleich gehen sie zum Lagerhaus von Motecuhzoma. Dort wurde aufbewahrt, was Eigentum Motecuhzomas war (...) Als ob sie alle zusammen dort nie wieder fortgehen wollten, als wären sie junge Fohlen, klopften sie sich auf die Schultern: so fröhlich war ihr Herz.

Und als sie ankamen, als sie das Haus der Schätze betraten, waren sie wie entfesselt. Überall waren sie gefürchtet, alles begehrten sie für sich, sie waren von Gier besessen (...).

Alles nahmen sie, ergriffen alles, was sie fanden, und nahmen es für sich, als wäre alles für sie bestimmt.« (Buch XII, Kap. XVII u. XVII)

Nachdem das Volk der Meshiken sich ergeben hat und in Massen aus Tenochtitlan flieht:

»... stehen die Spanier an den Straßen und durchsuchen die Leute. Sie suchen *Gold* (...)

Als die Kämpfe beendet waren, verlangte er (Cortés wieder) von ihnen *Gold.* Jenes, welches sie im Kanal der Tolteken zurückgelassen hatten, als sie die Stadt verließen und aus Meshiko flohen.

Da befiehlt der Hauptmann die Könige zu sich und sagt zu ihnen:

Wo ist das *Gold,* das in Meshiko bewahrt wurde?

Dann gehen sie hin und holen aus einem Schiff alles *Gold.* Barren von *Gold,* Reifen aus *Gold* für die Arme, Bänder aus *Gold* für die Beine, Hauben aus *Gold* und *goldene* Scheiben. Alles legten sie dem Hauptmann zu Füßen. Die Spanier kamen und nahmen es an sich. Dann sagte der Hauptmann:

Mehr *Gold* wurde in Meshiko nicht aufbewahrt? Ihr sollt alles herbringen. Sucht die Hauptleute (...)

Gold... Gold... Gold...« (Buch XII, Kap. XL u. XLI)

Gerechtfertigt wurde solches Verhalten nicht nur durch individuelle oder kollektive Habsucht, Maßlosigkeit und hemmungslose Gier, sondern sogar durch päpstliche Anordnung; denn laut der ersten päpstlichen Bullen vom 3. und 4. Mai 1493 »... beruht die päpstliche Politik in dieser Frage im wesentlichen auf folgendem Prinzip: daß die Heiden und Ungläubigen kein rechtmäßiges Eigentum an ihren Ländern und Gütern geltend machen können und die Kinder Gottes (was seiner Meinung nach nur die ins Meer geschütteten Spanier und Portugiesen waren) das Recht haben, es ihnen zu nehmen« (J.W. Draper: *History of intellectual development in Europe*).

Der abstoßende Schreiberling Juan Ginés de Sepulveda produzierte 1547 einen Text in gelehrtem Latein – *Abhandlung über die gerechten Gründe des Krieges gegen die Indios* -, in dem er das Unrecht der so überaus christlichen Eroberer rechtfertigt. Wie den folgenden Zitaten aus einer zweisprachigen Ausgabe (México, 1941) zu entnehmen ist, war ihnen einfach alles erlaubt, weil sie im Auftrag Gottes und seiner Stellvertreter auf Erden handelten und weil außerdem die barbarischen, gottlosen und satanischen Wilden wirklich nichts anderes verdient hatten.

»Mit vollem Recht üben die Spanier ihre Herrschaft über diese Barbaren der Neuen Welt und der angrenzenden Inseln aus, die in Geist und Verstand, in allen menschlichen Tugenden und Empfindungen den Spaniern so unterlegen sind wie Kinder den Erwachsenen, wie Frauen den Männern, und die sich so voneinander unterscheiden wie grausame Unmenschen von ausgesprochen Sanftmütigen (...) ich möchte fast sagen, wie die Affen von den Menschen.« (S. 101)

»Menschenkinder, in denen fast keine Spur von Menschlichkeit zu finden ist, die nicht nur keinerlei Wissenschaft besitzen, sondern auch keine Buchstaben kennen und kein Denkmal ihrer Geschichte bewahren, als irgendwelche dunklen, vagen Überlieferungen, die sie sich in einer Art Malerei erhalten. Sie haben auch keine geschriebenen Gesetze, sondern allein ihre barbarischen Sitten und Einrichtungen.« (S. 105)

»Diese Leute sind von Natur aus zur Knechtschaft bestimmt (...) Barbarei und Fron sind ihnen angeboren.« (S. 109)

»Grausame, ungebildete und unmenschliche Menschenkinder (...)« (S. 111)

»Schlicht und einfach Wilde, die der Natur Gewalt antun, gotteslästerliche Götzendiener.« (S. 145)

»Wie können wir daran zweifeln, daß diese ungebildeten Wilden, denen Ruchlosigkeit und Stumpfsinn im Blut liegen, zu Recht von einem so vortrefflichen, gottesfürchtigen und gerechten König erobert worden sind, wie es Fernando der Katholische war und heute Kaiser Karl ist, und von einer zutiefst menschlichen und in allen Tugenden vortrefflichen Nation?« (S. 113)

»Was kann diesen Wilden besseres und heilsameres geschehen, als dem Reich derer unterworfen zu werden, deren Vernunft, Tugend und Religion aus solchen Wilden, die kaum als menschliche Wesen bezeichnet werden können, zivilisierte Menschen machen soll, soweit das bei ihnen überhaupt möglich ist; aus unzüchtigen Barbaren ehrbare und rechtschaffene Christen; aus grausamen Teufelsanbetern gottesfürchtige Verehrer des einzigen Herrn.« (S. 133)

»Diese Wilden sind in der Pflicht, die Herrschaft der Spanier wie ein Naturgesetz anzunehmen (...) Und wenn sie unsere Herrschaft ablehnen, können sie mit Waffengewalt genötigt werden, sie anzunehmen (...) hat diese Herrschaft zudem doch den großen Vorzug dessen, was die Spanier diesen Menschenkindern an Gedankenreichtum, Vernunft, Menschlichkeit, geistiger und körperlicher Stärke und allen

Tugenden geben können, wie es einst die Römer mit den übrigen Völkern taten.« (S. 135)

»Ich glaube, die Wilden können mit dem gleichen Recht erobert werden, mit dem sie auch zum Evangelium bekehrt werden.« (S. 139)

»Es wäre angebracht, Lehren und Ermahnungen durch Gewalt und Schreckensverbreitung zu ergänzen, damit sie der Unzucht und dem Götzendienst entsagen.« (S. 147)

»Der Krieg der Unseren gegen diese wilden Barbaren verstößt nicht gegen das Gesetz Gottes und entspricht dem Natur- und Menschenrecht, das die Knechtung der Feinde und Inbesitznahme ihrer Güter erlaubt.« (S. 161)

»Gerechter Krieg führt zu gerechter Sklaverei, die nach dem Menschenrecht zum Verlust der Freiheit und des Eigentums führt.« (S. 167)

»Es gibt keinerlei rechtlichen und menschlichen Grund, der verböte, wie es auch die christliche Philosophie nicht verbietet, die uns unterworfenen Sterblichen zu beherrschen und ihnen Tribute abzuverlangen, die der gerechte Lohn der Arbeit und unerläßlich sind, um Herren, Gerichtsbeamte und Soldaten zu unterhalten, und auch die Knechtschaft nicht verbietet.« (S. 176)

»Das ist die natürliche Ordnung, die das ewige Gesetz Gottes zu wahren heißt (...) Diese Lehre (bestätigt sich) nicht allein durch dic Autorität eines Aristoteles (...) sondern auch durch die Worte des Heiligen Thomas.« (S. 153)

Wie Alejandro Lipschütz in seiner *Conquista y mestizaje en América y el problema racial* allerdings darlegt, war die durchdachte Lebensführung dieser Indios allein schon Beweis genug, daß sie »weder Hunde noch Affen sind und nicht völlig des Verstandes entbehren« (S. 109); und obwohl es sich um »Unglückliche« handelte, die »zum Dienen und nicht zum Befehlen« auf die Welt gekommen waren (S. 157), waren die letztendlich doch »unsere Nächsten« (S. 127). Wenigstens etwas.

Lohnt es sich, noch einmal die unerläßliche *Brevísima relación de la destrucción de las Indias* heranzuziehen, die von Bischof Don Fray Bartolomé de Las Casas, oder Casaús, vom Orden Santo Domingo, im Jahre 1552 zusammengestellt wurde und dem man die Hauptverantwortlichkeit für die »schwarze Legende« zuschreibt, die Spanien in seiner Rolle als »Mutterland« bis heute nachhängt? Ich glaube, es lohnt sich:

»Der Grund, warum die Christen so endlos viele Seelen getötet und vernichtet haben, war letztendlich nur das *Gold* und sich in wenigen Tagen gewaltige Reichtümer anzueignen und in hohe Verhältnisse aufzustreben, die in keinem Verhältnis zu den Personen standen (man sollte wissen, warum): Aus unersättlicher Habsucht und Gier, die sie hatten, die größer war, als sie in der Welt überhaupt sein konnte, weil jene Länder so glücklich und so reich waren und die Menschen dort so bescheiden, so duldsam und so einfach zu unterwerfen waren, und für die sie nicht einmal soviel Achtung und Wertschätzung aufgebracht haben (ich sage die Wahrheit, weil ich es selbst gesehen habe all die Zeit und es weiß), wie für ihre Pferde (ich dankte Gott, wenn sie sie wie Pferde behandelt und geachtet hätten), sondern weniger als für den Mist auf den Plätzen. Und so haben sie sich um ihr Leben und ihre Seelen gekümmert, und darum sind all die vielen, von denen ich spreche, ohne Zuversicht und ohne Sakramente zu Tode gekommen. Und dies ist allbekannte und bezeugte Wahrheit, die alle, selbst die Tyrannen und Mörder, wissen und eingestehen, daß die Indios im ganzen Amerika nie einem Christen irgendein Leid getan, vielmehr früher glaubten, sie seien vom Himmel her, bis sie, anfangs, viele Male, oder ihre Nachbarn, soviel Böses, Raub, Tod, Gewalt und Drangsal von selbigen erfuhren.«

Viel weiter im Süden der »Neuen Welt«, im Hochland von Peru (Virú), berichtet ein anderer aufklärerischer Historiker, Guamán Poma de Ayala, in der *Nueva Crónica* schmerzerfüllt von der einen verzweifelten Schlußfolgerung: *Es gibt keine Rettung:*

»Die Indios fürchten die Landvogte, denn sie sind schlimmer als Schlangen, sie verschlingen Menschen, denn sie fressen ihre Leben und ihre Eingeweide, sie entreißen ihnen ihre Höfe wie ein wildes Tier, das stärker ist als alle, das niemand besiegen kann; und es gibt keine Rettung.

Die Lehnsherren fürchten sie, weil sie Löwen sind, die keine Gnade kennen, wenn sie eine Beute geschlagen haben, mit den Krallen, die sie haben. Als wildestes aller Tiere verzeiht es dem Armen nicht und zeigt sich ihm nicht erkenntlich. Und es gibt keine Rettung.

Die Indios fürchten die Väter der Lehre, weil sie sanftmütiger sind als der Fuchs und gerissener als er, wenn es darum geht, ihre Höfe, Frauen und Kinder zu rauben. Darum nennt man sie Gelehrte, weil ein guter Fuchs Doktor- und Gelehrtentitel hat. Und so vernichten sie die Indios in diesem Reich, und es gibt keine Rettung.

Die Indios fürchten die Notare, weil sie wie Wildkatzen auf der Lauer liegen, umherschleichen, und wenn sie zuschlagen, gibt es kein Entrinnen für die arme Maus. Ebenso schleichen sie um die Höfe der armen Indios, bis sie sie in ihren Fängen haben. Und es gibt keine Rettung für die armen Indios.

Die Indios fürchten die reisenden Spanier in den Gasthöfen, weil sie wild wie Tiger sind und den ersten Indio, der von der Arbeit kommt, zu Diensten zwingen, ihm nehmen, was er hat, ganz gleich ob Alcalde, Kazike oder armer Indio. Sie prügeln ihn, nehmen ihm alles und behalten es für sich. Sie sind schlimmer noch als die anderen Tiere. Und es gibt keine Rettung für die armen Indios.

Die Häuptlinge sollen Indios mit Befehl über zehn Indios sein, und die fünf unter sich haben, werden Kurakas. Diese sind unter den Indios gefürchtet, weil sie Ratten sind, die Tag und Nacht ihre Höfe bestehlen, ohne daß jemand sie stehlen sieht. Zudem verlangen sie die Abgaben, das Silber und auch Essen, und nehmen, was der Gemeinschaft gehört. Sie richten mehr Schaden an als alle anderen Tiere, weil sie Tag und Nacht nicht aufhören zu stehlen. Und es gibt keine Rettung für die armen Indios in diesem Reich.

Und alle diese Tiere halten den Indio in ihren Fängen, lassen ihn nicht mehr los, und ein Dieb hilft dem anderen.

Und wenn der Kazike dem armen Indio zu Hilfe sein will, fallen sie über ihn her und töten ihn.«

Dieser erschöpfende Bericht wird durch eine Bildtafel ergänzt, auf der alle genannten Tiere abgebildet sind, wie sie einem Indio »nachstellen«, der auf Knien und mit vor der Brust gefalteten Händen fleht: »Amayari llapallaykichik llatanawaychu dios rayku!« (»Um der Liebe Gottes willen, laßt mich nicht in völliger Nacktheit, Ihr alle!«).

Obwohl einflußreich und mächtig, wurde den Sepúlvedas von Las-Casas-Anhängern ebenso widersprochen wie von anderen hochgebildeten Geistlichen mit noch nicht verkümmerter Urteilskraft. Der salmantinische Pater Francisco de Vitoria verkündet in seinen *Relecciones teológicas* (Relectio de Indis, 1538) in scholastischem Latein, daß der Kaiser (Karl I.) nicht Herrscher des ganzen Erdkreises war und in Ermangelung eines rechtlichen und theologischen Titels, der einen Anspruch dieses Ausmaßes gestützt hätte, auch gar nicht sein konnte. Außerdem weist er zurück, daß der Papst fremde Länder vergeben konnte, da er keine weltliche Macht über die Länder besaß, die ihm nicht als Eigentum gehörten. Er leugnete ein in der »Entdeckung« oder dem römischen Titel der Besitznahme begründetes Recht zur Aneignung des Landes, da die Länder der Indios bewohnt waren und ihre Bewohner zulässigerweise alle Rechte der Souveränität und des Eigentums ausübten. Daher kann es ihnen nicht fortgenommen werden, auch nicht unter dem Vorwand, sie seien »Ungläubige« oder weil sie sich dem Evangelium verwehren: »Die christlichen Herren, selbst wenn sie die Autorität des Papstes vermitteln, können die Wilden von den Sünden gegen das Naturgesetz abbringen, aber es ist nicht ihre Aufgabe, sie dafür zu bestrafen.«

Für Vitoria kann kein anderes Prinzip der Anwendung oder Anerkennung gelten als das der unabhängigen, selbstbestimmten Wahl; die auf freiem Willen basierend gutgeheißen und akzeptiert wurde, möchten wir hinzufügen. »Ein anderer Titel mag aufgrund einer wahrhaftigeren und freiwilligen Wahl zustande kommen, wenn die Wilden zum

Beispiel, indem sie die Menschlichkeit und weise Regentschaft der Spanier erkennen, aus freiem Willen, sowohl die Fürsten als auch die übrigen den König von Spanien als Herrn annähmen. Das könnte man tun, und es wäre ein legitimer Titel nach natürlichem Gesetz (...)« Damit jedoch »eine solche Wahl gültig wäre«, fügt er für die damalige Zeit sehr mutig hinzu, »müßte sie frei von Angst und Unwissenheit, die jede Wahl verfälschen, durchgeführt werden«.

Menschlichkeit und weise Regentschaft der Spanier? Wie viele Sammelwerke könnte man mit Berichten und historischen Dokumenten füllen, die, trotz vereinzelter Stimmen des Protests und des Mahnens, glaubhaft ihr durchgängiges Nichtvorhandensein über Jahrhunderte hin belegen? Wir könnten sie auf einige wenige Begriffe bringen, die ein anderer Geistlicher, Juan Pablo Vizcardo y Guzmán, in seinen *Cartas a los españoles americanos* formuliert hat. Er war einer der Vordenker des amerikanischen »independentismo«, und seine Zeilen schildern uns zugleich die Rolle, die Spanien in der »Neuen Welt« gespielt hat.

»Unter welchem Aspekt man unsere Abhängigkeit von Spanien auch betrachtet, man wird erkennen, daß all unser Streben darauf hinauslaufen muß, sie zu beenden. Das sind wir unseren Vätern schuldig, die ihr Blut und ihren Schweiß für uns vergossen haben, nur damit der Schauplatz ihres Ruhms und ihrer Mühen zu dem unserer elenden Versklavung wurde. Wir sind es uns selbst schuldig und unserer unerläßlichen Obliegenheit, die uns von unserem Schöpfer zuerkannten Naturrechte zu wahren; kostbare Rechte, die zu veräußern wir nicht befugt sind und die uns nicht ohne Unrecht, unter welchen Vorwänden auch immer, genommen werden können. Kann der Mensch seiner Vernunft entsagen, und kann selbige ihm mit Gewalt entrissen werden? Die persönliche Freiheit ist ihm nicht weniger wesentlich eigen wie die Vernunft. Die freie Ausübung dieser Rechte ist das unverzichtbare Erbe, auf das unsere Nachwelt einen Anspruch hat.

Es wäre reine Blasphemie, sich vorzustellen, der oberste Wohltäter der Menschheit habe die Entdeckung der Neuen

Welt zugelassen, damit ein paar geistlose Spitzbuben sie auf immer zugrunde richteten und in den wahnsinnigen Genuß kämen, Millionen von Menschen, die ihnen nicht den geringsten Anlaß zum Unmut gaben, ihrer von seiner göttlichen Hand empfangenen Grundrechte zu berauben; sich vorzustellen, seine ewige Weisheit wolle dem Rest der Menschheit den ungeheuren Gewinn vorenthalten, der ihr in einer natürlichen Ordnung durch solch ein Ereignis eigentlich entstehen sollte, und sie sich sogar wünschen lassen, die Neue Welt wäre immer unbekannt geblieben.

Und dennoch hat diese Blasphemie Gestalt angenommen in dem Recht, das Spanien sich über Amerika anmaßt. Menschliche Bosheit hat die natürliche Ordnung der Barmherzigkeit Gottes pervertiert, von der Billigung unserer besonderen Interessen am Erhalt des Vaterlandes gar nicht zu sprechen. Wir stehen in der Pflicht, mit allen Kräften unsere Hoffnung zu nähren, daß die Demütigung des Menschengeschlechts hier ihr Ende findet. Entdecken wir für all unsere Brüder, für alle Bewohner dieser Erde noch einmal jenes Amerika, aus dem Undank, Unrecht und Habsucht uns vertrieben haben. Der Lohn wird für uns nicht geringer sein als für sie.«

Weder die Prophezeiung noch die Absicht Pater Vizcardos haben sich erfüllt. Das heutige Spanien steht, wie das Spanien von gestern, noch immer in der Schuld Amerikas; Unseres Amerikas.

Der 500. Jahrestag
Ein Gespräch mit Fidel Castro

Comandante, in unseren Ländern existiert ein historisches Problem mit den indianischen Nationalitäten. Spanien bereitet die Fünfhundertjahrfeier der »Entdeckung« vor, während man in Lateinamerika eher dagegen ist, dieses Datum zu feiern. Wie ist Ihre Meinung dazu?

Einige meiner Stellungnahmen zu diesem Datum dürften Sie kennen. Mit dem, was ich zu dem Thema gesagt habe, habe ich mir bei den Spaniern einige Probleme eingehandelt. Jemand befragte mich dazu, und ich sagte, es handele sich um ein unheilvolles, ein unseliges Datum. Mit dieser Reaktion brachte ich meine ganze Empörung über die Ungerechtigkeit damals und auch heute zum Ausdruck. Ich erinnerte daran, daß die Entdeckung einherging mit Eroberung und Gewalt, mit der Ausrottung von Millionen Männern und Frauen in diesem Teil der Welt, mit Sklaverei, die auch zu Menschenhandel geführt hat, zu der Versklavung von Millionen von Afrikanern, die manchmal wie Tiere durch den Urwald gehetzt wurden, weil man sie lebend fangen wollte.

Ich dachte an heute und an das, was nach der Eroberung kam: Kolonialismus, Neokolonialismus, Imperialismus. Die Ablehnung kam mir aus tiefster Seele. Ich glaube, es war auf einer Konferenz, die mit der Auslandsverschuldung oder ähnlichem zu tun hatte, und ich sagte, ich sei ein Indio, ich fühle mich als Indio. In Europa und in Spanien hat das ich weiß nicht was für einen Aufstand ausgelöst, als ich das

Abdruck mit freundlicher Genehmigung der Zeitschrift *Punto de vista*, Quito, Ecuador, August 1988 gesagt habe. »Unglaublich! Ein Sohn galicischer Eltern sagt, er sei Indio.« Und mir kam es aus tiefstem Herzen. Weil ich mich als Lateinamerikaner fühle. Ich wollte damit nicht sagen, daß ich indianisches Blut in den Adern, sondern eine indianische Seele habe. Was war das ein Aufstand!

Ich will nicht die moderne Ethik bemühen oder heutige Prinzipien heranziehen, um über Kolumbus zu urteilen, und ich will auch nicht seine Verdienste in Frage stellen. Kolumbus war eine Art Quijote, ein Visionär. Sein ganzes Handeln entsprach den Normen und Gesetzen der damaligen Zeit. Als Seefahrer und Mann der Wissenschaft hat er große Verdienste erworben. Das kann man nicht leugnen. Er träumte von Imperien, Königreichen, Vizekönigreichen und was weiß ich alles, aber davon träumten die Leute damals eben.

Wie ich schon öfter gesagt habe, ist das alles auch eine Frage von Schicksal. Was war das Schicksal von Kolumbus? Daß ihm ein Kontinent im Weg lag, denn er wollte ja Indien entdecken, aber er entdeckte dann etwas, was dazwischen lag.

Ich habe die kompletten Reiseberichte von Marco Polo gelesen, in denen die phantastischsten Dinge stehen: Berge, die sich bewegen, und solche Sachen; aber man findet da auch viele Ereignisse und historische Gegebenheiten wieder, die der Wirklichkeit entsprechen und bewiesen sind, wie die Existenz des großen Mongolenreiches. Er berichtet ja von vielen solchen historischen Dingen, wie etwa auch den mongolischen Reiterscharen. Ein Heer von Hunderttausenden von Reitern. Ich habe mich immer gefragt, was gewesen wäre, wenn dieser Kontinent nicht im Weg gelegen hätte, wenn Kolumbus wirklich nach China gekommen und dort an Land gegangen wäre; dann hätte er das Land nicht im Namen des Königs von Spanien in Besitz nehmen können, weil sich ihm nämlich Tausende und Hunderttausende berittener Krieger in den Weg gestellt hätten (und das sollen ja ganz hervorragende Reiter gewesen sein). Die Spanier haben also diesen Kontinent erobert, weil sie über die modernere Technologie verfügten: Arkebuse, Armbrust, Pferd. Hier in Kuba sagt man sogar – denn in der Karibik hat ja alles angefangen –, so ein Reiter sei den Indios wie ein Ungeheuer vorgekommen: Wenn sie das Pferd töteten, stand der Reiter wieder auf, und töteten sie den Reiter, lief das Pferd weiter. Mit ein paar Pferden haben sie Schrecken verbreitet. Was war das Pferd denn damals? Das, was heute die Atombombe ist! Und eine Muskete? Das Schießpulver? Eine Atombombe! Aber erfunden haben das Schießpulver die Chinesen.

Stellen Sie sich vor, dieser Kontinent hätte nicht im Weg gelegen und Kolumbus wäre dort hingekommen. Glauben Sie, er hätte das Reich erobern können? Er läßt seine ganzen Spanier aufsitzen, und die Spanier waren ja tapfer. Sie haben mehrere Jahrhunderte gegen die Araber gekämpft, um sie aus ihrem Land zu vertreiben. Sie waren Krieger und wohl auch von Natur aus kriegerisch. Aber alle Spanier zu Pferd hätten das Mongolenreich nicht erobern können. Bei all diesen Dingen war also auch noch der Zufall im Spiel.

Sie finden einen Kontinent, dessen Bewohner in technischen und zum Teil auch im kulturellen Bereichen rückständig sind, aber in einigen anderen wiederum außerordentlich fortgeschritten: das ganze Territorium, das heute Mexiko, Mittelamerika und Südamerika mit Ecuador und Peru umfaßt. Es gab da phantastische Dinge, von denen nicht einmal die Wissenschaftler sich erklären können, wie diese Kulturen sie zustande gebracht haben. Nur daß sie keine Arkebusen, keine eisernen Schwerter und Rüstungen hatten. Heute habe ich mir im Haus von Guayasamín fast zwanzig Minuten lang so eine Rüstung angesehen. So eine, wie sie die Infanterie getragen hat. Man muß wirklich lachen, wenn man die sieht. Und das war fortschrittliche Kriegstechnologie. Ich habe mir diese Taucherglocke genau angesehen und sie betastet, um festzustellen, wie dick sie war, wie stark, und ich kann Ihnen sagen: So ein Gewicht! Und wie weit sind Menschen in solchen Rüstungen gelaufen?

Es war bestimmt nicht einfach, sich darin zu bewegen.

Und das arme Pferd! Sie sind damit ja auch geritten. Und damit haben sie den Kontinent erobert. Guayasamín erzählt sehr anschaulich von diesen Dingen. Er hat mir eine Zahl genannt, ich weiß nicht, siebzig Millionen. Ich glaube, er sagte, siebzig Millionen Menschen seien im Laufe der Konquista umgekommen. Das muß man sich mal vorstellen!

Daher meine instinktive Ablehnung dieses Jahrestages. Aber sogar bei den eigenen Leuten bin ich damit auf Unverständnis gestoßen. Weil sie Kolumbus bewundern. Seine geographischen und seefahrerischen Leistungen kann man meiner Ansicht nach aber nicht losgelöst von dem betrachten, was sie nach sich gezogen haben. Ich will nicht seine geographischen und wissenschaftlichen Leistungen in Abrede stellen. Ich habe den Spaniern nur gesagt, daß eine kritische Rückschau auf Eroberung, Ausbeutung und Sklaverei, die Ausbeutung und die Versklavung unserer Ureinwohner angebracht sei. Wir können uns doch nicht zu Apologeten der Konquista, des Kolonialismus und der Sklaverei machen. Ich habe das an einem Beispiel verdeutlicht: Wir haben einen mächtigen Nachbarn im Norden, die Yankee-Imperialisten, die uns gerne noch einmal entdecken und erobern würden. Ich habe diesen Gedanken mal weiterverfolgt. Stellen Sie sich vor, da kommen Horden von Yankees, um uns zu erobern, vergewaltigen unsere Frauen und fünfhundert Jahre später feiern unsere eigenen Nachkommen die Eroberung Lateinamerikas. Ich sage Ihnen, es gibt Leute, die uns ein zweites Mal entdecken und erobern wollen. Das sind so die Widersprüchlichkeiten und die Gedanken, die ich mir darüber gemacht habe. Aber auch in Kuba gibt es ein Komitee, das sich »Begegnung zweier Kulturen« nennt; ein frommer Name für... (lächelt). Ich meine, daß man eine kritische Rückschau halten sollte.

Das ist meine Einstellung, und sie hat mir schon einige Kopfschmerzen bereitet, aber ich will nicht leugnen, daß diese Zeit, dieser Schmelztiegel der Rassen auch Gutes hervorgebracht hat. In der Karibik haben sich Afrikaner, Spanier und Indios vermischt, in Mittelamerika Indios und Spanier, in Südamerika... Ich glaube, daß diese Mischbildung nicht schlecht ist und ungeheure Qualitäten hat. Die Imperialisten werden das schon noch entdecken, und sie sind auch schon dabei. Sie haben uns ja immer verachtet und gesagt: »Dieser Mischmasch von Indios, Negern und Spaniern ...« Sie haben uns verachtet, ohne zu wissen, wer wir eigentlich sind, aber langsam merken sie es. Angefangen mit Kuba, über Nicaragua, El Salvador, überall wird ihnen gezeigt, aus welchem Holz unsere lateinamerikanischen Helden geschnitzt sind; nicht nur in den Kriegen von Bolívar und von Sucre, die Beispiele eines ganz außergewöhnlichen Heldentums sind. In heutiger Zeit widersetzen sich ihnen in Mittelamerika winzige Länder, nicht nur El Salvador und Nicaragua, sondern auch Panama; von Kuba will ich lieber gar nicht reden, denn Kuba haben die Imperialisten fast ganz vergessen.

Sie haben die Hoffnung aufgegeben, die kubanische Revolution zerstören zu können, zumindest mit Waffengewalt. Sie versuchen es noch mit ideologischer und politischer Unterwanderung, sie träumen davon, uns mit den Verführungen ihrer Konsumgesellschaft zu korrumpieren und ideologisch aufzuweichen. Sie denken nicht mehr daran, die Schlacht mit Waffengewalt zu gewinnen, weil sie wissen, daß sie in ein Wespennest stoßen würden, in eine Hölle gerieten, die sie Tausende von Menschenleben kosten würde. Und nichts ist abschreckender als die in Sternenbanner gehüllten Särge mit Toten, die in der Heimat ankommen. Sie wissen, daß sie uns weder erobern noch vernichten können, und erkennen allmählich, was für eine Art Volk wir sind. Und wir können das auch nicht verhehlen. Wir tragen nicht die Schuld, so zu sein wie wir sind, verstehen Sie? Und was wir sind, hat Qualität, hohe Qualität. Darum sage ich, daß ich nicht alles nur negativ sehe. Ich kann die positiven Dinge nicht leugnen, sogar eine gemeinsame Sprache haben wir ja. Daß wir uns hier auf Spanisch unterhalten, ist eine Folge der geschichtlichen Entwicklung, und es kommt uns zugute, eine gemeinsame Sprache zu haben. Etwas haben sie uns schon hinterlassen. Sie haben uns viel genommen, Gold und Silber, und sie haben unsere Kulturschätze vernichtet, wie Guayasamín sagt ... man weiß nicht, welchen Wert sie hatten: Kunstwerke, die aus Gier nach dem schnöden Metall eingeschmolzen wurden.

Wenn man eines der Werke betrachtet, die die Geschichte unseres Kontinents in sich tragen, und sich vorstellt, welchen archäologischen, künstlerischen, märchenhaften Wert es hat, fragt man sich willkürlich, wieviel davon zerstört worden ist. Aber nicht nur sie haben uns ausgeplündert. Die Imperialisten später auch: Die wertvollsten Stücke haben sie in ihre Museen geschleppt.

Und tun es immer noch.

Ja, sie tun es immer noch, sie bestehlen uns.

Die Herren dieser Erde ...
Ein Gespräch mit Domitila Barrios

Domitila, was halten Sie davon, daß einige Länder Lateinamerikas mit Spanien zusammen den 500. Jahrestag der Entdekkung Amerikas feiern?

Ich finde es beschämend, daß Regierungen, die angeblich mehrheitlich gewählte Volksvertreter sind, sich darüber freuen sollen, daß die spanischen Eroberer diese Völker gemordet haben, niedergemetzelt und ausgeplündert haben. Und als hätten wir unser Gedächtnis verloren, sollen wir das mit ihnen auch noch feiern. Ich finde das sehr beschämend.

Mexiko hat 1984 Einspruch dagegen erhoben, daß bei den offiziellen Feiern zum 500. Jahrestag von der Entdeckung Amerikas gesprochen wird, und vorgeschlagen, von der Begegnung zweier Welten zu sprechen, was im nachhinein auch akzeptiert worden ist. Wie ist Ihre Meinung dazu?

Nun, ich glaube, daß auch das nicht richtig ist. Ich meine, das war keine Begegnung, wie man von einer freundschaftlichen Begegnung beim Fußball, Basketball oder ähnlichen Dingen sprechen kann. Was wir erlebt haben, war ja in Wirklichkeit eine unverhohlene Invasion, durch die unser Volk ausgeplündert, versklavt und gedemütigt worden ist. Darum ist der Begriff Begegnung für mich unannehmbar.

Welches wäre die korrekte Bezeichnung für die Ankunft der Spanier auf unserem Kontinent?

Eben das, eine Invasion, ein Raubzug, die Mißachtung unserer Kultur, unserer Sitten, unserer Religionen, mit anderen Worten, das Furchtbarste, was sie unserem Volk antun konnten.

Die Fragen stellte *América, la Patria Grande*

Von einigen indianischen Organisationen wird heute sogar der Begriff Eroberung, fünfhundert Jahre Eroberung abgelehnt. Wie stehen Sie dazu?

Nun, wenn man mit der Eroberung den totalen Sieg der Eroberer meint, stimme ich mit diesen Leuten überein, die sagen, es war keine totale Eroberung, denn unser Volk hat immer Widerstand geleistet und kämpft bis heute dagegen; es hat trotz aller Unmöglichkeiten alles mögliche getan, seine Sprache, seine Musik, seine Bräuche und sogar seine Art, sich zu kleiden, zu bewahren. Der größte Teil der Bevölkerung hat sich diese, sagen wir, kulturellen Werte bewahrt. Ich bin der Meinung, daß man nicht von einer totalen Eroberung sprechen kann.

Dann müßte man also von fünfhundert Jahren Invasion sprechen?

Invasion und Plünderung unserer Reichtümer.

Strittig ist auch der Name, den man für unseren Kontinent finden soll. Indianische Organisationen vertreten die Meinung, man könne nicht von Lateinamerika sprechen, sondern müsse einen anderen Namen finden, zum Beispiel Indoamerika.

Darüber ist tatsächlich eine Diskussion entbrannt. Ich beteiligte mich daran, und es ist so, daß viele Leute Begriffe wie *amerikanistisch* oder *Lateinamerika* nicht mehr akzeptieren. Darüber streitet man sich und diskutiert, aber die Leute, die das zur Sprache gebracht haben, sind mit dem Begriff *Indio* einverstanden. Wir wissen ja, daß Christoph Kolumbus glaubte, in Indien angekommen zu sein und uns daher den Namen Indios gab. Später merkte man, daß es gar nicht Indien war, was er entdeckt hatte, sondern ein neuer Kontinent; also meine ich, daß man das schon in Frage stellen sollte: Entweder wir akzeptieren die Bezeichnung Lateinamerikaner oder Amerikaner oder Indio, oder wir akzeptieren keine dieser Bezeichnungen, nicht?

Aber der Name ist nicht so wichtig. Für mich ist wichtig, daß hier die Völker leben, denen dieses Land einmal gehört hat, daß hier Mestizen leben und auch noch die Kreolen, das heißt, die Abkömmlinge der Fremden, die immer noch von unseren Reichtümern profitieren. Von Befreiung kann für uns immer noch keine Rede sein. Ich meine, man sollte sich mehr über den Namen *Indio* als über den Namen *Lateinamerikaner* Gedanken machen. Entweder wollen wir *Indios* sein oder nicht.

Bei dem »Ersten Bolivianischen Treffen: Emanzipation und Identität« haben wir gesehen, daß von indianischen Organisationen die Position vertreten wird, man müsse zum Collasuyo und zum Tahuantinsuyo zurückkehren, das heißt, die Einrichtungen und Bräuche wiederbeleben und zu neuer Geltung kommen lassen, die vor der Ankunft der Spanier galten. Was halten Sie, strategisch gesehen, von dieser Forderung?

Im Hinblick auf unsere Geschichte – obwohl es heißt, wir hätten sie nicht geschrieben –, auf die Sehnsucht der Menschen nach ihrer alten Kultur, nach den alten Sitten und Gebräuchen halte ich das für richtig. Wir müssen aber Geschichte auch als Art zu leben und zu regieren begreifen, und die war bei uns damals zweifellos am weitesten entwikkelt und am besten organisiert. Die Zeit ist aber nicht spurlos an uns vorbeigegangen; wir dürfen nicht vergessen, daß wir heute leben und die Vergangenheit nicht zurückkehrt, wir müssen mit der Wirklichkeit leben.

Auf unserer Suche nach einem Weg der Befreiung ist zwar die Sehnsucht nach Vergangenem, nach dem Collasuyo spürbar geworden, aber auch andere wichtige Dinge wurden diskutiert, wie die Achtung der Nationalitäten, der verschiedenen Kulturen und überlieferten Sitten, wobei man auch den Klassenkampf nicht vergessen darf. Neuerdings wird ja die Theorie aufgestellt, der Klassenkampf sei eine europäische Erscheinung, entspreche dem Leben in Europa; aber da die Europäer hergekommen sind und 500 Jahre hier geherrscht haben, haben sie auch ihre Lebensform mitgebracht, das heißt, der Klassenkampf findet auch hier statt. Das zu ignorieren würde heißen, unsere Wirklichkeit zu ignorieren. Und wenn wir uns noch so sehr nach dem Collasuyo zurücksehnen, der Klassenkampf, von dem man plötzlich nichts mehr wissen will, existiert.

Wer sollte Ihrer Meinung nach die Bemühungen um die Emanzipation und Identität Lateinamerikas in den nächsten vier Jahren in die Hand nehmen? Soll die indianische Urbevölkerung den Befreiungskampf anführen, weil sie am meisten gelitten hat, oder wer oder welche Gruppierung sollte in diesem Emanzipationsprozeß die führende Rolle spielen?

Das ist schwer zu sagen. Es gibt viele Indios, die sehr gelitten haben, die aber, wenn sie reich werden, noch ausbeuterischer sind als die Ausländer. Dann gibt es aber auch wieder welche, deren Elend so groß ist, daß sie trotz ihrer indianischen Abkunft nur noch Unterwürfigkeit kennen. Wenn ich die Geschichte unserer Völker und die verschiedenen Phasen des Kampfes betrachte, muß ich sagen, daß nicht ein bestimmter Bereich diesen Kampf anführt, sondern daß unser vereintes Volk insgesamt es tun und die besten seiner Söhne und Töchter auswählen muß, damit sie die Freiheit Wirklichkeit werden lassen. Ich könnte keine Person oder Gruppe benennen, die das tun soll.

Was müßte innerhalb dieses Projekts der Bewußtseinsbildung, der Emanzipation und Identität Lateinamerikas als nächstes in Angriff genommen werden?

Wir wissen, daß die Ausländer, der Internationale Währungsfonds, die transnationalen Konzerne, der nordamerikanische Imperialismus in Lateinamerika nur das eine Ziel verfolgen, uns weiter auszubeuten. Und nicht nur das, sondern uns auch noch unser Land wegzunehmen; es ist ja kein Zufall, daß so viele ausländische Kolonien in unserem Land entstehen. Sie haben ihre Interessen, und darum versuchen sie, die Leute zu verwirren, von dem wahren Ziel abzulenken, das mit der wahren Emanzipation oder der wahren Befreiung unseres Volkes verfolgt werden muß.

Ich glaube, als Organisation sollten wir mit dieser Art von Diskussion fortfahren, aber auch die Leute benennen, die nur kommen, um uns mit den absurdesten Ideen zu verunsichern. Das müssen wir aufdecken, und wir müssen versuchen, besseren Zugang zu den Medien zu bekommen und mehr Basisorganisationen zu erreichen. Wenn wir uns zum Beispiel diese Veranstaltung ansehen (Erstes Bolivianisches

Treffen: »Emanzipation und Identität Lateinamerikas: 1492–1992«, La Paz, 28./29. Oktober), dann ist das eher eine städtische Veranstaltung gewesen, und obwohl auch Leute vom Land teilgenommen haben, so waren es doch nur wenige, und ich meine, wir müßten mehr auf die Dörfer gehen, aufs Land, wo auch die sich beteiligen können, die die wirklich Leidtragenden sind.

Halten Sie es für möglich, daß die Vereinigten Staaten und die CIA Projekte finanzieren, die die Bewegung, die anläßlich dieses 500. Jahrestages entstanden ist, spalten sollen?

Natürlich, sie sind es doch, die uns am meisten diskriminieren, die unsere Völker diskriminieren, sie sind die ersten Rassisten gewesen, die, die unsere Rasse verachten; und nach den ganzen Einwanderungen, die es in den USA gegeben hat, werden heute immer noch die Schwarzen und die Chicanos diskriminiert. Und dann stellen sie sich plötzlich als Hüter der indianischen Volksgemeinschaften dar, als Verteidiger der sogenannten Indios, denen sie Mittel zur Verfügung stellen, damit sie sich zu Wort melden, ihre eigenen Theorien aufstellen können, und geben ihnen alles mögliche. All das wird vom allgegenwärtigen Interesse an unserem Land, an unserem Reichtum bestimmt, dem man sich nur schwer entziehen kann. Es ist ja nicht einfach damit getan, daß Bolivien seine Revolution macht und sich die Regierung gibt, die es will, sondern das ist ein ganzes Flechtwerk von Dingen. Der Kampf ist schwierig und langwierig, aber wenn wir auf lange Sicht im kontinentalen Rahmen zueinanderfinden, glaube ich, werden wir uns letztendlich befreien können.

Die kapitalistische Gesellschaft ist so verdorben, daß sie die ganze Menschheit mit ihren Bomben, mit ihren Giften zerstört, unsere Gesellschaft und alles vergiftet. Auf der ganzen Welt gibt es Menschen, die für ihre Sache kämpfen, die nicht gegen die Umwelt sind, sondern gegen die Umweltverschmutzung, gegen die Diskriminierung der Frau, gegen die Rassendiskriminierung, und die sogar in religiösen Sekten kämpfen.

Es gibt also eine ganze Reihe von Kämpfen, durch die alles zersplittert ist, aber bei uns sagt man, daß alle Kämpfe ein und dieselbe Mutter haben, sie sind für mich wie aus einem Stamm geboren, und dieser Stamm hat seine Wurzeln, die das kapitalistische System sind, das in unserer Welt durchgesetzt worden ist. Dagegen müssen wir uns verbünden, müssen das Übel, das dabei ist, die ganze Menschheit zu vernichten, mit der Wurzel ausreißen. Um das zu verhindern, sucht es uns natürlich zu verwirren, und klar, es wäre nicht verwunderlich, wenn es sein Geld dafür ausgäbe, die Leute von ihren eigentlichen Zielen abzulenken. Nun will ich damit nicht sagen, daß ich dagegen bin, wenn unsere Völker für den Erhalt und die Anerkennung unserer Kultur, unserer Überlieferungen, unserer Sprache und unseres Glaubens kämpfen. Alles, was wir fühlen, fühlen wir, weil es uns im Blut liegt, aber es muß zu einer Verständigung untereinander führen.

Ernesto Cardenal hat gesagt, die große Aufgabe des 500. Jahrestages sei es, den Indios ihr Land zurückzugeben, und so weiter; aber Ihre Definition geht sehr viel tiefer, ist viel umfassender. Wie würden Sie die große Aufgabe definieren, die der 500. Jahrestag der lateinamerikanischen Bewegung stellt?

Er sollte, wie gesagt, die Tür zur Verständigung öffnen, zum Gespräch miteinander und besseren Verständnis füreinander, damit wir zu wirklicher Befreiung finden. Die werden wir aber nicht finden, solange wir noch so unterschiedliche Auffassungen vertreten. Wir müssen uns also um eine einheitliche Einstellung bemühen, die alle Lateinamerikaner teilen können, denn nur so kommen wir wieder in den Besitz unserer Länder, unserer Kultur, unseres eigenen Schicksals, unserer Sprache, unserer Erziehung, nicht? Das wird auch anderen Völkern zugute kommen, denn wir dürfen die anderen Völker nicht vergessen, dürfen nicht vergessen, daß es auch in Spanien Leute gibt, die ausgebeutet, gefoltert und ermordet werden, genau wie wir Lateinamerikaner.

Welches wäre denn der Oberbegriff, an dem sich diese Diskussion und die Arbeit der nächsten fünf Jahre, und auch später noch, zu orientieren hätte; wäre das die Ethnie, die Klasse, die Nation oder was?

Ich denke, wir dürfen nicht vergessen, daß wir allein schon in Bolivien viele verschiedene Volksgruppen haben und in anderen Ländern wieder andere, da kann man nicht sagen, Quiché oder Ahimara ist das, was zählt, nein. Allein in unserem Land gibt es über dreißig verschiedene Volksgruppen, Nationalitäten. Dann sind da noch die Schwarzen, die aus Afrika hergebracht worden sind, und auch unter denen und unter den Indios, wenn sie denn so heißen, gibt es Ausbeuter, die ihre eigenen Leute ausbeuten, Reiche, die sich bereichert haben, das heißt, die Gesellschaft, die uns die Europäer gebracht haben, ist in unserem Land so präsent wie nie. Es wäre absurd, zu leugnen, daß in unserem Land auch ein Klassenkampf geführt werden muß, wir müssen da realistisch sein. Man muß die einzelnen Volksgruppen respektieren, ihre Überlieferungen, ihre Kultur, ihre Form von Regierung, alles, was eine Nationalität ausmacht, aber innerhalb dieser Nationalitäten, und sogar in ihren Regierungen, muß auch der Klassenkampf geführt werden.

Was wäre das für eine zukünftige Gesellschaft, in der alle Volksgruppen respektiert würden?

Eine Gesellschaft, in der es keine Ausbeutung des Menschen durch den Menschen gibt, in der Frauen nicht diskriminiert sein werden und in der man jedem Volk seine Art zu leben zugesteht.

Und hat diese zukünftige Gesellschaft einen Namen?

Nun, ich weiß nicht, ich denke, daß das Volk sich selbst seinen Namen geben wird.

Lateinamerika und der 500. Jahrestag

Ein Gespräch mit Oswaldo Guayasamín

Don Oswaldo, welche Stellung sollten Ihrer Meinung nach die lateinamerikanischen Intellektuellen zum 500. Jahrestag beziehen?

Ich glaube, diesen Anlaß zu feiern, ist wirklich verfehlt. Wie können wir ein Ereignis feiern, das sich historisch gesehen für unsere großen präkolumbischen Kulturen so schrecklich und so schädlich ausgewirkt hat? Die Erniedrigung, die Ermordung von Millionen von Indios, denen dieser Kontinent einst gehörte, ist Beweis genug.

Aber nicht nur das. Es ist traurig und bitter, daß die herrlichsten Zeugnisse unserer Kultur zerstört worden sind: Unsere Gold- und Silberarbeiten, wahre Wunderwerke, sind eingeschmolzen und fortgeschafft worden. Was sich heute noch in der Bank von Bogotá befindet, in den Privatsammlungen von Lima oder die wunderschöne Sammlung von Goldarbeiten der Guayasamín-Stiftung, das alles hat man in der Erde gefunden, nachdem die Spanier fort waren, alles, was über der Erde war, haben sie mitgenommen.

Einige sprechen von einer Begegnung zweier Welten...

Ja, das ist alles Phrasendrescherei zur Rechtfertigung dieser für unseren Kontinent so furchtbaren Ereignisse.

Wie sollte die korrekte Bezeichnung dafür lauten?

Ich habe mir darüber noch keine Gedanken gemacht, aber der Punkt ist der, daß es zum Glück in Amerika ja heftige Gegenreaktionen gibt, ich weiß, daß in Mexiko, in Mittelamerika, in Argentinien, Bolivien und Peru intensiv gegen eine Feier dieses Ereignisses gearbeitet wird.

Die Fragen stellte *América, la Patria Grande*

Steht eine solche kritische, emanzipatorische Haltung nicht im Gegensatz zu den von Spanien angeführten offiziellen Feierlichkeiten? Könnte es da nicht zu Schwierigkeiten kommen?

Sicher, das könnte Schwierigkeiten geben. Vor ein paar Jahren habe ich hier in Ecuador zum Beispiel eine riesige, acht Meter hohe handgetriebene Bronzestatue von Rumiñahui gefertigt, und wir sind jetzt dabei, die Säulen zu bauen, die hinter dieser Figur stehen werden, zwanzig Meter hohe bronzeummäntelte Säulen mit einer beweglichen Sonne. Rumiñahui ist einer der größten Helden aus präkolumbischer Zeit, der das Land, der Amerika verteidigt und damals von Cajamarca bis Quito hinauf heftigsten Widerstand geleistet hat. Für Lateinamerika ist Rumiñahui daher eine der bedeutendsten Persönlichkeiten, und wir wollen sehen, daß wir das Monument 1992 einweihen können. Das Ministerium für Bildung und Kultur will Tanz- und Musikgruppen aus jedem Land des Kontinents dazu einladen. Aber nicht, um zu feiern, sondern um zu protestieren, als Ausdruck der amerikanischen Integration, als neuerliche Erinnerung an das, was Amerika vor der Ankunft der Spanier war.

Glauben Sie noch an die Möglichkeit einer amerikanischen Integration im Sinne von Bolívar: Amerika, das große Vaterland? Oder glauben Sie, daß das endgültig der Vergangenheit angehört?

Ich glaube, wichtiger als Bolívar war das frühere Tahuantinsuyo, das gewaltige Inkareich, das beinahe ganz Südamerika umfaßte. Danach entsteht die bolivarische Idee von den fünf südlichen Ländern des Kontinents, aber das, was vorher war, war, glaube ich, entscheidend, vor allem die Vorstellung des großen Tahuantinsuyo, die als Form der lateinamerikanischen Integration wiederbelebt werden kann.

In Ihren Bildern stellen Sie fast immer tragische, dramatische, traurige Aspekte Lateinamerikas dar. Ist das das Antlitz unserer Identität?

Nun, was ich male, hat ja nicht nur mit Lateinamerika zu tun. In dem Zyklus »Zeitalter des Zorns«, der aus ungefähr zweihundertundfünfzig Bildern besteht, kommt die ganze

Tragödie dieses Jahrhunderts zum Ausdruck: Konzentrationslager, Zweiter Weltkrieg, der Spanische Bürgerkrieg, die Atombomben.. Aber auch lateinamerikanische Ereignisse: die Diktaturen in Argentinien, Chile, Uruguay... all das gehört zum »Zeitalter des Zorns«, und es ist mein dringendstes Anliegen, diese Dinge als eine Ablehnung der Gewalt darzustellen, die die unberechenbare Macht des Geldes in dieser Welt hervorgerufen hat.

Wenn Sie die lateinamerikanische Identität mit Worten darzustellen hätten, wie würden Sie das tun?

Das Wichtigste wäre für mich, langsam mit dem Abbau der Grenzen zu beginnen. Ich weiß, das ist schwierig, aber sie zumindest unkenntlich machen, das ist der erste Schritt zur lateinamerikanischen Integration.

Wir alle wissen, wie Amerika nach der Unabhängigkeit aussah: Man hat den Kontinent in Stücke geschnitten, als wäre er der Kuchen der damaligen Freiheitskämpfer. Die Grenze Ecuadors zu Peru und Kolumbien, von Chile und Bolivien, alles Pfusch. Wir haben dieselbe kulturelle Identität, aber wir sind voneinander getrennt.

Wir sind dem Beispiel Europas gefolgt, wo Grenzen wirklich nötig waren, sagen wir zwischen Spanien und Frankreich, zwischen Frankreich und Deutschland, Länder mit verschiedenen Sprachen, verschiedenen Weltanschauungen. Und die dennoch ihre Grenzen mittlerweile praktisch aufgelöst haben.

Wir hingegen, die wir vom Rio Bravo bis Patagonien seit achttausend Jahren eine kulturelle Einheit bilden, sind durch Grenzen getrennt. Wir sprechen die gleiche Sprache, haben die gleiche Religion, im Norden wie im Süden, unsere Hoffnungen als Kontinent, unser gemeinsames Elend... diese ganze Identität ist zerschnitten. Also, für mich heißt der erste Schritt, die Grenzen verwischen, die eines Tages hoffentlich ganz verschwinden können.

Glauben Sie, daß es wirklich so etwas wie Brüderlichkeit unter den lateinamerikanischen Völkern gibt?

Solange es eine Grenze gibt, lehrt man uns schon als Kind, den auf der anderen Seite zu hassen, anstatt seinen

Nachbarn zu lieben. Aber das ist eine neue und oberflächliche Lehre. Sie hat sich fast über den ganzen Kontinent ausgebreitet: Kolumbianer und Venezolaner, Ecuadorianer und Peruaner, Peruaner und Chilenen, alle haben sie ständig ihre künstlich erzeugten Provokationen, und die Armeen unserer Länder haben große Schuld an dieser Un-Einheit in Amerika.

Welche Bereiche der Gesellschaft verkörpern für Sie am besten diese Suche nach Identität, sind die Avantgarde auf dem Weg zu dieser Identität?

Ich glaube, in Peru gibt es sehr gute Ansätze, und in Bolivien und in Ecuador, überall auf dem Kontinent; denn auch die Einheit, die zwischen Brasilien, Uruguay und Argentinien entsteht, ist ja schon ein wunderbares Beispiel der Zusammenarbeit. Zur Zeit ist sie noch rein wirtschaftlicher Art, aber ich hoffe, daß sie sich auf geistiger Ebene fortsetzt.

Die Einheit in diesem Teil des Kontinents mit Ecuador, Peru, Bolivien, Kolumbien und Venezuela funktioniert nicht, weil die Interessen der Großmacht diese Einheit verhindern. Aber man denkt bereits darüber nach und kommt immer mehr zu der Einsicht, daß die Einheit Lateinamerikas absolut unerläßlich ist.

Welche Aufgabe hat die Kunst bei der Schaffung oder der Suche nach der lateinamerikanischen Identität?

Nun, wir müssen uns unserer eigenen Probleme annehmen; das beginnt schon Anfang des Jahrhunderts mit dem Aufkommen der großen mexikanischen Maler Orozco, Rivera und Siqueiros, die die ersten waren, die sich geregt haben, die von der lateinamerikanischen Realität berührt waren.

Obwohl die plastische Darstellung dieser Malerei noch sehr ursprünglich ist, glaube ich, daß sie schon eine kontinentale Dimension hat und mit ihren vielfältigen Ausdrucksweisen weit über die Grenzen eines Landes hinausweist. Aber da sind ja nicht nur die Maler, sondern eine Menge anderer Kunstschaffender, in der Musik zum Beispiel, Villalobos in Brasilien, alle seine großen Kompositionen sind zutiefst mit seinem Volk verbunden. Desgleichen

Finaster in Argentinien und die Mexikaner mit ihrer Musik, ihrer Literatur und Architektur.

Von der Literatur muß man gar nicht mehr sprechen. Die großen Literaten unseres Kontinents sind praktisch in alle Sprachen übersetzt und werden auf der ganzen Welt gelesen.

Pedro Casaldáliga
Mittelamerika unser

Wie ein Vulkan in dir,
der Friede der Gerechtigkeit.
Fahne der Armen,
wie ein Wind der Kämpfe,
die Freiheit, in dir
Mittelamerika unser,
du ganz im Schmerz der Geburt,
kommend wie das Reich,
täglich wie die Tränen!
Mais aus Erde und Blut, reif, die Hoffnung.
Liebe in jedem Stein, durchdrungen von Geschichte.
Tortilla geteilt mit dem Nächsten, die wahre Auferstehung.

Achse der Neuen Welt,
Mittelamerika unser!

Verschweigt es, Gelehrte, Pharisäer.
Laßt es in Frieden, ihr Großen, Eindringlinge.
Bewacht es, auf Knien, ihr Kleinen.
(Halte Gott es in Händen, Tag und Nacht,
wie einen Vogel im Flug.)

Zerbreche niemand den Traum, der in den Bergen schlägt.
Lösche niemand das Feuer, das die Klüfte des Exils
mit Versprechen vergoldet.
Kleide niemand den Tag,
in seiner Blöße unser,
den die Nacht gebiert in Mittelamerika!

Pedro Casaldáliga
Dem unbekannten Indio

Du warst Land, Leidenschaft, Erinnerung, Mythos,
Kult im Tanz und Fest in der Erhaltung des Lebens.
Sie aber pflanzten in dir den Frevel,
anders zu sein und frei wie der Wind.

Sie machten dich zur anonymen Masse
ohne Gesicht, ohne Geschichte, ohne Zukunft,
Stück aus dem Museum, billige Folklore,
guter Wilder oder toter Rebell.

Und dennoch, Bruder, du bleibst,
Späherblick zur Sonne des Hochlands,
Knochenmauern in den trotzigen Anden,

Wurzelfüße im zornigen Busch,
Blut der Überlebenden,
aufschäumend im Körper des Großen Vaterlands.

Über die Autoren

Domitila Barrios, geboren am 7. Mai 1937 in Siglo XX (Bolivien), aufgewachsen in Pulacayo, seit ihrem 20. Lebensjahr wieder in Siglo XX, bekannt geworden durch ihren von Moema Viezzer kompilierten Bericht *»Si me permiten hablar. . .« testimonio de Domitila, una mujer de las minas de Bolivia* (Wenn man mir erlaubt zu sprechen . . . Das Zeugnis der Domitila, einer Frau aus den Minen Boliviens), 1977, sowie David Acebey, Barrios de Chungara, *Domitila: Aqui también Domitila* (Domitila, Das Zeugnis einer Frau aus den Minen Boliviens, Teil 2: 1976–1984), 1984.

Mario Benedetti, geboren am 14. September 1920 in Paso de los Toros (Uruguay), Schriftsteller, Journalist, Kritiker und Verfasser der 1963 veröffentlichten uruguayischen Literaturgeschichte *Literatura uruguya siglo XX.* Fiktion: *Quién de nosotros,* 1953; *Montevidanos,* 1959; La tregua (Die Gnadenfrist), 1960; *Gracias por el fuego* (Danke für das Feuer), 1965; *Despistes y franquezas,* 1990.

Miguel Bonasso, geboren 1940 in Buenos Aires, begann seine journalistische Laufbahn mit 18 Jahren. 1977 ging er – verfolgt von der Antikommunistischen Allianz Argentiniens, der Triple A – ins Exil. Er lebt zur Zeit in Mexiko und arbeitet unter anderem für die Zeitschriften *Página 12, Semana* (beide Kolumbien) und *Proceso* (Mexiko). Romane: *Recuerdo de la muerte,* 1984; *La memoria en donde ardia,* 1990.

Luis Cardoza y Aragon, geboren 1904 in Antigua (Guatemala), Studium in Europa, dort Beschäftigung mit französischer Lyrik und García Lorca. In *Guatemala: las lineas de su mano* von 1955 spricht er sich für eine gleichzeitig politische, soziale, wirtschaftliche und kulturelle Revolution in Guatemala aus. Der Dichter, Essayist und Kunstkritiker lebt seit den fünfziger Jahren im mexikanischen Exil. Gedichtbände: *Luna Park* (Paris 1923), *Maelstrom* (Paris 1926), *La torre de Babel* (Havanna 1930), *El sonámbulo* (Mexiko-Stadt 1937), *Pequena sinfonia del Nuevo Mundo* (Guatemala-Stadt 1949).

Alejo Carpentier, geboren am 26. Dezember 1904 in Havanna, gestorben am 24. April 1980 in Paris. Dazwischen liegen mehrjährige Aufenthalte in Paris, Havánna und Caracas als Komponist, Rundfunkdirektor, Musikhistoriker und -kritiker, als Literaturprofessor und Leiter des kubanischen Staatsverlages nach der kubanischen Revolution in Havanna und schließlich als Diplomat in Paris. *El reino de este mundo* (Das Reich von dieser Welt), 1949; *Los pasos perdidos* (Die verlorenen Spuren, Die Flucht nach Manoa), 1953; *El acoso* (Hetzjagd, Finale auf Kuba), 1956; *El siglo de las luces* (Explosion in der Kathedrale), 1962; *Concierto Barocco* (Barockkonzert), 1974; *El recurso del método* (Staatsraison), 1974; *El arpa y la sombra* (Die Harfe und der Schatten), 1979.

Pedro Casaldáliga, geboren 1928 in Balsareny (Spanien), Stationen seines Lebens als Ordensmann und Priester sind Sabadell, Barcelona, Barbastro, Guinea, Madrid und schließlich seit 1968 Brasilien. Der Bischof und Dichter lebt seit über zwanzig Jahren im Bistum São Félix, welches er erst zweimal verlassen hat: 1985, um Nicaragua zu besuchen, und 1988 zu einer mehrmals angemahnten Pflichtvisite im Vatikan. *Experiencia de Dios y pasión por el pueblo,* 1983; *Nicaragua - combate y profecia,* 1986; Gedichtbände: *Clamor elemental,* 1971; *Cantares de entera libertad,* 1984.

Fidel Castro, am 13. August 1927 in Mayari (Kuba) geboren, Studium der Rechtswissenschaften in Havanna. Aus dem mexikanischen Exil organisierte er 1956 eine Guerilla-Truppe, mit der er nach Kuba zurückkehrte und den Kampf gegen die Batista-Diktatur aufnahm. Seit dem Sieg der kubanischen Revolution 1959 Ministerpräsident, gleichzeitig auch Oberbefehlshaber der Streitkräfte und Erster Sekretär der Kommunistischen Partei Kubas. Durch die aktuellen politischen Entwicklungen in Osteuropa vor schwer absehbare außen- und innenpolitische Schwierigkeiten gestellt. *In der dritten Welt tickt eine Zeitbombe,* 1987.

Heinz Dieterich studierte von 1965 bis 1972 Soziologie an der Universität Frankfurt; 1976 promovierte er in Sozialwissenschaften an der Universität Bremen. Seit 1976 lehrt er Soziologie an der Universidad Autónoma Metropolitana in México. Gastprofessuren und Forschungaufenthalte führten ihn in die USA, nach Kanada und Spanien. Seine Veröffentlichungen erschienen in 14 Ländern: *Produktionsverhältnisse in Lateinamerika; Nicaragua, la Construcción de la Sociedad sin Clases; Guia de Investigación Cientifica.* Seit 1987 ist Heinz Dieterich Koordinator der Kampagne »Emancipación e Identidad de América Latina 1492–1992«.

Enrique Dussel, verschiedene gesellschaftlich und historisch ausgerichtete theologische Arbeiten über die Kirche Lateinamerikas. *Historia de la iglesia en America Latina,* 1972; *De Medellin a Puebla – una década de sangre y esperanza,* 1979.

Roberto Fernandez Retamar, geboren am 9. Juni 1930 in Havanna. Aufenthalte in Paris und London, nach Lehrtätigkeit an der Yale University (USA) als Kulturattaché in Paris, danach Generalsekretär der kubanischen Schriftstellergewerkschaft. Der Dichter, Essayist und Herausgeber der Werke Che Guevaras lehrt zur Zeit Literatur an der Universität Havanna und ist der Herausgeber der kubanischen Kulturzeitschrift *Casa de las Americas. – Calibán. Nuestra América y el mundo* (Kaliban, Essays zur Kultur Lateinamerikas), 1979.

Pablo Guadarrama, Vordenker der lateinamerikanischen Philosophie und Direktor des Philosophischen Seminars der Universidad Central de las Villas in Santa Clara (Kuba), hat schon in den verschiedensten Fachorganen publiziert und ist Gastdozent an einer Reihe von lateinamerikanischen Universitäten.

Oswaldo Guayasamín ist der wohl bekannteste Maler Ecuadors. Die Stiftung Guayasamín - gleichzeitig Museum und Werkstatt - umfaßt eine einzigartige Sammlung präkolumbinischer und kolonialer Kunst, eine Reihe bekannter Meister, die erste Kunstbibliothek Lateinamerikas und über dreitausend Gemälde und Zeichnungen von Guayasamín selbst. Gemäldezyklen: *El camin o del llanto* (Weg der Tränen); *La edad de la ira* (Zeitalter des Zorns).

Gustavo Gutiérrez, geboren 1928 in Peru, theologische und philosophische Studien in Europa. Der bedeutende Vertreter der Theologie der Befreiung lebt und arbeitet in einem Slumviertel Limas und lehrt darüber hinaus katholische Theologie an der San Marcos Universität in Lima. *Teologia de la liberación* (Theologie der Befreiung), 1972; *La fuerza histórica de los pobres* (Die historische Macht der Armen), 1984.

James Petras, Autor und Herausgeber verschiedener entwicklungspolitischer Arbeiten über Lateinamerika. *Latin America - Reform or Revolution,* 1968; *How Allende fell - a study in U.S.-Chilean relations,* 1974; *Critical perspectives on imperialism and social class in the third world,* 1978.

Elena Poniatowska, geboren 1933 in Paris, als Kind nach Mexiko gekommen, Studium in Frankreich und den USA. Sie lebt heute als Journalistin und Schriftstellerin in Mexiko und gilt als Vertreterin des *new journalism. - Hasta no verte Jesús mio* (Allem zum Trotz - Das Leben der Jesusa), 1969; *La noche de Tlatelolco - testimonios de historia oral,* 1971; *Querido Diego, te abraza Quiela* (Lieber Diego), 1978; *El último guajalote,* 1982.

Augusto Roa Bastos, geboren am 13. Juni 1917 in Asunción (Paraguay), Teilnahme am Chacokrieg, im Zweiten Weltkrieg Kriegsberichterstatter, von 1947 bis 1976 in Buenos Aires im Exil, seit 1976 in Frankreich, wo er Guarani lehrt und eine Literaturwerkstatt an der Universität von Toulouse leitet. *Hijo de hombre* (Menschensohn), 1960; *El trueno entre las hojas* (Die Nacht der treibenden Feuer), 1953; *El baldio,* 1966; *Los pies sobre el agua,* 1967; *Yo el Supremo* (Ich der Allmächtige), 1974.

Gregorio Selser, geboren 1922 in Buenos Aires, lebt seit 1976 in Mexiko. Er arbeitet dort als Korrespondent für verschiedene Zeitschriften und als Universitätsdozent am Centro de Estudios Latinoamericanos (Fakultät der Politischen und Sozialen Wissenschaften, Mexiko-Stadt). Veröffentlichungen: *El pequeno ejercito loco – Sandino y la operación Mexico-Nicaragua,* 1958; *Sandino – general de hombres libres,* 1978.

Lateinamerikanische Autoren

Haroldo Conti: Mascaró, der amerikanische Jäger
Roman. Gebunden. Einleitung: Gabriel García Márquez. Sonderausgabe. 14,80 DM
»Dies ist mein Kampfplatz, von hier weiche ich nicht«, stand auf einem Schild über seinem Schreibtisch. Conti wurde 1976 von den argentinischen Militärs verhaftet und ermordet, weil er nicht ins Exil gegangen war. Gabriel García Márquez sieht in ihm einen der großen Schriftsteller seines Landes. »Mascaró« ist sein letzter Roman gewesen.

Augusto Céspedes: Teufelsmetall
Roman. Lamuv Taschenbuch 75. 19,80 DM
Die Geschichte des Zinns, der Unterdrückung der Bergarbeiter, der Arroganz der mächtigen Zinn-Barone ... »Céspedes Romane sind durchaus von gleicher literarischer Qualität wie die von Alegria, Arguedas, Asturias oder Carpentier«, meint Peter B. Schumann im Sender Freies Berlin.

Luis Fayad: Auskunft über Esters Verwandte
Roman. Gebunden. 29,80 DM
»In der kolumbianischen Hauptstadt vollzieht sich ... der lautlose Abstieg eines bürgerlichen Mittelstandes, auf den die Hoffnungen wirtschaftlicher Prosperität sich einst richteten und der in dem Autor des vorliegenden Buches seinen zwar nicht mitleidlosen, doch sarkastisch-genauen Beobachter gefunden hat. Der Roman des 47jährigen Kolumbianers Luis Fayad gehört zu jenen interessanten kleinen Büchern, wohlgelungen ... «
(Jens Jensen in: Frankfurter Allgemeine Zeitung)
»Wir müssen auf einmal erfahren, daß die Welt auf dem lateinamerikanischen Kontinent so ganz anders nicht ist als die unsere. Vielleicht können wir dann beginnen, den Alltag, der uns permanent über die Medien von dort vermittelt wird, und zwar als Mitteilung über Unrecht und Elend, als wirkliche Nachricht wahrzunehmen, nicht nur als exotische und unverständliche Bilder aus einer fremden Welt.«
(Werner Irro in: Frankfurter Rundschau)

Bücher aus dem Lamuv Verlag